年報 日本現代史 第 24 号 2019

戦争体験論の射程

編集委員
赤澤史朗 粟屋憲太郎 豊下楢彦 森武麿 吉田裕
明田川融 安達宏昭 高岡裕之 戸邉秀明 沼尻晃伸

現代史料出版

特集にあたって——戦争体験論の射程——

赤澤　史朗

「戦争体験論」という言葉にはいろんな意味が含まれている。これは一方からすると、それまでの（戦時中の）歪んだ見方から解放されて、新たな社会的認識が獲得されたことを意味しており、他方からすると、これからは何を基準にして何を頼りにして生きていくべきかを定めようとする、手懸かりの模索を意味するものであった。戦争体験論も、長い時間の経過から今では固化することが多い。しかしその語られた当時の語り手を囲む生き生きとした関心をよみがえらせることが出来れば、そこからは戦争の体験から人生全般にわたってのもっと多くのことが読みとれるであろう。

今回の特集号には、「戦争体験論の射程」という副題がついている。これは一方で、日本人が体験した「戦争体験」が多様であるため、戦争体験というものの種々相について、対比的に考察しようとするものである。「戦争体験」の持つ独自の作用の一つは、これまで全く見えなかったものを明瞭に意識化させるものであった。言い換えると「戦争体験」とは、これまで思いもしなかったことに気付くことを意味する点で、「啓蒙」の機会そのものであったが、その体験を通して知りうる「範囲」は、つまりその「射程」は様々であった。言い換えれば戦争体験とは、公式のタテマエとは距離のある社会の実態を、自己や他者の体験を通じて具体的に知らせるものであった。

日本の第二次世界大戦は、惨憺たる敗北に終わったが、戦争体験といっても戦争が勝利の場合に見えてくるものと、敗北の過程で知りうることとでは、その内容において違いが大きい。概していえば、勝っている間には全く見えなかったことが、敗戦のプロセスで明らかになることがしばしばある。それは例えばこれまでの国家宣伝の嘘があからさまになる時がある。また、当事者が時代の大波に逆らいいつつ自力でその逆流のなかを泳ごうとすることが、その人物の剛毅さや独自の責任観などの、その人間の根幹にある生き方までもまざまざと浮かび上がらせることがある。戦争体験は、多くは敗北の過程を通じて金メッキがはげて、真実が露わになることを意味したが、歴史における主体的な個性は、この悉く我に非なりという敗北の過程で光ることもあるのだった。

しかしこれとは反対に、エスタブリッシュメントといわれていた日本の軍人と官僚政治家の多くは、橋川文三がウェーバーを引き合いに出して言ったように、職業人としての誇りと品位を欠いていることがしばしばであった。そうした戦争体験には、自ずから個人の生き方がそこに反映しており、数多くの戦争体験の記録を読むことでそれぞれ生き方を比較し、そこから学ぶことも出来る。

なお、戦争体験には東京大空襲や原爆被爆などほぼ一回限りのものと、何年にもわたる戦地での戦闘を中心とした体験とでは、かなり異質なものがあった。しかしたとえ一回限りの被災であっても、戦後になってから出会う新しい事象と照らし合わせて、痛切に思い起こされる出来事もあった。そういった時には鶴見俊輔が的確に表現したように、「戦争体験」は一度はすっかり汲み終えても、再び次第に潮が井戸に満ちて、遂には「汲めども尽きぬ泉」となるものなのであり、原体験としてあるものの意味が再発見されて、繰り返し再考察される場合もあった。

なお、今回の五本の論文・研究動向には、共通の視角も見られる。その一つはいわゆる自らが「加害民族」であるという視点であり、その実態の多くは総動員体制の中での戦争協力の問題であった。その当時の日本人がいかに思い上がっていたか、狂暴だったかが、今からなら理解出来るからである。ただし「加害者」ということと「戦争協力」

ということの間にはだいぶ距離があり、その批判的見方をもう少し丁寧に見ることが出来れば、現実に辿った道より賢明な行動を選ぶことが出来たかも知れない。上官や国家や公的団体から強要された自身の戦争協力への態度をどう決めるかについては、協力の中身いかんにより、唯一の正解はなく、熟慮して態度を決める必要があっただろう。

巻頭の小沢節子「「原爆の図」から沖縄戦シリーズ―丸木位里・俊が描いた人びとの戦争体験―」は、丸木位里・俊夫妻が戦後四〇年近くにわたって描き続けた「原爆の図」を三期に分けて、第一期の一九四〇〜五〇年代を初期「原爆の図」の時代とし、第二期の一九五〇年代〜八〇年代を「過渡期」と捉え、最後の第三期の八〇年代〜死ぬまでを「沖縄戦シリーズ」の時代と呼んでいる。本稿は主にこの沖縄戦シリーズを、「原爆の図」の全体像の最後の章として、苦闘と流亡の果てに辿り着いた地点を位置づけようとするものであった。

丸木夫妻の描いた戦争体験は、それが原爆の被爆に関連した自身の体験ではない隣人の体験を、おそらく日本の「国民大衆」全体の「体験」として描かねばならないと考えて描いたものであり、その出発点には第一期に夫妻で入党した共産党の反体制的な政治的立場があったが、その描く手法は、必ずしも社会主義リアリズムとも言えず、象徴主義的な手法となった。この政治と絵画の関係を追求しようとして、三期にわたる「原爆の図」は描き続けられたといえるし、著者の小沢の視点もそこに当てられている。夫妻の第一期の仕事は、原爆被爆の実態を隠す占領軍の動きに対抗して、各地で「原爆の図」の巡回展を開き、被爆の実相を明かす活動を続けたものであり、その後は巡回展を続けて欧州へと旅立った。これに対し第二期には夫妻とも共産党から離党し、本来の描くべきテーマを見失いかけたようにも見えたが、第三期には唯一の地上戦であった沖縄戦を描き、沖縄の住民が非戦闘員でありながら友軍である日本軍の指揮下で、友軍の暴力に巻き込まれて、身内の間での悲惨な殺し合いに陥っていく姿を描いたものであった。

なお第二期以降、夫妻はかつての戦時期において、戦争協力の絵を描いたことについて、同僚から繰り返し批判されるが、夫妻はこれにあまり応えようとはしていない。これは批判する側が、戦時下の文化統制のシステムを正確に理解していないためでもあった。この第三期の活動の中で丸木夫妻は、数多くの体験者たちの証言を聞いて、沖縄戦の非当事者である自分たちが、沖縄戦の体験者たちとの「協同作業」として沖縄戦の歴史叙述を自覚的に作り上げていくことを選ぼうとした。それは困難な時代の中で、僅かな「生」の可能性を追求し、それに賭けて止まない夫妻の究極の立場を示すものであった。「命どぅ宝」という言葉も、非戦闘員としての生き方を貫く中で発見されたものに他ならなかった。

さて、アジア太平洋戦争期の学徒出陣は著名であるが、すでに日中全面戦争期から高学歴の兵士が召集されるという事態は起きていて、一部のマスコミからの注目を浴びていた。しかしこうした高学歴兵士たちは、歴史の隅に埋もれてしまう。これは何故なのか。日中戦争が始まってから、火野葦平「麦と兵隊」の爆発的な流行現象が起こる。この流行は前線兵士についての報道が、定型の常套句ばかりで書かれている現状を乗りこえて、その日常の「ありのまま」を書いていると読者に感じさせたからであった。こうした中で従来のような「青白きインテリ」ではなくて、「勇敢さ」を併せ持つ「インテリ兵士」を追う東京朝日の報道姿勢が目につき出すが、その「インテリ兵士」の代表格は、東京帝大経済学部卒で労農派マルクス主義者の土屋喬雄に師事した、太田慶一であった。

ただしこの頃、師の土屋は「日満支ブロック経済論」を唱えて政治的には完全転向しており、弟子の太田もこの問題では師の論点を継いでいたことが指摘されている。新聞社が期待する「インテリ兵士」像は、軍や政府とハッキリと距離がある人で、「文化」の蘊蓄を持つ兵士であり、おまけに「勇敢」でもあることが望ましかった。注目されていた太田は、北京周辺で討伐に動員され、激戦の中で戦死戦傷者は続出したが、逆に彼はこの戦闘の中で、地域での「略奪」や「放火」や「掃蕩」に走り、「匪賊討伐」が「面白くなっていく一方」だという状態であった。もともと太田は「知識人」としての役割と意義を、この戦争を知識人として「記録」することに見出そうとしていたが、もはや精神的にそんな余裕もなくなりつつあった。そうこうしているうちに、「味方に数倍する敵軍」に遭遇し、敵の優勢な武器（自動小銃？）との闘いに明け暮れ、遂に戦陣で倒れることとなる。太田の最期は前線の病院に収容されての戦傷死であった。太田慶一の「インテリ兵士」への道は中途で挫折し、それが虚像であったことを示す結果となったのである。

小林瑞乃「「記憶」を語るということ—「外地引揚者」五木寛之の言説をめぐって—」は、北朝鮮からの引揚者として辛酸に満ちた経験をした作家・五木寛之の引揚げ体験を論じたものである。敗戦後の日本人の戦争体験の中で、引揚者の体験は苛酷なことで知られているが、戦後の引揚者六六〇万人の半数は民間人というとんでもない数字は、いかに「大東亜共栄圏」下で日本人が、海外での支配的民族としての生活の格差が大きいことに期待して、大量の渡航を行ったかを示すものであった。通常「外地」からの「引揚者」といわれるが、世界的にいえばこれは「難民」に他ならず、有効なパスポートを持たない人たちのことである。パスポートは、そこに記された者がその国家の構成員であることを示し、その提示を受けた他国が優遇措置を施すように求めた書類であった。

この「難民」という集団は、二〇世紀以降、世界の紛争地域で広く見られた現象であったが、日本の引揚者の場合は自分たちを保護する大日本帝国が消え去ったことを意味しており、それは同時に自分の中での「故郷喪失」をも意味していた。引揚げの過程では、自分が生き延びるために、子どもを捨てたり売ったりする動きも表面化し、女性の性的被害も多発していた。その際、自分も取引きに絡んでいたためか、今となってはしばしばその記憶も自分の都合の良いように書き換えられており、自分の記憶自体が再検討を要するものとなってしまう。五木は父親との合意の上で、逃避行の途中で二歳の幼い妹を置き去りにして捨てたが、北朝鮮の警備隊に追われているうちに偶然に妹と再会し、ただニコニコしている妹に恥じて、父とともに二度と妹を捨てないことを誓ったのである。五木は幸いに日本本土に帰り着くことが出来たが、引揚げの過程で自分を含めた人間への不信の念を抱き、それを核として戦後を生きていく場合も見られた。これも辛酸苦難の末の、「難民」の一つの生き方であったのだろう。

米田佐代子「女性の戦争体験をめぐる「記憶」と「想像」――「被害体験」と「戦争責任」の双方向的認識の試み――」は、「女性の戦争体験」の多くが「被害体験」として語られている現状に対し、日本が行った侵略戦争による「加害体験」の自覚が不十分という問題に答えようとするものであった。まず、日中全面戦争開始以前からの女性運動の著名な指導者についていえば、高良とみについては娘の高良留美子が積極的に検証しており、市川房枝については女性史研究者の進藤久美子が詳細な論稿を公刊し、平塚らいてうについてはその戦時下の日記などを使って孫の奥村直史が解明しつつある状況である。これらの研究は、いずれもそれぞれの国策協力的な思想と行動だけを取りだして論じたものでなく、戦争体験論としてその全体像を追求したものである。

とはいえ「加害体験」という言葉が、その実態を示すものかというと、そこにも疑問の余地はある。彼女たちが責任を感じているのは、自分が戦争協力し、その旗振り役をしたことに対してであり、おそらく中国人に対しての直接の暴力と「加害」の行動はなかったであろう。つまり戦争協力への「反省」の念があるようだが、その協力がいかなる行動だったかは、この簡単な記述からではうかがい知ることが出来ない。しかしそこには戦前の戦争批判の立場からの転向があったのであろう。ただし思想的な転向は、それ自体としては戦争責任ということと別次元の問題であった。

米田は「戦争体験」というものを「普遍化」して自己の「体験」の継承を考えているが、その際単なる「記憶」だけで「戦争体験」が構成されるものではなく、「記憶」と並んで「想像」力も大きな契機として考えていこうとしているようだ。米田は、この「想像」力を媒介にすることで、客観的な戦争責任のありかを突き詰めていく道筋を考えているのである。

矢崎彰「『コレクション　戦争と文学』に見る戦争文学の変遷」は、全員戦後生まれの作家・文学研究者らが編集委員となって、体験したことのない戦争の時代の文学全集を刊行するという試みであるという。しかし戦争体験の意味を考え、それを若い世代に伝えたいとする編者たちの目論見は、それなりに伝わっているというのが、筆者矢崎の考えであるようだ。『戦争と文学』以前に『昭和戦争文学全集』を刊行したのは、今回『コレクション』を発行したのと同じ集英社であったが、そもそも「戦争文学」をテーマにした全集が第二次世界大戦後、二度も刊行されるということ自体が、世界的には稀なことであるだろう。これというのも、「戦争文学」以前の「戦争体験」という用語が、第二次世界大戦を闘った欧米各国や中国などには、存在しないといわれているからである。その結果、この全集自体が、むしろ日本人の戦争観の独自性を示すものとなっているようだ。

『コレクション』で積極的に取り上げられたのは、従来見落とされがちであった、植民地での日常生活やその崩壊過程である引揚げ、軍隊や戦争にまつわる「「小さな状況」のリアリティ」であるという。ここにはいわば「風景」として、戦争を捉えようという志向があるが、それも私小説的な接近ではないのか。

ここで取り上げた特集号の計五本の論文や研究動向には、外部からの共通する疑問に応えようとする姿勢が見られる。その一つは、自らの「加害」の体験ともいうべきことへの、応答である。どの論文でも、その応答を自らの戦争体験全体の中に位置づけ直す作業を自覚的に行おうとしているが、その努力と着想によって、戦争体験論と戦争責任論の交錯する地点はどこにあるのか、この問題の解決に漸く一歩近づいた気がする。

戦争体験論の射程　目次

執筆者紹介（掲載順）

小沢節子［日本近現代史研究者］

小林瑞乃［青山学院女子短期大学現代教養学科准教授］

望月雅士［早稲田大学教育学部非常勤講師］

米田佐代子［女性史研究者、ＮＰＯ平塚らいてうの会会長］

原田敬一［佛教大学名誉教授］

矢崎彰［聖路加国際大学非常勤講師］

梶居佳広［立命館大学非常勤講師、大阪経済大学研究員］

Ⅰ 「原爆の図」から沖縄戦シリーズへ
――丸木位里・丸木俊が描いた人びとの戦争体験――

小沢 節子

はじめに

丸木位里（一九〇一～九五）と丸木俊（赤松俊子・一九一二～二〇〇〇）は、戦後四〇年近くにわたって様々な社会的災厄に巻き込まれた人びとの姿を描きつづけた（ふたりは一九四一年に結婚。赤松俊子は五七年から丸木俊子、六五年頃からは丸木俊と名のる。本稿では「俊」に統一）。とりわけ、一九五〇年の第一部《幽霊》にはじまる「原爆の図」は、一組の夫婦による共同制作としても、継続のエネルギーと大画面に展開する作品の強度においても、戦後美術史上に特筆される絵画作品である（本稿では後述のようなヴァリエーションを含む作品群として「原爆の図」、五〇年代初めの作品については初期「原爆の図」と記す）。一方、夫妻の共同制作の旅は、南京、アウシュビッツ、水俣といった二〇世紀の歴史を刻んだ場所を経て、八〇年代には沖縄にたどりつき、大作《沖縄戦の図》をはじめとする一四作品が描かれた（本稿ではそれらを沖縄戦シリーズと呼ぶ）。共同制作はその後も位里の死までつづいたが、高齢のふたりが心血を注いだ沖縄戦シリーズは彼らの画業の集大成といえる。

本稿では共同制作の出発点である「原爆の図」と到達点である沖縄戦シリーズに、どのように人びとの戦争体験が表現されていったかを論じる。「人びとの戦争体験」とは、まずは丸木夫妻が原爆や沖縄戦の直接体験者ではないことを意味する。広島出身の位里は原爆投下の四日後に、俊も一週間後に広島に入った。ともにいわゆる入市被爆者であり、被爆後の惨状を目の当たりにしたが、それだけでは八月六日の情景を描き出すことはできなかった。母や妹が語るその日、被爆直後の写真、体験者の手記や小説といった大量のそして過酷な記録と記憶を再構成しながら、ふたりは初期「原爆の図」を描いた。そうした制作の経緯や非体験者故に可能となった絵画表現の意味、そして（身近な存在からも放たれた）代理表象への批判についてはすでに論じてきたが（小沢 二〇〇二、二〇一一）、「原爆の図」に限らず、夫妻は常に非当事者、あるいは出来事の周縁にいた者として他者の体験を描いてきたのだった。

こうした夫妻の立ち位置をふまえて、一章では近年の研究状況を参照しながら「原爆の図」について論じる。とりわけ初期「原爆の図」が様々な政治的層《レイヤー》をまといながらも、二〇世紀の核の時代の戦争体験を表現する「戦後の戦争画」だったことを明らかにする。二章では「原爆の図」から沖縄戦シリーズへの、いわばインターミッションとして、丸木夫妻の「政治」に焦点をあてる。三章では沖縄戦というテーマがどのように深められていったかを、夫妻の非当事者性の自覚や体験者との協働作業という視角から論じる。

丸木夫妻は、歴史的な出来事を主題に、文字資料や写真資料のみならず、体験者の語りに耳を傾け学びを積み重ねながら、人びとの記憶に刻み込まれた情景を絵画として「再現」した。歴史叙述と絵画表現を同列に論じることはできないが、夫妻の経験主義的な実践は歴史学の方法論とも親近性をもつ。絵画に表現された戦争体験が再び社会のなかで人びとと共有される過程にも目を向けながら、戦争体験論の思想史のなかに夫妻の絵画表現を位置づけてみたい。

一　二十世紀の歴史のなかの「原爆の図」

1　近年の研究動向から

この十数年間に、「原爆の図」は一九五〇年代の日本社会ひいては冷戦期の東アジアの文脈のなかに再配置されるようになった。初期「原爆の図」の制作は逆コースから朝鮮戦争勃発という危機の時代への芸術的対応としてとらえられ、五〇年から五三年までの間に全国一七〇カ所、約一七〇万人の観客を動員した巡回展についても、岡村幸宣による検証が進んだ（岡村 二〇一五）。丸木夫妻が広島・長崎の記録と記憶を梃子に、核に覆われた世紀の新たな暴力の姿を「原爆の図」に投影し、それを人びともまた、自らの戦争体験を拠り所にしながら共有したことが確認されたといえよう。

また、最近ではメディア論という切り口の言説も目につくが、ここでは「原爆の図」のヴァリエーションの問題を指摘しておく。八〇年代に作者によって十五部と定められた「原爆の図」をいわば「正伝」とすれば、「外伝」ともいうべき「原爆の図」が多数存在することは以前から知られてきた。五〇年代だけでも未完の《夜》、長崎の「原爆の図」や高野山に奉納された「原爆の図」など連作として構想され画集に掲載された作品があり、初期三部作の再制作版（一九五〇〜五一頃）も描かれた。これらはいわば正伝と入れ替え可能な互換性をもつ外伝だが、ほかにも俊ひとりの手になる色彩豊かな「原爆の図」も描かれ、占領下では中国の連環画にならった絵本『ピカドン』（丸木・赤松 一九五〇）も流通、五〇年代半ばには「原爆の図」写真展や映画・幻灯等も全国を巡回した。だが、「原爆の図」のメディアとしてのはたらきを象徴する五〇年代巡回展が終った後も、八〇年代にいたるまで夫妻は「原爆の図」を描きつづけていた。原爆によって人類の歴史が大きく変化したことを不動の指標として描きつづけたともいえるが、それは同時に、原爆を描き尽くすことはできないという表象の困難との戦いを物語り、四〇年に及ぶ共同制作が単純な一筋の流れではないことも示している。

さらに、「戦争と美術」をめぐる研究の進展のなかで、香月泰男の「シベリア・シリーズ」や浜田知明の「初年兵哀歌シリーズ」などとともに、「原爆の図」も戦後の戦争画／戦争体験画と目されるようになった。北原恵は戦争画言説を四つの時期に区分し、丸木夫妻を第二期（一九四五〜六五年）の〈体験〉の画家と位置づけ、その上で、「六〇年代以降、一部の芸術家はアジア・太平洋戦争に対する批判的思想を深めて、〈体験〉から植民地主義批判に至る〈歴史認識〉や〈思想〉の表現に変化していったように思われる」（北原 二〇一八、一一頁）と述べる。だが、絵画について論じるとは、画題やコンテクスト（歴史的社会的文脈）の紹介にとどまらず、造型技法と作者の精神の出会う場所を掘り下げることであり、絵画という経験―顔料（絵の具）や支持体（カンバスや紙）といった物質と人間の手わざ（技法）との葛藤のなかから新しい世界の像《イメージ》がたちあがり、視覚し触知しうる現実存在と化すという経験―と出会うことでもある。丸木夫妻の戦後半世紀に及ぶ絵画的な実践は、たしかに個別的な心身の直接性を意味する「体験」を「思想」化した過程ともいえるが、以下ではそうした過程を絵画の経験に則してみていくことにしたい。

2　戦争画としての「原爆の図」

位里は戦後の戦争画として原爆を描いたと、後年次のように語っている。

「戦争画の中には藤田嗣治の傑作画もあろうし、宮本三郎の傑作もあるし、ずいぶん傑作があるわけです、戦争画としての傑作はね。だが戦争後になっていろんな問題が起こっているのに、戦争中には戦争画をみんな描いたのに、誰も原爆を描かない。広島出身の絵かきさんがたまたま兵隊で広島にいて少し描いたですね（福井芳郎をさすと思われる―小沢)。この人はその日にいたんだからよく知っている。広島の焼け野原、瓦礫の山をたったひとりぐらいの人が歩いているような絵なんだが、これでは原爆にはならない。原爆というのは建物やらなんかじゃないんだ。人間を描かなくちゃ原爆じゃないんだ。人間がどういう状態にあったかということを描かなくちゃ原爆にはならないんだ。写真もないし、私たちは絵かきだし、戦争中に戦争画を描かなかったんだから、戦後の敗戦の一番大きな問題をひとつ描かなきゃいけんのじゃないかというふうに思いだしたわけなんです」(北川 一九八一、七五頁)。

「原爆の図」が戦後の戦争画である所以を、戦時期美術との連続性・共通性、そして相違点から考えてみよう。まず、「原爆の図」はいわゆる「戦争画」と称される戦意高揚画・作戦記録画(以下「戦争画」と記す)のみならず、戦時期美術のひとつの特徴である古典的かつ写実的な大画面の群像表現を継承している。夫妻は被爆の実態を伝えるために「原爆の図」を描いたが、その群像画の基盤となる人体表現は戦前からの俊の画業の特徴でもあり(小沢 二〇〇二、二〇一三)、また身体/肉体とは戦後初期の画壇における主要な潮流でもあった(河田 二〇一五)。しかし、占領が終っても、そして戦後のアートシーンの変化にもかかわらず、ふたりは大画面を埋め尽くす人間の群れを描きつづけた。

丸木夫妻の群像表現は、ほぼ一貫した方法論によって描かれている。位里が引き合いに出した藤田嗣治の「戦争画」、たとえば、民間人の玉砕を劇的に描き出した《サイパン島同胞臣節を全うす》(一九四五)を思い出してほしい。藤田は油彩画だけでも一五〇点あまりの「戦争画」を描いたといわれるが、旺盛な制作を可能にしたのは速筆と群像表現の方法論だった(林 二〇〇八)。一九二〇年代末の壁画経験にはじまる藤田の大画面の群像表現について、林洋子は奥野美香の修士論文(未公刊)から次のような引用をしている。

「藤田は、群像を構成する際、個々のポーズを重視し、全体的な構図の下絵は描かなかったか、描いたとしてもあまり重視せず、その場で構成を考えながら個々の人物を本画に自由に組み合わせていった。〈中略〉はじめて取り組む人物のポーズについては綿密な素描を準備するが、ある程度ポーズのヴァリエーションを増やした後は、以前描いた人物のポーズを繰り返し利用することによって、下絵として描かれた個々の人物のための素描数を減少させたのではないか」(林 二〇〇八、三九二頁)。

この方法論はほぼそのまま、丸木夫妻の共同制作にも当てはまる。夫妻もまた構図の下絵をあまり重視せずに、人物をモデルに素描(「原爆の図」の場合にはヌードデッサン)をくりかえし、様々な姿態《ポーズ》の人物像を描きため大画面に配置して本画をつくりあげた。写真を元に描かれた人物像がくりかえし使用されることもあり、「原爆の図」の数多くのヴァリエーションも、そうした人物像の「再利用」によるところが大きい。もちろん、アトリエでの想像力の産物である藤田の玉砕図に対して、丸木夫妻はより「現場」に則して「原爆の図」を描いたともいえるが、カタストロフィに巻き込まれた群衆の、一人ひとりの姿を表現するための造型的な方法論において、両者は相通じるものがある。

次に、こうして描かれた「わかりやすい」表現は、いずれも国民大衆を明確な受け手として設定された。戦争を遂行する国家の力を背景に、藤田らは大画面の歴史画としての「戦争画」に挑戦し、できあがった作品は「美術」や展覧会文化とは縁のなかった大衆に向けて巡回展示された。戦後まもなく日本共産党に入党した丸木夫妻もまた、逆コースの進展のなかで冷戦の一方の側を代表する党の文化政策から自由に「原爆の図」を描いたわけではない(小沢二〇〇二)。戦前のプロレタリア美術や戦後の中国木版画の展覧会のように、在野であっても巡回展とは組織されたネットワークがあって可能となる政治的な実践である。「原爆の図」の全国巡回展を支えたのも、日本美術会をはじめとする文化団体や平和団体、労働組合、学生団体の運動家たちであり、朝鮮戦争下で草の根的に広がったサークル文化運動の担い手たちも大きな役割を果たした。彼らの多くは夫妻と同じく政治的左派の若者であり、巡回展にはコミンフォルムによる批判と朝鮮戦争勃発を受けて分裂・非合法状態にあった日本共産党の「表の文化運動」という側

面もあった。(1)

巡回展の会場では、山下菊二が「『原爆の図』をかついで秋田のほうを回ったとき、たくさんの農民が来て、私の説明を聞いて涙を流して拝んでいる老婆を見た」(北川 一九八〇、一七六頁)と語るように、藤田の「戦争画」の前で人びとが手を合わせたというエピソードを彷彿とさせる情景も出現した。(2)戦争末期の「戦争画」巡回展が本土決戦に向けて国民に悲壮な決意を求めるものだったとしても、「原爆の図」巡回展が占領下の国民に対してアメリカの戦争犯罪を告発するものだったとしても、情動を方向づけようとする力から逸脱する身体もまた、そこかしこに現れていたのだろう。描かれた死者たちへの鎮魂の身振りからは、後述のような戦争体験の自己省察を経た思想が編み出されていく可能性も存在した。

第三に、戦時期の「戦争画」の多くがそうであったように、「原爆の図」にも「敵」のイメージを見いだすことはできない(「敵」ひいては「他者」を明確に描き得なかったことは戦時期の表現全般にかかわる問題だが、本稿ではこれ以上触れない)。「原爆の図」についていえば、「敵」＝加害者を描くことは、現実的にも表現の上でも困難であり不可能だった。現実的には反米的な行為として占領政策に抵触し、表現においては、原爆に限らず戦略爆撃の時代には、地上一万メートルの加害者は不可視の存在だった。「原爆の図」の情景が天災ではないことを、丸木夫妻も「ピカは人が落とさにゃ落ちてこん」(『ピカドン』)という位里の母スマの言葉に仮託してくりかえし語らなければならなかった。だが、占領終結後も、夫妻は加害者としての「アメリカ」を描くことはなかった。彼らが描いたのは、被爆した米兵捕虜を襲う日本の民衆や、中国人捕虜を斬首し女性を強姦する南京の日本軍兵士、沖縄の住民を殺害する日本軍兵士や、「集団自決」(強制集団死)を迫られてお互いに殺し合う親子兄弟の姿だった。残されたエピソードや夫妻の回想は、加害者を描く困難が作者自身の内にもあったことを語っているが(北川 一九八〇)、それは加害と被害、敵と味方という単純な二分法に収まらない戦場の人びとの姿を描くことにもつながっていくのだった。

3　絵画の光が照らし出す戦争の暴力

一九五〇年代の観客が「原爆の図」に描かれた他者の苦痛に自らの戦争体験を投影しながら感情移入していくとき、その通路として大きな役割を果たしたのは俊の描いた等身大の被害者たちの姿だった（小沢 二〇〇二）。弱く傷つきやすい存在としての女・子どもや老人の姿は観客の情感を揺さぶり、赤ん坊は根源的なイノセンスを表象し、猫やツバメといった小さな生き物たちは人間中心主義を問う。「原爆の図」には目に見える加害者は描かれていないが、戦争に巻き込まれ殺されていく圧倒的に無力な被害者たちの姿は、戦争という国家の暴力を絵画の光によって照らし返し、近代科学と文明の進歩の果てに人類が手にした「核」が絶滅戦争の扉を開いたことを直観させる。弱者の受動的な戦争体験は戦後日本の民衆的な非戦論・平和観の基盤をなすものだが、被害者体験から発する意識は、戦争体験論の言説においてはしばしば批判的に言及されてきた（赤澤 二〇一八）。しかし、核戦争の究極の被害者の姿を描き出し、命／存在の根源的な脆弱性、脆さや儚さへの気づきを促す初期「原爆の図」は、字義通りのラディカルな現在性《アクチュアリティ》によって彼らの共同制作の出発点にして記念碑となっている。

図版１　丸木位里・丸木俊「原爆の図」第一部《幽霊》1950年．原爆の図丸木美術館蔵

あらためて第一部《幽霊》をとりあげてみよう（図版１）。描かれているのは、一瞬にして熱線に焼かれ、爆風に飛ばされ、放射能に被爆し、自らの生死すらもはや認識できない場所に置き去りにされた人びとである。拙著ではデリダの幽霊論を引用したが（小沢 二〇〇二）、原爆によって衣服を剥ぎ取られ裸にされた彼らの姿は、**la nuda vita**「剥き出しの生」（アガンベン）そのものともいえよう。また、米山リサは「生死の境目をさまよう人間を『閾』として描きだした」（米山 二〇一五、一四六頁）とも論じたが、「『幽霊』の塊《マス》り」（米山）として表現された人間群像は俊の手になり、画面の余白と墨の対比は位里の構想である。ふたりの共同制作が、米山の指摘する非条理な近代の「生」を現前させたのである。もっとも、カタストロフィのなかで居場所を喪失し、匿名性の存在に陥れられた者たちが忘却の底から不意打ちのように反復再帰するといった幽霊／亡霊論や現代思想による解読をもちだすまでもなく、一九五〇年の観客にとって、死者として往生できずに彼岸と此岸の境界をさまよう幽霊たちは、痛ましくも親しい存在だったにちがいない。この絵の中では、俊が絵の前で嘆きとともに絵解きした個々の身の上話と重なる生活者の感覚が、人間の「生」をめぐる現代の哲学と併存しているのである。冷戦の時代のアジアの熱戦という現実

のなかで描かれた初期「原爆の図」は、戦時期からの日本美術の系譜に位置づけられると同時に人類的な破滅の経験を予示し、二つの大戦を経て獲得された人間性の省察や新しい倫理の構築といった思想水脈とも響き合うものだった。

二　丸木夫妻の「政治」

1　一九七〇年代の展開

本章では「原爆の図」から沖縄戦シリーズへの過渡期である一九七〇年代を中心に、位里と俊それぞれの、そしてふたりの関係性の「政治」に焦点をあてる。

夫妻の政治的遍歴をあらためて述べれば、戦後まもなく日本共産党に入党したふたりのもとには[3]、組織的・人的な支援を得て当時としては驚くべき量と質の原爆に関する情報が集まってきた。そうした環境のなかで「原爆の図」の制作と全国巡回展は可能になった。五五年の六全協（日本共産党第六回全国協議会）で党の分裂状態に終止符が打たれると、夫妻は党の新たな外交政策に則って「原爆の図」世界巡回展に出発した。党を代表する文化人として国内外で行動したが、六四年には党指導部を批判して除名され[4]、世界巡回展も打ち切られた。やがて六七年に開館した原爆の図丸木美術館には、反／非共産党系の立場からの市民運動や住民運動、反公害や反核、差別撤廃といった同時代の様々な「運動」にかかわる人びとが次々と訪れるようになる。ときには性急に「近代」や戦後民主主義を「糾弾」する全共闘世代の青年たちを、ふたりは「来るものは拒まず」と受け入れたが、組織の重圧から解放された夫妻もまた時代の潮流に棹さしていったのであり、こうした交流はやがて沖縄への関心につながった。

後述のような理由もあり途絶えていた共同制作や巡回展も再開された。七〇年にはベトナム戦争のさなかのアメリカで「原爆の図」展が開催されたが、[5]そこでアジアへの戦争責任を問われた夫妻は、「原爆の図」第十三部《米兵捕虜の死》（一九七一）、第十四部《からす》（一九七二）を経て《南京大虐殺の図》（一九七五）を制作した。デフォルメされた表現が自由に試みられるようになり、原爆以外の新しい主題も模索された。ヨーロッパを旅して《アウシュビッツの図》（一九七七）が描かれ、七八年のフランス巡回展でのエコロジー運動との出会いは、《水俣の図》（一九八〇）、《水俣・原発・三里塚》（一九八一）といった大画面の作品に結実した。

2　俊の場合―他者への眼差し

実り多い老年期を迎えたかに見える丸木夫妻だが、ふたりが抱え込んだ「政治」は彼らの人生と画業に影を落としていた。北海道の開拓の村に生まれ画家をめざして人生を切り拓いてきた俊は、モスクワとパラオという海外体験を糧にしたユニークな油彩画家として戦前から知られていた。そうした自らの人生を「物語る」才能にも恵まれ、多くの自伝的な文章を残し、戦後も夫婦を代表して語った。五〇年代には「東の陣営の冷戦フェミニズムのあたらしい主体」（米山 二〇一五、一四九頁）として活躍し、七〇年代には日本人の戦争責任・加害責任論に応えようと、位里に率先して新たな共同制作にとりくんだ。

だが、時流を見極める政治感覚とともに、そして時々の党派的な要請に縛られながらも、俊はそこから逸脱するイメージの力をもちつづけた。一例として、彼女の描いたチマ・チョゴリ（朝鮮人女性）の表象を紹介しよう。前述の《からす》では朝鮮人被爆者が白いチマ・チョゴリで表わされている（図版2）。絵本『ひろしまのピカ』（丸木 一九八〇）でも、「この原子爆弾でしんだのは、日本人ばかりではありませんでした。むりに日本につれてこられ、はたらかされていた朝鮮のひとも、おおぜいしんだのです」という文章とともに、苦しむ人びとの上を空高く「ふるさ

図版２　丸木位里・丸木俊「原爆の図」第十四部《からす》（部分）1972年．原爆の図丸木美術館蔵

図版３　丸木俊『ひろしまのピカ』小峰書店，1980年．原画．個人蔵

と」へ飛んでいく色とりどりのチマ・チョゴリが描かれた（図版3）。戦争認識を深めることで、「〈体験〉から植民地主義批判に至る〈歴史認識〉や〈思想〉の表現に変化していった」（北原恵）芸術家の実例とされる表現かもしれない。だが、実はチマ・チョゴリの女性は俊の戦前のスケッチや、逆コース下での労働争議を描いた《広島日本製鋼事件によせて》（一九四九）、「原爆の図」巡回展のスケッチにも登場する。

一九四〇年にパラオに渡った俊は、南洋航路船笠置丸で出会った朝鮮人移民の家族を数点のスケッチに描き残した（図版４）。当時の「南洋群島」には多くの朝鮮人が労働力として動員されていた

図版4　丸木俊《ミクロネシアスケッチ No. 20》1940年．個人蔵

が、南洋を旅して朝鮮人を描いた日本人画家は、管見の限り他に思い浮かばない。俊のスケッチも簡素なものだが、大日本帝国の版図のなかを移動するマイノリティへの眼差しが伝わってくる。一方、戦後の労働争議や巡回展の場に描かれた朝鮮人女性の姿は、占領下での日本共産党と左派系在日朝鮮人との「共闘」という党の路線に沿いつつも、そこには収まり切らない違和感も湛える（小沢 二〇一三）。六全協では武装闘争路線が転換され、在日本朝鮮人総連合会（朝鮮総連）も日本政治への内政不干渉をうちだすが、夫妻は五六年に「原爆の図」巡回展で朝鮮民主主義人民共和国（北朝鮮）を訪れ、翌年の第四回日本国際美術展に俊は朝鮮戦争下の北朝鮮の女性たちを描いた《女は水を汲みました》（所在不明）を出品した。さらに五九年の北朝鮮への集団帰還事業に際しても記念絵葉書を描くなど、朝鮮総連系の人びととの関係もつづいたようである。

それから十数年を経て描かれた《からす》は石牟礼道子の「菊とナガサキ」（石牟礼 一九六八）に結びつけて語られることが多いが、絵の中の人物には実在のモデルがいた。当時、在韓被爆者支援を訴えるために来日していた辛泳洙《シンヨンス》だが、「制作の話を伝えますと、友人たちも共感してくれて、朝鮮人問題を

教えにきてくれます。また、韓国からは被爆者の人がわざわざ来てくださったりします」（丸木 一九七二、二八四頁）という一文以外に詳しい記述はなく、「朝鮮人のモデルには、わたしたちがなりました」（丸木 一九七七、二三二頁）とも述べられている。辛もまた、丸木夫妻との交流や絵のモデルになったことを家族にさえ語らなかった。俊の饒舌の裏の「語られないこと」、そして夫妻の政治的な判断が垣間見えるエピソードともいえる。(6) ともあれ、日本人の加害責任／植民地責任を描いて被爆ナショナリズムを脱したと評価されるはるか以前から、俊は「国民／臣民」や「階級」からはみでる存在としてチマ・チョゴリの女性たちを描いていたのだった。それは植民地主義批判やジェンダー認識の自覚的な表現ではなかったが、こうした俊の他者への眼差しが、七〇年代の新たな共同制作を駆動させていったのだともいえよう。

3　位里の場合――共同制作を否定する

強い正義感に根ざした運動家／アジテーターだった俊に対して、位里もまた農本的アナキズムとでもいうべき反権力の精神の持ち主だったが、画家としては牛や牡丹や深山幽谷を描くことを愛し、共同制作以外で社会的・政治的なテーマをとりあげることはなかった。俊が愛し合う一組の男女の永続的な結びつきという性規範に深くとらわれていたのに対し、位里は安定し閉ざされた関係からの自由を追い求めた。だが、そうしたふたりを結びつけていたのも共同制作だった。とりわけ初期「原爆の図」では、描くうちに当初の役割分担は乱れ、ときにはお互いの表現を打ち消し合いながら、各自の想像力や技量を単純に加算した以上のものが発揮された。描きはじめる前には見ることも想像することもかなわなかった原爆投下直後の世界が絵画という形をとって現出する経験は、彼らの画家としての人生に深く刻み込まれたにちがいなく、俊は「私は二人して同じ仕事に没頭する喜びに浸っていました」と綴った（丸木 一九五八、二五六頁）。

しかし、位里はしだいに共同制作に距離を置くようになり、七〇年代末からは「原爆の図」をはじめとする夫婦の作品を否定する発言をして周囲を驚かせた。(7) 自らの余命を意識しての発言だったとも思われるが、そもそも戦前に前衛的な水墨画を手がけていた位里には、「わかりやすい」絵を描くことへの抵抗感があった。にもかかわらず、「原爆ってもんを誰も知らんから、じいちゃんばあちゃん、言葉悪いがミーちゃんハーちゃんにいたるまで、誰が見てもわかるように描こうじゃないかいうのがはじまりだったんです」（北川　一九八一、一九二頁）というジレンマがあったのである。実際には、位里が深くかかわった初期「原爆の図」の共同制作では、前述のように決して単純なわかりやすさが優先されたわけではなかった。しかし、全身全霊を傾けた芸術的な交歓が日常的につづくはずはなく、ときには党派的かつ教条的な「わかりやすさ」が求められ、俊がそれに応えようとしていくなかで、位里は「原爆の図」から離れていった。

さらに、広島に生まれ育ち、親族や知己を原爆で失った位里には、死にゆく人びとの姿を「反戦平和」のために描きつづけるという代理表象の暴力性への認識があっても不思議ではなく、それは母スマの死によって決定的なものとなった。夫妻に被爆当時の体験を語ったインフォマントでもあるスマは、七十歳を超えて絵筆をとりはじめ才能を開花させた。左派文化運動が新たな変革主体の形成をめざした五〇年代には、俊はスマを実践モデルに「絵は誰でも描ける」と唱えて大衆美術論を展開した（丸木・赤松　一九五四）。世間の注目を浴びるようになったスマは、夫妻が「原爆の図」世界巡回展に出発した留守宅で国内巡回展の協力者だった青年に殺害された。(8) スマの絵は原爆という空前絶後の暴力とひとりの人間の暴力とのあいだで咲き誇った生の証だが（小沢　二〇一一）、「父を原爆でうしない、母を原爆の図世界行脚のいけにえにした」（丸木　一九五八、三一五頁）と嘆いた位里にとって、彼女の死は暴力についての深い痛みを伴う省察を促したと思われる。事件から三十年近くを経て、位里が再び積極的に共同制作にかかわった沖縄戦シリーズでは、戦争のなかで他者の身体を毀損し死にいたらしめるまでの暴力の発動が様々な形でくりかえし問われた。沖縄の人びとの戦争体験に向き合うなかで、自らの心の傷となった暴力の記憶を梃子として、他者への想像力が発揮されたとも考えられるのである。

4　問われる「戦争責任」

日本人の戦争責任・加害責任をめぐる議論は、七〇年代末には予想もしなかった形で丸木夫妻に跳ね返ってきた。自分たちの戦時下の過ごし方が問われたのである。アジア・太平洋戦争下、積極的に絵を売ることも時流に乗ることもなかった位里に代わって夫婦の生活を支えたのは、俊の絵本や挿画の仕事だった。他の著者の文章に絵を添えたとはいえ、「南洋」の風物、日本統治下の人びとの暮らしや日本軍の活躍を描いた五冊の絵本をはじめ、いわゆる南洋ものの書籍の挿画も数多く手がけた。だが、戦後の夫妻は、俊の戦中の仕事に触れることなく自分たちは「戦争画」を描かなかったとだけ語ってきた(9)。そのようなふたりに対して、あらためて俊の手がけた絵本が大きくとりあげられ、戦時下の子どもたちに戦意高揚をあおったと批判されたのだった（櫻本 一九八二ほか）。

「原爆の図」を描いた「平和の画家」が戦争協力をしていたという「告発」は、事実認識としても総力戦体制下での美術のシステムやヒエラルキーへの理解を欠くものであり(10)、少国民世代のルサンチマンに根ざすイデオロギー暴露の趣もあった。だが夫妻は—位里もまた戦時下の生活を支えた俊への批判を「自分たちへの批判」と受けとめながらも—必ずしも明確な対応をすることはなかった。中国での日本軍の残虐行為、米兵捕虜や朝鮮人の被爆、被差別部落への被爆後の差別などについて、俊は認識の至らなさを指摘されるたびに恥じ入り「謝罪」の言葉を口にし、絵に描いた(11)。だが、「日本人」の戦争責任を描くことは、「私」の戦争責任を受けとめることとは容易には重ならなかった。

その後も俊の「戦争協力」がしばしば論及されるなかで、袖井林二郎は位里が亡くなる二月前の俊との対談で、「僕は思うんです。俊さんが戦争中に戦争協力に近いものをやったとしても、戦後、原爆の図というあれだけの仕事をしたのだから、償いは終わった、と。でも事実は認めなければ。そうすれば戦後の仕事はもっと生きてくると思いますよ。このことを文章にしてきちんと公表したらどうでしょう」と促したが（『北海道新聞』一九九五年）、位里を失った高齢の俊が「文章にしてきちんと公表」することはなかった。とはいえ、倫理的な戦争責任をどのように「償う」かとは内面の問題にほかならず、誰もが明快に言語化できるものでもないだろう。次節では、自分たちの戦時下の過ごし方が批判にさらされたなかで、ふたりがどのように沖縄（戦）に向き合っていったのかを述べていく。

三　沖縄戦シリーズが拓く地平

1　「記憶の戦場」で描く

水俣や沖縄での丸木夫妻の晩年の制作風景は、いくつものドキュメンタリ映画やテレビ番組、写真に残されている。だが、沖縄戦シリーズについて自戒を込めていえば、「本土」の研究者は映像に切り取られた世界の外側については考察してこなかった。誰がどのように夫妻と沖縄を結びつけたのかは必ずしも定かではなく、六年にわたる沖縄での足跡の調査も、絵画としての分析も十分にはなされていない。私自身も「原爆の図」を論じるのと同じ密度では沖縄戦シリーズを論じることはできないが、本稿では戦争体験論というテーマに沿いつつ見取り図を提示したい。

一九七八年九月、沖縄での「原爆の図」展に合わせて丸木夫妻は初めて沖縄を訪れた。だが、俊は次のようにも語っている。「原爆展については、実は日本復帰のちょっと前に沖縄タイムスから、やりましょうという話があったんですが、その時は若い人たちが張り切って、船一隻かりきったために、主催者の方で、なにか騒動でも起りゃせんかと心配して延期になったのが、今年こそはやってほしいということでした」（丸木 一九七八、六頁）。七〇年頃には日米両政府による沖縄返還合意に批判的な若い世代が日本でも沖縄でも様々な運動をくり広げており（森ほか 二〇一七）、そうした動きに連なる計画があったのかもしれない。同じ文章のなかで、俊は「沖縄では、さっそく沖縄の戦争を描いてくれと言われました」とも述べている。やがて、前述のような周囲の運動家からのはたらきかけもあり[12]、夫妻は八二年から八七年まで毎年のように冬の沖縄に滞在し、十四の共同制作と数多くのそれぞれの作品を描いた。民家を借りての制作活動はアーティスト・イン・レジデンス（Artist in Residence）といった趣もあるが、ふたりは沖縄本島だけではなく、いくつもの島々を精力的にまわって取材とスケッチを重ねた。

　八三年には沖縄を描いた最初の作品として、「沖縄の戦い」シリーズと銘打った八点（現在では「沖縄の図 八連作」と呼ばれている）が発表された。そこには当時の夫妻の（そして彼らを沖縄に誘った人の）問題意識が如実に表れており、《暁の実弾射撃》―米軍の実弾射撃訓練に対する基地フェンス前の抗議集会、《ひめゆりの塔》―七五年の海洋博（沖縄国際海洋博覧会）に訪沖した皇太子夫妻への「ひめゆり火炎瓶事件」という同時代の主題も直截に描かれた（図版5）。特に後者は、壕内にひそんでいた青年が火炎瓶を投げる瞬間を撮影した読売新聞西部本社の山城博明記者のスクープ写真をもとに、火炎瓶を投げ実刑判決を受けた本人である知念功がモデルをつとめた。[13]「（沖縄では、六〇年代後半以降—小沢）政党も政府も、企業も労組も、新左翼まで（本土に—小沢）系列化していく」（森ほか 二〇一七、二六頁）なかでの一部の過激な行動とイデオロギーを反映した作品ともいえるが、「沖解同」（沖縄解放同盟）のヘルメットをかぶったふたりの人物と皇太子夫妻、夫妻を案内したひめゆり同窓会会長にくわえて、壕のなかで死んだ少女たちの顔が浮かび上がるように描かれているのが目を引く。一週間にわたって壕にひそみ、暗闇のなかで死者たちの存在を感じ「怨嗟」の声を想像したという知念の体験（村上 二〇一八）を、丸木夫妻は、あるいは直接聞きながら描いたのかもしれない。[14] 他の六作品では、久米島の日本軍による（朝鮮人家族を含む）島民虐殺、亀甲墓やガマ（自然壕）そして喜屋武岬で人びとが「集団自決」に追いやられていく姿が中心的な主題となってい

図版５　丸木位里・丸木俊「沖縄の図　八連作」《ひめゆりの塔》1983年.
佐喜眞美術館蔵

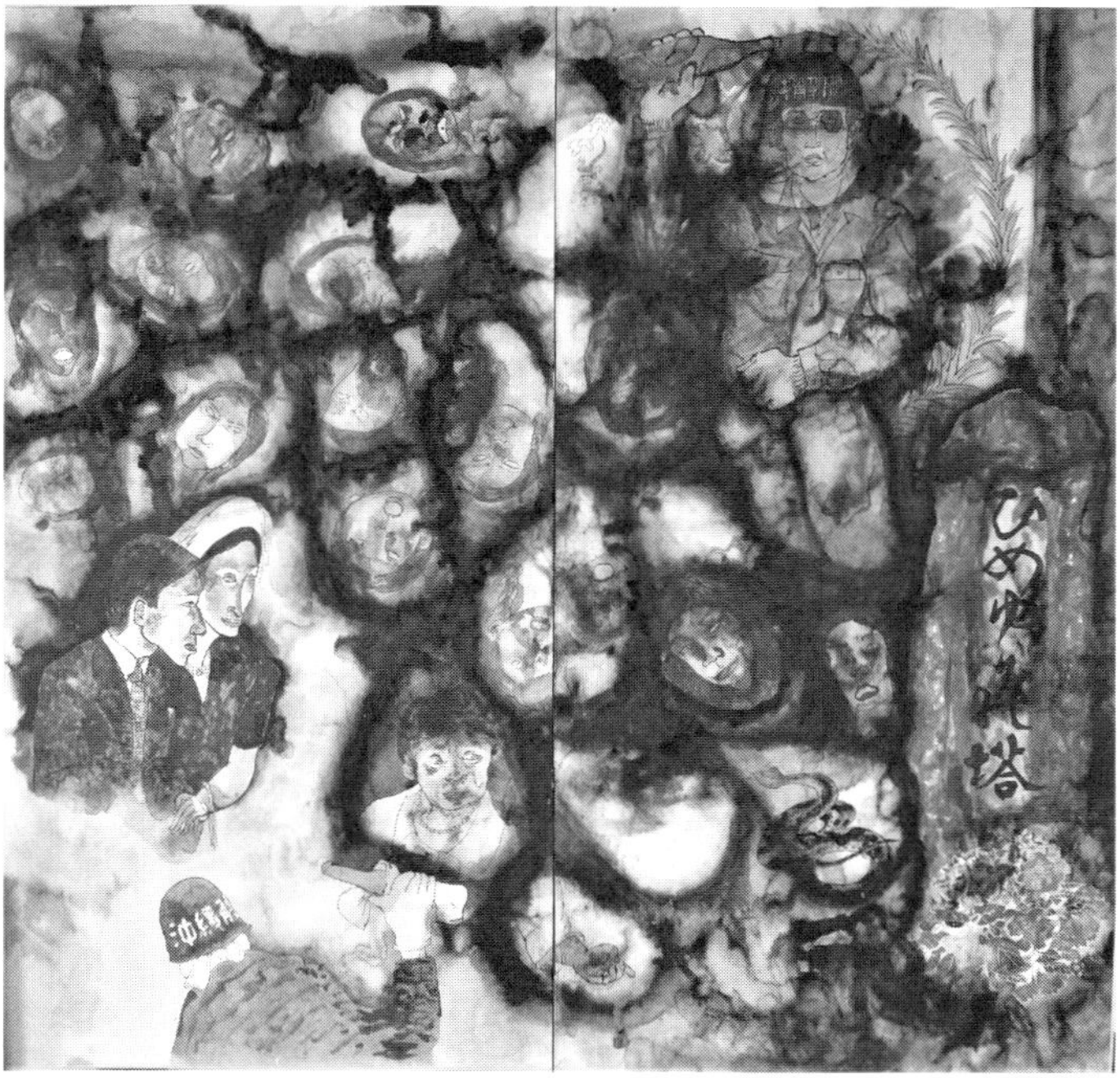

る。

これらの作品の時代背景に短く触れるならば、本土との経済的格差解消をめざして計画された海洋博はインフレや乱開発をひきおこして反対の世論が高まり、名誉総裁に就任した皇太子の来沖をめぐっても議論がおきた。それは沖縄にとっての天皇・天皇制とはなにかという問題とも無縁ではなかった。一方、沖縄戦における日本軍の住民殺害と住民の集団自決（以下、カッコをはずす）は、七〇年代の『沖縄県史』の刊行に代表される戦争体験の発掘のなかで焦点化されていった。また、八一年の教科書検定では高等学校の現代社会の教科書（清水書院）から「原爆の図」の図版が削除された（以後、教科書への「原爆の図」掲載は次第に減少していく）。文部省は翌年には中国への侵略を「進出」に、朝鮮での三・一独立運動を「暴動」と書き直させ、沖縄戦についても日本軍の住民殺害の記述を高校の日本史教科書から削除させた。この削除に対して沖縄では抗議の声と運動が高まり後に記述は復活したが、国家の側からの歴史認識への介入が自分たちの間近にも、そして沖縄にも押し寄せ、それに抵抗する動きのつづくなかで夫妻は沖縄を描きはじめたのだった。

さらに、八五年には文部省は各都道府県教育長宛てに「日の丸」「君が代」徹底通知をだし、沖縄でも八七年の国民体育大会に向けて締めつけが強まっていった。夫妻は八六年末には読谷村に滞在し、国からの圧力の渦中で独自な村作りをつづけた山内徳信村長や村民たちと交流しつつ「読谷村三部作」を制作した(丸木 一九八七)。沖縄戦シリーズは、同時代の政治状況と斬り結びながら沖縄戦の歴史が問われ、耳を傾ける者の前では体験者が重い口を開きはじめた「記憶の戦場」で描かれたのである。

2 協働作業としての、聞くこと

位里は、戦争を空襲のことだと思っている日本人は戦争の本質を知らないのであり、「こういう国はまた戦争をするかもしれない」。だから「取り返しのつかないことが起こってしまう」前に、「地上戦を体験した沖縄の人に教えてもらって」描く必要があると語った(佐喜眞 二〇一四、三三頁)。また、「どう考えても沖縄というのは、今度の戦争では一番大変なことが起きている」「日本人の写した写真が一枚もない。日本人側から目に見えるものをどうしても残しておかなければならない(傍点小沢)」(「いくさ世の画譜」)とも述べている。同じ頃、ふたりの講演を聞いた佐喜眞道夫は、「私たち本土の人間は、沖縄の人たちに謝らなければなりません」と話す俊の姿に衝撃を受けたという(佐喜眞 二〇一四、二九頁)。夫妻は「日本人」と「沖縄の人」とのあいだで、そして過去と現在と未来の戦争のあいだで揺れ動いたのだろう。沖縄戦を描くことは戦争を遂行した国家の一員だった自らの戦争体験に向き合うことにほかならず、住民を巻き込んでの戦闘員と非戦闘員、加害者と被害者の区別すら渾沌とした戦争の有り様は、二〇世紀後半の現代戦に、そして未来の（私たちにとっては現在の）戦争に通じることも彼らは理解していた。そうした理解や認識を筋道立てて言説化することはなかったが、表現者としての人生、すなわち自分たちの絵画世界をどのようなものとして終らせるかという意識をもって最後の集大成となる共同制作に臨んでいたことだろう。夫妻は俊の「戦争協力」について明確に答えることなく亡くなったが、沖縄戦を描くことが、ふたりの画家としての「答え方」だったのだと思われる。

夫妻は沖縄戦に関する大量の本を読み、琉球大学の教員だった大田昌秀や伊江島の阿波根昌鴻を訪ねて教えを乞い、ひめゆり学徒隊や集団自決の生存者、モデルをつとめたそれぞれの土地の住人たちとの出会いを重ねていった。同時代の沖縄の美術家たちと交わることはなかったようだが、そもそも丸木夫妻が沖縄戦を描きはじめるまで、沖縄の画家たちが沖縄戦の実態を描くことはなかった(15)。夫妻が沖縄戦を描くことができたのは、前述のような歴史的コンテクストにくわえて、彼らが当事者ではなかったからである。「原爆の図」を描き、伝えるなかで、生き残った者が出来事の全体を見渡す困難を夫妻は知っていた。なによりも、人は傷口を開いて語りつづけることはできない。そうであるならば、非当事者である自分たちこそが逆説的に描けることがある／描いてきたのだという自覚と自負があったのだろう。

非当事者性の強い自覚は、映像のなかの夫妻の言葉や身振りからも伝わってくる。八連作の後、夫妻は沖縄戦を一枚の大画面に描いた《沖縄戦の図》を八四年に完成させるが、その様子を記録したテレビ番組「いくさ世の画譜」と映画「おきなわ戦の図」にはふたりが戦跡を訪ねる姿も残されている。平良修牧師に案内されて玉城の糸数アブチラガマへと降りていき、荒崎海岸でひめゆり学徒の生存者たちの話を聞いてスケッチをする。そうした場面で印象的なのは、静かに祈りを捧げ、黙って耳を傾ける夫妻の「敬虔さ」―死者に対してだけではなく、目の前で語る相手を敬い慎むという切実さ―である。位里は映画のなかで、沖縄戦の体験者たちは「何遍話しても違った話をする」「一度聞いただけでは分からない」、だから、何度も聞かなければならないと語る。多くの本を読み、専門家の話を聞いて知識を積み重ねても、とりわけ絶対的かつ局限的な直接体験をもつ人びとの前では、発話の揺らぎや混乱をふくめて、自らを空の器のようにして聞きつづけるしかなかったのである。そして、体験談を語った人たちは、「丸木さんたちはよくショックを受けて黙っておられました」という様子とともに、「丸木さんたちと話をしたことをとても懐かしむように話します」という(佐喜眞 二〇一四、三三頁)。また、映像や回想からは座談会的な聞き取りの様子も浮かび上がってくるが、[16] これは前述の七〇年代に定着した共同体単位の沖縄戦の聞き取り(地域のオーラル・ヒストリー)とも共通する(大門 二〇一七)。沖縄戦後美術史には未だ居場所を与えられていない沖縄戦シリーズだが、体験者たちの証言活動とそれを描いた非当事者との協働作業として、沖縄戦の歴史叙述のなかに位置づけられる実践だったともいえる。

3 《沖縄戦の図》を読むために

《沖縄戦の図》(図版6)は、4×8・5mというスケールの大きさと自在に変化する時空の表現、鮮やかな色彩と墨が幾重もの層となった画面、そして絵の中に生起する多くの物語によって、沖縄戦シリーズの代表作となった。夫妻は薬莢が出てくる首里の激戦地跡に借りた民家の庭にシートを敷き、その上に広げた毛布の上に大型の麻紙《まし》を並べ、文字通り絵の中に入り込んで描いた。サンゴ礁の石灰岩の凹凸の「痛み」を膝や足の裏に感じながら、下絵もなしに、地元の人たちをときにはお互いをモデルにして描いていく映像からは、とりわけ聞き取りの際の受動的な身振りとは対照的な、位里の自由奔放な姿が伝わってくる。位里は絵の中心、言い換えれば大画面の全体性は描いていくうちに見つかると語り、初期「原爆の図」と同様に俊の描いた画中の惨劇を水墨で覆い隠していく。

同作に限らず、沖縄戦シリーズでは再び共同制作に戻ってきた位里の意思と技法が大きな役割を果たした。絵本

図版６ 丸木位里・丸木俊《沖縄戦の図》1984年．佐喜眞美術館蔵

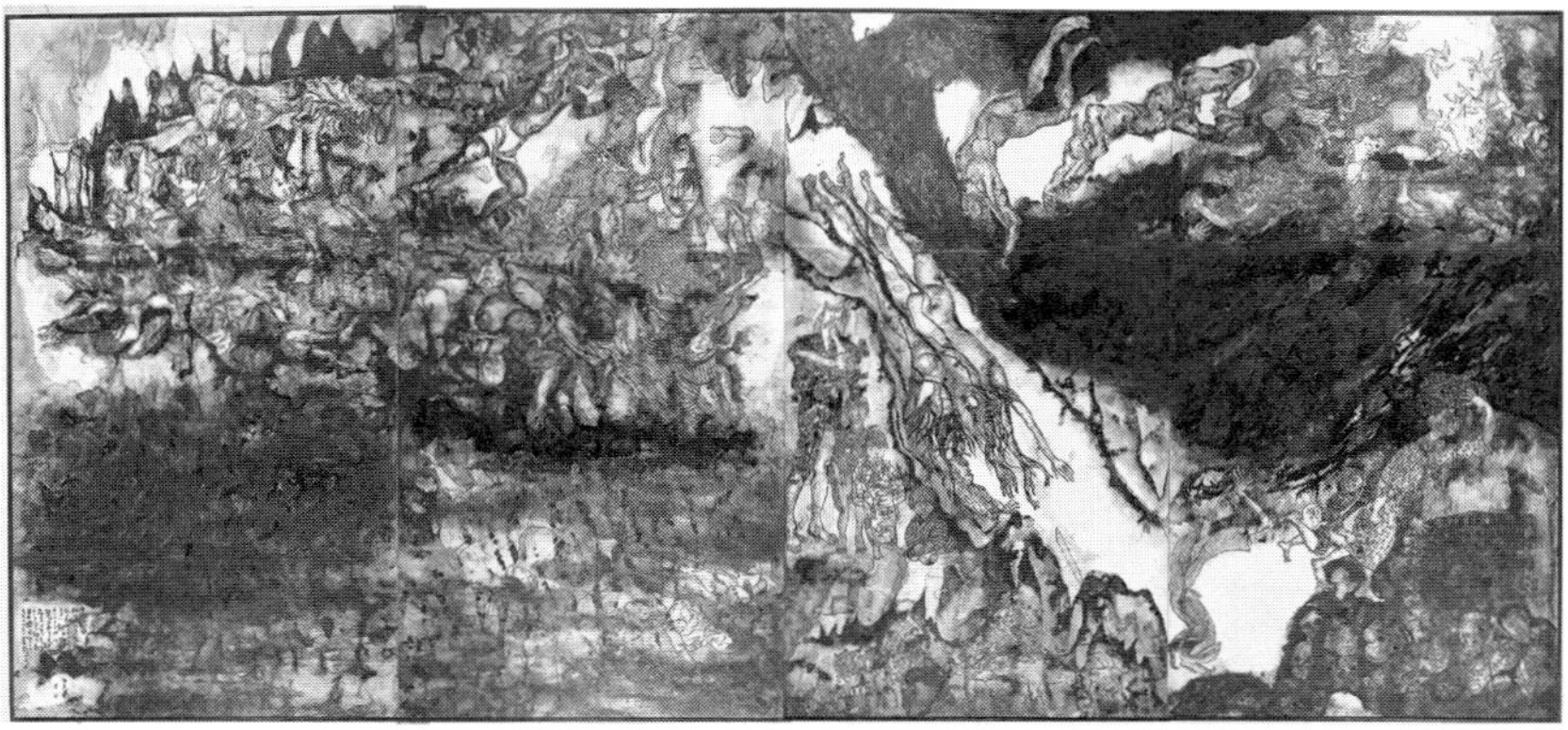

『おきなわ　島のこえ』（丸木　一九八四）でも、位里は「ねんにはねんをいれて、一年がかりでようやくできあがりました。この本ばかりは、私はおてつだいで、せきにんはありませんなどとは申しません」と、「力いっぱい本にした」とあとがきに記した。同じ出来事を同時期にタブローと絵本で描くという意味で、《沖縄戦の図》と『おきなわ　島のこえ』との関係は初期「原爆の図」と絵本『ピカドン』を連想させるが、「原爆の図」外伝も同時期に制作されており、そこには共通する表現が見られる。たとえば《沖縄戦―ガマ》、《沖縄戦―きゃん岬》との三部作のような形で発表された《高張提灯》（一九八六）では、時間を超えて終ることなく続いていく苦悶の記憶を表現するかのような、デフォルメされ引き伸ばされた人体が目を引く。(17) 炎と闇のなかに閉じこめられた広島の人びとを描きながら、夫妻の脳裏にはガマや断崖に追いつめられた沖縄の人びとの姿が浮かんでいたことだろう。

《沖縄戦の図》をより深く絵画として読み解くことは今後の課題としたいが、そのための議論も短く紹介しておきたい。夫妻にとって沖縄戦の「記憶の戦場」に身を置くとは、国家と民衆の「歴史叙述をめぐる記憶の戦場」で描くというだけではなく、一人ひとりの「内なる記憶の戦場」へと降りていくことでもあった。たとえば、平良修は、「かろうじて生きながらえた人たちの証言」の、「一番きわどいところにくるとポカッと生じ

る空白」について、自らもまた渡嘉敷島の集団自決の生存者との出会いでその空白にぶつかったと書く（『おきなわ島のこえ』）。「何遍話しても違った話をする」「一度聞いただけでは分からない」という位里の言葉も、そうした体験者の抱え込む空白の前で立ち尽くす姿を伝えるのだろう。また、上間かな恵は沖縄戦の証言を当事者と非当事者の記憶の共有へ開いていくという問題意識に立ちながら、絵の中の人物の瞳の空白と作品中央に残された余白部分について、キャシー・カルースのトラウマ論を援用しながら考察する（上間 二〇〇三ほか）。

上間の議論を短くまとめると次のようになるだろうか。〈瞳の空白は、証人たちが自分の体験した出来事の核心を見ることを回避している、いわば目を開いてはいるが、見てはいないという状態を表しており、中央の子どもたちに瞳が描かれているのは「真実を見る」希望が託されているからである。そして画面中央から斜め右にある空白の部分は、証言者たちとの共同作業のなかで、丸木夫妻が彼らに共感共苦した（感染した）トラウマ的な記憶が、表現できない空隙としてここに置かれている〉。たしかに、画面中央の空隙は「原爆の図」第一部《幽霊》の墨の闇を反転させたような場所だと私も考えるが、人物の瞳の有無については夫妻の共同制作の歴史のなかであらためて検証される必要があろう。近年では、証言や手記に通じる「記録」として戦争体験者の絵画表現に着目し、そこにトラウマの記憶を読みとる研究も多い。だが、そうした表現と、画家が作品として描くこととは（画家自身が自らの体験をもとに描くのであれ、他者のトラウマに感染して描くのであれ）、必ずしも同次元でとらえることはできない。体験者から学んだ／感じとった事実を絵画というもうひとつの「現実」として提示した、丸木夫妻の「絵画の手続き」にも目を凝らしていかなければならないだろう。

4　沖縄戦を生きる人びととともに

沖縄戦シリーズは、一九八七年春の読谷村三部作で終る。丸木夫妻がこれを最後にと考えていたかどうかは不明だが、位里は八六歳に、俊は七五歳になっていた。二つのガマの対照的な出来事を描いた《チビチリガマ》（図版7）と《シムクガマ》（図版8）は、夫妻にとっての沖縄戦の死と生を端的に表現する。八〇人を超える村人が集団自決に追い込まれた《チビチリガマ》の詳細な描写は、当時ようやく語られるようになった事実を（下嶋 二〇一二、読谷村 二〇〇二年）、彼らがいかに的確に聞き取っていたか、そして語るに値する来訪者として受け入れられていたかの証左だろう。(18) 一方、位里ひとりの筆になる《シムクガマ》は、千人ともいわれる村人たちが生きてガマを出た後の無人の光景である。ハワイ移民の経験をもつ老人が米兵と交渉したことで、人びとはガマに差し込む光に向って歩き出すことを選んだのだった。共同制作以外には社会的なテーマを描くことのなかった位里は、シリーズの最後に風景画に託して沖縄戦のもうひとつの姿を残したのである。

《残波大獅子》（図版9）からは、読谷村のそして沖縄の人びとに向けた夫妻の思いを読むことができる。絵の中には山内村長やこの絵が描かれた同年に国体会場に掲げられた日の丸を焼き捨てた知花昌一をはじめ、取材制作に協力してくれた村人たちが生者も死者もともに描かれている。ところどころに頭蓋骨も顔を出し、米軍のパラシュート降下訓練の様子も小さく見える。戦時期美術から継続する初期「原爆の図」の群像表現については前述したが、ここでは写実的な群像画が同時に読谷村の人びとの過去と現在の集団肖像画となっている。かつて夫妻は同様な集団肖像画として人びとの正面性が強いメッセージ性を発する中期「原爆の図」を描いたが（小沢 二〇〇二）、そこに見られる一義的な表層性に比べても、ここには歴史の重層性と多義性のなかに生きる人びとへの眼差しがある。

さらに、夫妻は後の時代になっても一人ひとりが識別できるように住民たちを写実的に描き分けたと思われるが、こうした表現は沖縄戦シリーズのその後の道筋につながっている。同作に限らずモデルの着物の柄や持ち物まで忠実に描いた沖縄戦シリーズでは、絵が展示されるようになると、それらを手がかりに絵の中に自分自身や知人の姿を探す人びとが絶えなかった。《沖縄戦の図》を常設展示する宜野湾市の佐喜眞美術館では、九四年の開館と同時にモデ

図版７　丸木位里・丸木俊「沖縄戦　読谷村三部作」《チビチリガマ》1987年．佐喜眞美術館蔵

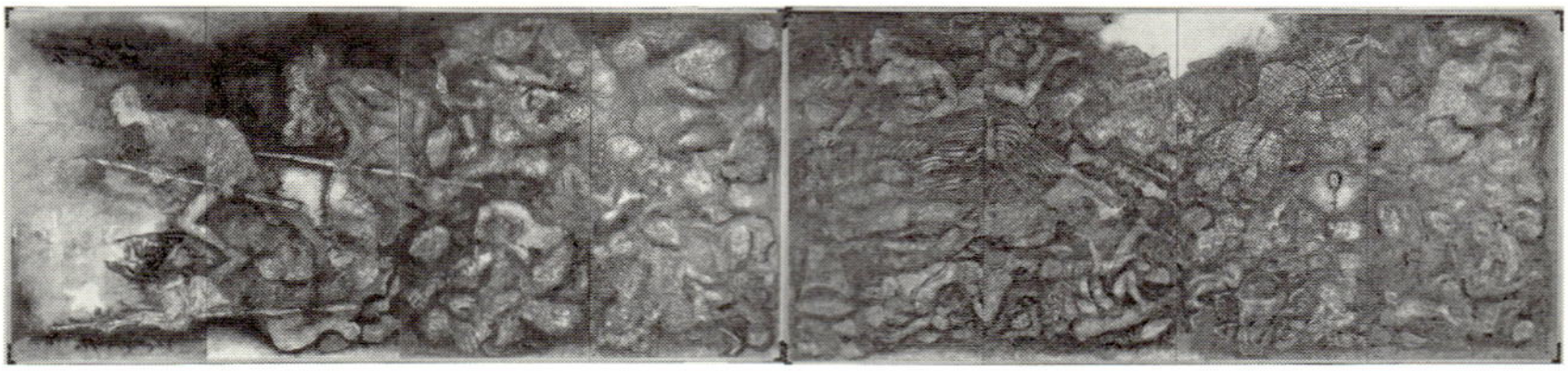

図版８　丸木位里・丸木俊「沖縄戦　読谷村三部作」《シムクガマ》1987年．佐喜眞美術館蔵

図版９　丸木位里・丸木俊「沖縄戦　読谷村三部作」《残破大獅子》1987年．佐喜眞美術館蔵

ルになった人びとが続々と訪れ、絵の前で「次から次に言葉が湧き出るように」「丸木夫妻に話したことを佐喜眞にも伝えておかなければ自分の仕事は終らない」とばかりに語りはじめた（佐喜眞 二〇一四、五六頁）。美術館ではそうした話を共有し、本土からの修学旅行生を含む来館者に沖縄戦を語ってきた。現在では《沖縄戦の図》と同じ空間に比嘉豊光の「島クトゥバで語る戦世」の証言者たちの写真が展示されることも多く、沖縄戦の記憶を継承する実践がなされている。

佐喜眞と丸木夫妻との出会いや作品の寄贈を受けるまでの詳細は彼の著書に譲るが、普天間基地に接収された二七〇年前の亀甲墓を含む先祖の土地を米軍との長年の交渉によってとり戻した経緯、それでもなお基地と隣接しオスプレイが上空を飛ぶという場所や建築を含めて、美術館には沖縄

の現実と沖縄戦の記憶が生々しく交錯する。沖縄戦シリーズは「原爆の図」のような巡回展という形式をとることなく、「原爆の図」が経験してきたような「政治」との確執はなかったかもしれないが、沖縄にあることで、沖縄の「現在」と無縁に存在することはできない。しかし、そのことは同時に、沖縄戦シリーズを見る人びとが戦争体験の叙述を新たに編み出していくという道を拓いたのだった。

おわりに

本稿では「原爆の図」と沖縄戦シリーズがどのように共同制作されたかを論じ、作品がたどった道筋についても紹介しながら、一九五〇年代から現在にいたる戦争体験論の流れのなかに丸木夫妻の表現活動を位置づけてきた。ふたりが描いた人びとの戦争体験は、絵画という形を通して集合的な記憶として共有化され、継承の可能性を開いてきた。そのことは様々な「政治」とも結びつき、夫妻自身もしばしば党派性に翻弄されたが、それもまた現在から見れば、東アジアの冷戦の時代に生きた芸術家の営みだったといえよう。

「原爆の図」でも沖縄戦シリーズでも、一貫して主旋律として描かれたのは圧倒的な暴力に巻き込まれていく無力な人びとの姿だった。だが、受動的な被害者の戦争体験はそれ故に戦争を遂行する不可視な国家の姿を照らし出し、体験を事後的にとらえ返す視座からは死と生をめぐる思想も自生する。そうした「政治」を描いた絵画であるからこそ、夫妻の多くの作品はそれぞれの時代の現実政治を引き寄せ、せめぎ合ってきたのである。

最後に、夫妻が描いてきた「人びとの戦争体験」の晩年の事例として、『おきなわ　島のこえ』の一場面を紹介したい（図版10）。避難した亀甲墓から日本兵に追い出されたつるちゃんと弟、おかあさんとおじいさんは夜の雨のなか戦場をさまよう。艦砲射撃に足を吹き飛ばされたおかあさんの姿を、焼夷弾が照らし出す。「おかあさんは、もう

図版10　丸木俊・丸木位里『おきなわ　島のこえ』小峰書店，1984年．原画．個人蔵

たすかりません」。けれども「はっきりした　こえで　いいました」。「ワラビンチャー　ヒンギリヨー（こどもたちよにげなさい）。ヌチドゥ　タカラ（いのちこそ　たから）」」。

沖縄戦をめぐる民衆の思想―死の渦の中から生をすくい上げようとする思想―として意義づけられてきた「命《ぬち》どぅ宝」という言葉が、民衆の感性に根ざすが故に一般化され（岡本 二〇〇七）、「統治者の側に掠め取られ」（鹿野 二〇一八、二五九頁）ていった歴史もまた事実だが、位里と俊は、その言葉が発せられたに違いない「現場」に絵本を手に取る小さい者を連れ戻そうとする。そして、暴力と殺戮の時代から逃げつづけなさい、いのちの光に向って、と呼びかけるのである。

注

（1）党の分裂状態を位里は次のように語った。「当時、共産党の中で国際派だ、主流派だと大問題が起こって、幹部はみんな地下へ潜っていなくなった。〈中略〉そういう状態の中で共産党は平和運動を、この『原爆の図』でやろうというわけだ。いろいろ問題はあったが、すったもん

だいいながらでも、平和委員会というのが出来た。共産党の運動としてはもう出来なくて、平和運動という形で若い連中がこの『原爆の図』に集まってきたのよ」（平松 二〇〇二、一五六頁）。一方、六全協以後の「原爆の図」は党の文化路線に従った定型的なリアリズムへの傾斜を強めており、五〇年当時には党の分裂状態故の一定の自由と実験的な可能性をひめた表現が可能だったのかもしれない。

（2） 前衛美術会に属していた山下は、五五年四月から五月にかけて大館市で開催された巡回展に「原爆の図」五部作を運んだ。ただし初期三部作はすでに世界巡回展に出発しており、五部のうち第一部から第三部は再制作版だった（岡村 二〇一五）。藤田のエピソードは、一九四三年青森に巡回した国民総力決戦美術展での出来事（夏堀 二〇〇四）。

（3） 夫妻の入党は戦前の無産運動への関与（位里）や生来のヒューマニズム（俊）の延長線上にある（小沢 二〇〇二）。入党の時期について、位里は「美術家のなかでも最も早い部類に入るだろう」（『三彩』一九六五、四一頁）とも四六年だったとも（丸木位里 一九八八、一三五頁）回想している。

（4） 一九六四年六月一一日付で丸木夫妻を含む一二名の文化人が専制的な党指導部を批判した「要請書」を提出、同年一一月一二日『アカハタ』紙上で一〇名に除名処分が発表された。おそらくは除名を機に俊は「丸木俊子」から「丸木俊」と名乗るようになった。

（5） 夫妻の戦争認識の転機として語られてきたアメリカ展については、同展を企画実現した袖井林二郎氏からの聞き取りをもとにした拙稿を参照（小沢 二〇〇七）。

（6） 朴正熙政権による反共政策がつづくなか、共産党を除名されたとはいえ朝鮮総連とも関わりのある丸木夫妻との交流については語らないという判断が両者にあったと思われる（在韓被爆者問題市民会議代表・小田川興氏聞き取り二〇一三年八月二六日。小田川氏は夫妻が《からす》制作時に朝日新聞記者として取材した）。

（7） 「ただ一つ『原爆の図』を描いたことがよかったか悪かったか、ちっとばかり気がかりだ。恥を末代まで残したかもしれない。私は何度か焼いてしまおうかと思ったことがある」（丸木 一九七七、二五五頁）。八一年に心筋梗塞で倒れた後にも同様の発言をしたが、これは「（私が（俊より――小沢）先に死ぬでしょう、十歳ほど多いからね。私が死ねば俊は焼かないでしょう」（北川 一九八一、一八九頁）と、共同制作が俊によって後世に残されると受けとめての発言とも考えられる。

(8) 一九五六年一一月一九日の『アカハタ』には、事件後に自ら命を断った容疑者が属していた日本共産党湘北地区委員会のお詫びの声明が掲載された(小沢 二〇〇二)。

(9) 俊は「丹羽文雄と一緒に軍艦にのって南方へ行ってくれ」という海軍からの依頼を、病気を理由に断ったエピソードだけを長く語ってきた(丸木 一九五八ほか)。だが、実際には一九四三年に結成された女流美術家奉公隊に所属し、同年に東京から関西方面へと巡回展示された「戦ふ少年兵」展に作品(作品名不明)を出品(吉良 二〇一三)、同年秋の航空整備のつはもの展(美術文化協会・航空美術展)に出展されたと思われる《整備兵の像》の絵はがき写真も残っている。但しいずれも作品の所在は不明。なお、晩年の俊はこうした事実を認めている。

(10) 美術が戦争に動員され制度化されていくなかで、「銃後」よりも「作戦記録画」を頂点とする「前線」の主題が優越化され、日本人男性―日本人女性―植民地出身者男性という制作者の序列化も進んだ(北原 二〇一八、吉良 二〇一三)。こうしたシステムとヒエラルキーのなかにあって、俊はそもそも「戦争画」を積極的に描くことのできる立場にはなく、自分の描いた絵本が戦争協力だったという意識も希薄だった。

(11) このうち、被爆した被差別部落の人びとの避難を軍隊が妨げたという話をテーマに描かれた《高張提灯》(一九八六)については、現在ではそうした事実はなかったことが明らかにされている。俊は七二年に広島で開かれた部落解放同盟の集会に招かれた際に、当時は事実として流布していた話を聞かされ、「知らなかった」ことを謝罪し「描かなければならない」と講演で語ったという(戸田栄「『原爆の図』を追う 描く差別の真相は?」『毎日新聞』大阪版二〇一八年一二月一二日から一六日連載)。但し実際に作品が描かれたのは十数年後であり、同作についてはこうした話が一定期間、事実とされてきたことの意味を受けとめつつ、八〇年代の丸木夫妻の画業の展開をふまえた検証が必要と思われる。

(12) 夫妻に沖縄を描くことを強く勧めたひとりに、広島生まれの桑田博という人物がいる。桑田は夫妻の最初の沖縄行きに同行し、平良修牧師や知念功を紹介した(佐喜眞道夫氏聞き取り。二〇一八年一二月二〇日)。また、一九七〇年に東京タワー展望台占拠事件を起こした沖縄出身の富村順一とともに、久米島の「痛恨之碑」建立(七四年)にもかかわった(呉 二〇一九)。桑田をはじめとして夫妻と沖縄をつないだ人びとやその後の経緯については、今後も調査をつづけていきたい。

(13) 佐喜眞道夫氏と上間かな恵氏のご教示による。

(14) 実際には本土出身者と沖縄出身者がペアになって実行されたが、絵の中のふたりはともに「沖解同」のヘルメットをかぶっている。ひめゆり火炎瓶事件と知念については、村上陽子の論考に多くを学んだ（村上 二〇一八）。

(15) 沖縄の戦後美術の起点となったニシムイ美術村の画家たちや、その流れを汲む沖縄美術界と丸木夫妻との交流は、管見の限りなかったように思われる。丸木夫妻より下の世代には儀間比呂志や宮良瑛子といった沖縄戦を描いた画家もいるが、彼らもまた沖縄戦の直接体験者ではない。

(16) たとえば、丸木夫妻は何度も伊江島に阿波根昌鴻を訪ねたが、八四年一二月に「ヌチドゥタカラの家」が開館する前には、伊江島の生協の三階に島の人びとに集まってもらい話を聞いたという（謝花悦子氏聞き取り。二〇一八年一二月二二日）。

(17)《高張提灯》については、注(11)を参照。

(18) 民家に村民が集まって絵のモデルになる様子や、彼らと泡盛を酌み交わしカチャーシーを踊る夫妻の姿も写真に残されている（本橋 二〇一七）。

引用・参考文献

赤澤史朗「戦争体験論の成立」『歴史評論』820　二〇一八年八月号

石牟礼道子「菊とナガサキ―被爆朝鮮人の遺骨は黙したまま」『朝日ジャーナル』一九六八年八月一一日号

上間かな恵「丸木位里・俊『沖縄戦の図』に描かれた『かたち』」『うらそえ文藝』8、二〇〇三年五月

「記憶の継承―『沖縄戦の図』をめぐって」池田理知子・田仲康博編『時代を聞く　沖縄・水俣・四日市・新潟・福島』せりか書房、二〇一二年

呉世宗『沖縄と朝鮮のはざまで　朝鮮人の〈可視化／不可視化〉をめぐる歴史と語り』明石書店、二〇一九年

大門正克『語る歴史、聞く歴史―オーラル・ヒストリーの現場から』岩波新書、二〇一七年

岡村幸宣『《原爆の図》全国巡回　占領下、100万人が観た！』新宿書房、二〇一五年
岡本恵徳『「沖縄」に生きる思想　岡本恵徳批評集』未来社、二〇〇七年
鹿野政直『沖縄の戦後思想を考える』岩波現代文庫、二〇一八年
河田明久責任編集『日本美術全集　第18巻（戦前・戦中）戦争と美術』小学館、二〇一五年
北川フラム編『私ではなく、不知火の海が《表現に力ありや》全展開映画「水俣の図・物語」』現代企画室、一九八一年
北原恵「『戦争画』概念再考―『空襲』は銃後の図像か」坪井秀人編『戦後日本を読みかえる　第5巻　東アジアの中の戦後日本』臨川書店、二〇一八年
吉良智子『戦争と女性画家　もうひとつの近代「美術」』ブリュッケ、二〇一三年
小沢節子『「原爆の図」　描かれた〈記憶〉、語られた〈絵画〉』岩波書店、二〇〇二年
「公開トーク『一九七〇年原爆の図アメリカ巡回展』報告―袖井林二郎さんに聞く（1）」「同（2）」『丸木美術館ニュース』88、二〇〇七年一月、89、二〇〇七年四月
「命の花咲く地獄―丸木スマと大道あやの原爆の絵」『平成20―22年度科学研究費補助金基盤研究（B）「20世紀の女性美術家と視覚表象の調査研究―アジアにおける戦争とディアスポラの記憶」研究報告書』（代表大阪大学北原恵）二〇一一年
「再考・丸木俊の画業―裸婦と朝鮮人女性の表象」都留文科大学ジェンダー研究プログラム七周年記念出版編集委員会編『ジェンダーが拓く共生社会』論創社、二〇一三年
佐喜眞道夫『アートで平和をつくる　沖縄・佐喜眞美術館の軌跡』岩波ブックレットNo.904、二〇一四年
櫻本富雄『少国民は忘れない』マルジュ社、一九八二年
下嶋哲朗『非業の生者たち　集団自決　サイパンから満洲へ』岩波書店、二〇一二年
夏堀全弘『藤田嗣治芸術試論　藤田嗣治直話』美術の図書三好企画、二〇〇四年
林洋子『藤田嗣治　作品をひらく　旅・手仕事・日本』名古屋大学出版会、二〇〇八年
平松利昭編『閃きの芸術・流々人生　丸木位里・俊の遺言』樹芸書房、二〇〇二年

丸木位里『丸木位里画文集　流々遍歴』岩波書店、一九八八年
丸木位里・赤松俊子『ピカドン』ポツダム書店、一九五〇年
『絵は誰でも描ける』室町書房、一九五四年（初出赤松俊子『絵ハ誰デモ描ケル』真善美社、一九四九年）
丸木俊・丸木位里『おきなわ　島のこえ』小峰書店、一九八四年
丸木俊子『生々流転』実業之日本社、一九五八年
丸木俊『幽霊　原爆の図世界巡礼』朝日新聞社、一九七二年
『女絵かきの誕生』朝日新聞社、一九七七年
『ひろしまのピカ』小峰書店、一九八〇年
「沖縄をはじめて訪ねて―民衆と戦争の問題をどうとらえるか」『日中』一九七八年十二月号
『言いたいことがありすぎて』筑摩書房、一九八七年
村上陽子「身体を生きることの痛みに向けて―目取真俊『面影と連れて』論」坪井秀人編『戦後日本を読みかえる　第5巻　東アジアの中の戦後日本』臨川書店、二〇一八年
本橋成一『位里と俊』オフィスエム、二〇一七年
森宣雄・冨山一郎・戸邉秀明編『あま世へ沖縄戦後史の自立にむけて』法政大学出版局、二〇一七年
米山リサ「丸木位里と丸木俊―『核』を描くということ」テッサ・モーリスースズキ編『ひとびとの精神史　第2巻　朝鮮の戦争1950年代』岩波書店、二〇一五年
「座談会　社会主義リアリズム・日本美術会の周辺」『三彩』一九六五年四月
読谷村史編集委員会編『読谷村史第5巻　資料編4　戦時記録　上』二〇〇二年
琉球政府編『沖縄県史第9巻　各論編8　沖縄戦記録1』一九七一年
沖縄県教育委員会編『沖縄県史第10巻　各論編9　沖縄戦記録2』一九七四年
「シリーズ涼風清談　丸木俊さん―袖井林二郎さん（下）」『北海道新聞』一九九五年八月十九日
NHK日曜美術館「いくさ世の画譜　丸木位里・丸木俊　おきなわを描く」一九八四年五月二十七日放映

前田憲二監督「おきなわ戦の図　命どぅ宝」一九八四年

＊本稿執筆に際しては、原爆の図丸木美術館の岡村幸宣学芸員、佐喜眞美術館の佐喜眞道夫館長と上間かな恵学芸員、丸木ひさ子さんにお世話になりました。記して感謝します。

Ⅱ 「インテリ兵士」の日中戦争

望月 雅士

はじめに

近年、日中戦争およびアジア・太平洋戦争期の兵士に関する研究が進んでいる。長らく戦後歴史学は、「戦場やそこで戦う兵士たちの問題」を軽視する傾向にあったが(1)、今日では、戦場を兵士に焦点をあてて捉えなおすことが重要な研究課題となっている(2)。それは軍事史研究のテーマが「国家史の主題から民衆史の主題へ」と変化してきたことを示すとともに、戦史を「兵士の目線」から再構築し、歴史の文脈に位置づけることを意味している(3)(4)。しかし「兵士たちの問題」とひと口にいっても、日中戦争の段階とアジア・太平洋戦争の段階では、そのイメージにかなりの開きがあるように感じられる。

等松春夫氏が指摘するように、盧溝橋事件からはじまる日中戦争は「持続期間、投入兵力、投下資金、死傷者数、日本および関係各国に与えた影響などあらゆる点」で、「有史以来日本が経験した最大規模の戦争」となった。投入された兵力は一九三八年の段階で五五万、四一年末で六二万、四五年夏の敗戦段階で一〇五万を数えた。(5)これほどの大規模な戦争となったにもかかわらず、山田朗氏が的確に指摘するように、「一般に記憶されている中国戦線のイメージは太平洋戦線や東南アジア戦線での対英米戦と比べて明らかに稀薄であり、戦争非体験世代に継承されているものがきわめて少ないのが実情」(6)である。戦争のイメージのみならず、兵士の実像となると一段と希薄さを増す。吉田裕氏は『日本軍兵士』で、アジア・太平洋戦争期の兵士を「凄惨な戦場」(7)に焦点をあてて描き出した。とくに吉田氏が注目した一九四四年八月から敗戦に至る「絶望的抗戦期」においては、「膨大な戦病死と餓死」、「海没死と特攻」、「被服・装備の劣悪化」など、構成上のタイトルを追うだけでもその特徴は明確である。

だが、日中戦争期の兵士の場合は、どちらが勝っているのかわからない錯雑とした戦場であるばかりか、地域や所属部署による体験の違いがあまりにも大きい点に特徴がある。(8)そのため藤井忠俊氏は『兵たちの戦争』で、「戦地での行為と生き方をさぐるとすれば、あまりに特異な例を探すよりも、ごく一般的な行為、日常的な出来事のなかに重要な要素が含まれていないか」(9)と提起し、戦地からの日記や手紙を使って中国戦線の兵士の特徴を描き出した。藤井氏はさらに中国戦線で殺害行為に走る兵士の心理を「殲滅の思想」として分析しているが、この藤井氏の研究が示しているように、日中戦争期の兵士研究は「日常的な出来事」と、戦地での殺害や収奪など中国兵や民間人に対する行為を軸に進められてきているといえる。

日中戦争期の特色のひとつに、大学や専門学校などを卒業した高学歴層の大量徴集がある。高田里恵子氏の言葉でいえば、それは「日本人が直面した新しい経験」(10)ということになる。この高学歴層の兵士については、主に一九九〇年代以降、各大学の沿革史編纂や戦没者調査などが進むなかで、その存在が数値によって浮き彫りにされてきた。早稲田大学を例にとると、一九四一年までの応召者数は校友会雑誌『早稲田学報』に登載されただけでも、一九三七年六〇六人、一九三八年一四八一人、一九三九年一三九一人、一九四〇年五四九人、一九四一年六八六人となる。戦死者数も一九三七年三一人、一九三八年四六人、一九三九年七四人、一九四〇年七七人、一九四一年五五人[11]で、実際の数値はこれよりも多いことが予想される。この大量出現した高学歴兵士を歴史のなかにどのように位置づけるか、これまでの兵士研究ではほとんど顧みられていないのが実状である。

もっとも高学歴兵士とはいっても、そのイメージはおよそ「皇軍兵士」とはあまりにもかけ離れている。学歴を鼻にかける高学歴兵士を揶揄した奥野他見男の『大学出の兵隊さん』が一九一五年に出版され、長くベストセラーとして読まれた[12]ように、社会からは大学出のインテリがおよそ兵隊になりきることは難しいと見られ、また期待もされていなかった。

日中戦争の勃発にともなって大量に出現した高学歴兵士は、このような問題や葛藤を抱えながら戦場へと送り込まれていく。ここに高学歴兵士をめぐる問題の所在がある。日中戦争の拡大と長期化は大量徴集された高学歴兵士をクローズアップさせ、その「模範的」なイメージを形づくっていく。本稿はそのあるべき像の形成過程を明らかにするとともに、モデルとなった兵士の実像を遺稿から再構成し、イメージ化された像とのギャップを示すことによって日中戦争期のひとつの兵士論を試みるものである。

一　インテリと戦争

1　インテリの苦悩

『三田新聞』一九三七年九月二五日号の「主張」欄「事変と学生[13]」は、満州事変後、インテリの置かれた思想環境を以下のように述べている。

満州事変以後、わが国に浸潤し来つたフアツシヨ的勢力の拡大は更にその止る処を知らず、大学からはマルクス主義的研究が放逐せられ、更に自由主義的所説の発表は禁止せられ、言論の自由は全く禁止されるに至つたのである。

周知のように、満州事変以降、マルクス主義のみならず、自由主義に対しても弾圧、抑圧が強まっていくが、この論説はそうした時代の特徴を端的に表現している。そして日中戦争の勃発は思想・文化面での統制を一段と強め、「挙国一致」状態をつくり出していく。そうした思想環境をふまえ、「事変と学生」は次のようにいう。今はまさに「暗黒時代」だ。しかし反戦を唱えることは「当を得た態度」ではない。もはやそれが許される時代状況ではない。かといって、このままでは戦争によって文化が退歩、停止する。「知識と文化の灯」は守っていかねばならないと。中国との戦争が拡大していくなかで、インテリは何をなすべきなのか。ここには、反戦的な言動も、沈黙を貫くことも許されない、インテリの苦悩が表現されている。

「我が国インテリゲンツアの中枢をなす学生層」に対しても、この論説は「自らの本分を忘却し、徒らに愛国的行動を恣まゝにして軽挙妄動を為すことは断じて慎まなければならない」と呼びかける。これは深刻さを増していく中国との戦いではあっても、学生たちが徴兵猶予の特権を返上するような「軽挙妄動」に走ってはならないことを暗に示唆している。では、インテリはどうするべきなのか。

我国のインテリは従来無気力で消極的であつた。然しながらかゝる態度は許されない。今次の事変を契機として蒼白きインテリゲンツアよ学生よ、従来の無迫力なインテリ気質を放棄しこれを清算して、気力ある積極的な態度をもつて再出発すべきであらうと思ふ。

「無気力」、「消極的」、「蒼白き」、「無迫力」といった言葉が、インテリの代名詞であるかのように並んでいる。こうした批判を「今次の事変」を機に清算し、新たなインテリの役割を見出すために「積極的な態度」で「事変」に臨むことが、ここでは説かれている。戦時下の知識人たちが社会的影響力を多少でも保持しようとするならば、戦時国策への参画を余儀なくされていくが[14]、この論説はそうした知識人たちの行く末を占うかのように、「事変」の勃発直後、早くも「再出発」を唱えている。

戦時下のインテリの苦悩を担った知識人のひとりに三木清がいる。三木はこの頃、時代を生きる知識人の責務について繰り返し論じているが[15]、そのひとつに『中央公論』一九三八年六月号に発表した「知識階級に与ふ」がある。このなかで三木は当時流行していた「インテリゲンチャ」批判に加え、インテリ自身の自己批判に危機感をもち、「インテリゲンチャ」に向け、自己を肯定し「積極的」に行動せよと説いている。

大事件はすでに起つてゐる、すべての好悪を超えてすでに起つてゐる。これをどう導いてゆくかが問題だ。この大事件にどのやうな意味を賦与するかが問題である。歴史の理性の意味を明かにすること、そしてその意味賦与に向つて積極的になることがインテリゲンチャに対して要求されてゐる。[16]

「大事件」、すなわち中国との戦争を意味づけることが「インテリゲンチャ」の役割である。そのことが戦争を「導いてゆく」ことにつながっていく。「インテリゲンチャ」はそのためにも「積極的」でなければならないと三木は説き、世上に流行るインテリ批判に反駁を加えた。日中戦争の初期、インテリが置かれた逼塞状況をいかに打開するか、三木の苦悩はこの点にあった。

2 「インテリ兵士」の登場

「はじめに」で述べたように、日中戦争は高学歴層を大量徴集した点にひとつの特徴がある。日中戦争勃発直後には、早くも『東京朝日新聞』一九三七年一〇月七日付が、高等学校助教授や僧侶、中学校の教員らの集まった、ある「インテリ部隊」による美談を報道している。このことは、インテリが集まった部隊が物珍しい存在で、格好の新聞ネタであったことを示している。しかし高学歴兵士の存在が戦時社会の関心を呼び起こしていくには、ただの美談ではなく、その特徴が彼らの現実の姿として立ちあらわれる必要があった。

火野葦平が『改造』一九三八年八月号に発表した「麦と兵隊」が、戦時社会に「大センセーション」[17]を呼び起こしたことはよく知られている。「なにか銃後の人たちの胸にうつたえるものがあつたのであろう」[18]と火野は後年回想するが、兵士の視点から戦場の現実や兵士の日常を描き出したことは、戦地で実際に何が起きているかを知りたがっていた銃後の関心と共感を集めていった。『戦友新聞』編集室で同僚の児島博が火野にいった「あんなものが今までなかつたからな」[19]という言葉には、「麦と兵隊」が銃後の社会に浸透していった理由が端的に表現されている。それまでの新聞や雑誌にはない「兵隊の苦労」が、「麦と兵隊」には「ありのまま」に描かれていたからである。火野は「麦と兵隊」に続き、『文藝春秋』一九三八年一一月号に「土と兵隊」を発表する。「麦と兵隊」も「土と兵隊」も初出からひと月半ほどで単行本が出版され、ベストセラーとなっていく。その後に発表された「花と兵隊」と合わせた「兵隊三部作」の発行部数を、火野は二〇〇万、あるいは三二〇万部と推定している[20]。

この頃、新聞報道でも、より兵士の実相を描いた記事に読者は関心をもった。武漢作戦に連動する広東作戦では、東京朝日新聞の末常卓郎記者の特電「紙一枚の重さに喘ぐ　難行軍　泥と特派員　恵州へ地獄の四日間」(一九三八年一〇月二一日付夕刊)が、特派員の記事として高く評価された。そこにはありふれた従軍記事とは違い、「なまの兵隊の姿」[21]が描き出されていたからである。

日中戦争の勃発から一年余りが過ぎた武漢作戦、および広東作戦の段階になると、型にはまった「皇軍兵士」像よりも「なまの兵隊の姿」に、銃後は切実な関心を寄せるようになっていった。兵士へのクローズアップは、さらにそのなかの高学歴兵士の実像へと向けられていく。そのきっかけをつくったのは、『東京朝日新聞』一九三八年一一月二九日付夕刊に掲載された「僕らは大学出の兵隊　陣中の座談会」である。この記事は武漢作戦の最前線通城から茂木政特派員が一一月二五日に発信したもので、第二十七師団支那駐屯歩兵第一連隊（長谷川部隊）に属す四人の高学歴兵士の座談会記録である。記事のタイトルが「はじめに」で触れた『大学出の兵隊さん』をなぞらえていることは指摘するまでもないだろう。「インテリ兵は如何に戦つたか、二百里の難行軍に耐へて通城に入つた長谷川部隊の四人のインテリ兵からその貴重な体験を聞いて見た」と、茂木特派員は書き送っている。

座談会に参加した兵士は、門平謙三（東北帝国大学法文学部卒）、遠藤正（東京帝国大学経済学部卒）、新沢寧（東京帝国大学法学部卒）、鈴木一男（慶應義塾大学経済学部卒）の四名の上等兵で、いずれも東京か埼玉の出身である。座談会で彼らが話題にしたことのひとつは「活字に飢ゑる」である。「インテリ兵」の多いこの部隊では、一冊の本を分解して廻し読みしたり、「点検」した民家に残されていた『康熙字典』を「貪り読」んだという。彼らはベストセラーとなっていた『麦と兵隊』も、「せきたてられながら読んだ」と語っている。しかし銃後での反響とは対照的に、『麦と兵隊』は最前線の兵士には物足りないものだった。遠藤は「生意気な感想を言はして貰へばもつと戦線の人間的な感情を抉つて、ヒロイズムをさう強調しないやうな戦争文学が欲しい」と語っている。前線の兵士からすると、『麦と兵隊』は必ずしも戦場の実相を伝えるものではなかった[22]。また戦場と戦死を美化し、「ヒロイズム」を期待する銃後の風潮も大きなギャップを感じる要因となっていた。もっとも火野は『麦と兵隊』を書くうえで、「戦争の暗黒面を書いてはならない」などの制限事項があったことを後年明らかにしているが[23]、『麦と兵隊』をめぐり、前線と銃後とでは、読後感にこれほどの深い溝があったのである。

「インテリ兵士」の座談のなかで話題にのぼったのが、武漢作戦の最中、一〇月四日に戦死した太田慶一である。太田については後述するが、東京帝国大学経済学部を卒業し、座談会の四人と同じ第二十七師団支那駐屯歩兵第一連隊所属の兵士だった。部隊で太田は「落丁のあるエンサイクロペヂスト」というあだ名で呼ばれ、「どんなに苦しい時でも決してこぼさ」ず、精神力の強かったことが追憶され、鈴木は太田を「勇敢なインテリ勇士の模範」と褒め讃えた。まさにこのフレーズが「インテリ兵士」太田慶一の代名詞となっていく。

二 「インテリ兵士」をめぐる戦時状況

1 「インテリ部隊」をめぐる軍の論理

一九三八年六月一五日、御前会議は武漢攻略作戦の実施を決定、[24]六月二一日支那駐屯兵団の諸隊を基幹に第二十七師団が編成され、初代師団長には本間雅晴中将が就任する。[25]同師団に属す支那駐屯歩兵第一連隊と同第二連隊は東京およびその近郊出身者による補充が多く、[26]とくに支那駐屯歩兵第一連隊は一九三八年三月一日臨時召集された補充兵約八〇〇名のうち、中等学校以上の卒業生が約五三〇名、さらにそのうちの約三六〇名が大学や専門学校の卒業生だった。[27]支那駐屯歩兵第一連隊、および第二十七師団が「インテリ部隊」と呼ばれるようになったのは、そのためである。

七月四日、中支那派遣軍司令官の下に第二軍と第十一軍が編入され、一四日両軍に次の作戦が下令された。第二軍は兵力を廬州付近に集結させ、六安、霍山付近を占領し、大別山北麓を進攻、第十一軍は黄梅、九江を攻略し、瑞昌、徳安の線を占領して、漢口およびその南方地区に向かう作戦である。[28] 翌一五日、第二十七師団は第十一軍のもとに組み込まれ、武漢作戦の体制を整えていく。[29]

武漢作戦の実施にあたり、第十一軍は第二十七師団を星子―虬津街―箬渓へと前進させる計画を立てた。だが徳安方面の戦局が捗らなかったため、第二十七師団を悪路ではあるものの、瑞昌から箬渓へ進出させる方針へと転換した。[30] 九月一一日、第十一軍は第二十七師団に瑞昌付近へ前進し、瑞昌―武寧道に沿う地区を経て天橋河、箬渓付近に進出することを命令した。その際、瑞昌への転進行動は「特に之を秘匿すへし」[31]とされた。

第十一軍の命を受け、第二十七師団は師団名や指揮官名が秘密にされ、師団の兵員だけでなく、従軍記者にも内地への通信を許さないなど「覆面部隊」[32]として行動する。そのねらいは、頑強な江南地域の中国軍の面前に突如出現し、中央突破をはかるためとされ、一〇月五日箬渓を攻略し、江南戦線の中国軍の分断に成功するまで「覆面」は続いた。[33]

第二十七師団に従軍した東京朝日新聞記者茂木政の戦後の回想によると、「軍関係者や新聞社の間では、このインテリ覆面部隊の行動に、特別の関心が寄せられていた」という。それは「当時、いろいろな意味で取上げられた『戦争とインテリ』という問題に、一つの解明を与えるものと考えられたから」[34]である。岡村寧次第十一軍司令官は「この師団（第二十七師団―引用者）の殊に第一、第二聯隊は、東京附近のインテリ兵が多いから戦闘行動はどうかしらと、一部では疑問視されていた」[35]ことを後に告白している。およそ体力的にも、思想面においても、懸念ばかりのインテリが戦場に立つことを岡村は不安視していたのである。

本間雅晴第二十七師団長はのちに、池田源治の『インテリ部隊』（一九四〇年）に「序」を寄せて、インテリには「戦闘といふ荒業」はそぐわない印象があるが、それは誤りだと振り返る。なぜならば、「兵隊の強さといふものは、畢竟精神力の問題であるから、徹底した理解と優れた判断をもつものが弱くあり得ない」[36]からである。本間のいう

「精神力」とは、戦場における「徹底した理解と優れた判断」であり、これこそインテリが兼ね備えているものにほかならない。したがって、知性による理解と判断が必要な最前線の戦闘では、「インテリ兵士」が最高度に活躍するというのである。

さらに長谷川基支那駐屯歩兵第一連隊長は、兵士としての理想型が「インテリ兵士」であることを意味づける。戦死した「インテリ兵士」の追悼録に寄せて、次のようにいう。

教養の力によりて今次征戦の意義を知り国防の大義を知り団体内に於ける上下順位の秩序を知り、その一員として自己の職分を知り、更に門地によりて一層名を憚り恥を知り、而かも之を信念化したる我がインテリ部隊が強いと言ふこと即ち戦場に於て勇敢であつたと言ふことは寧ろ当然であります。[37]

長谷川はこのように「インテリ部隊」の「強さ」の根源を解き明かした。「インテリ兵士」の知性は戦場において発揮されるばかりではない。戦争の意義のみならず、国防の大義、軍隊内の序列、軍人としての職分や心構えに至るまで「教養の力」によって認識される。「インテリ兵士」が最も理想的な兵士像であることを、長谷川はこのように意義づけたのである。

2　東京朝日新聞の「インテリ兵士」キャンペーン

武漢作戦には、全国の新聞、通信、出版社が記者やカメラマンら報道人員を送り込み、その数は二〇〇〇人にのぼったという。各社は速報にしのぎを削り、激しい報道競争を繰り広げていった。朝日新聞では、総勢約四〇〇人の報道陣が従軍し、大阪毎日新聞や同盟通信も同規模の取材体制を敷いたため、その報道は速報合戦となっていった。[38]

前述の「インテリ兵士」の陣中座談会は、まさにそうしたなかから生まれたものだった。

陣中座談会を機に、東京朝日新聞は「インテリ部隊」と「インテリ兵士」について盛んに報道していく。「インテリ部隊」では、翌三九年一月二四日に長谷川（支那駐屯歩兵第一連隊）、宮崎（支那駐屯歩兵第二連隊）両部隊の遺族四十数名が集まり、遺族の会を開催（一月二五日付）、長谷川部隊の戦没「インテリ兵士」の両親が同部隊の遺族を慰問（一月三一日付）、遺族の会が「戦華の会」と名を変え、発会の予定（一月二六日付夕刊）、戦死者四七人の遺骨が神戸港へ「無言の凱旋」（三月八日付夕刊）、遺骨の東京駅到着と部隊長夫人ら三千数百名の出迎え（三月九日付夕刊）、長谷川部隊長夫人のインタビューと子供たちの「受験戦」（三月二二日付夕刊）、長谷川部隊長の帰還（三月三〇日付）、軍人会館で宮崎部隊長、学士会館で長谷川部隊長が出席し、遺族の会開催（五月七日付）といったように、東京朝日新聞は「インテリ部隊」のスポークスマンと化したかのような報道を続けていく。

そして一連の「インテリ部隊」報道を結論づけるかのような無署名記事が「世に訴へるインテリ『知らしめよ、さらば起たん』」というタイトルで、『東京朝日新聞』五月三〇日付の紙面に掲載される。この論説はまず、「銃後静かに机を友とする学者、思想家、文学者、読書階級、ひつくるめてインテリと呼んで、此の中からはまだ何一つ大きな国策的動きはない」だけでなく、「〝国策線に外れる〟といふスタンプを何よりも恐はがることに急でさへあるかのやうに見える」と、長期戦に突入した戦時下のインテリの現状を憂える。「事変」下の日本は、いまや「〝強烈な国家信仰の上に立つ新たなしかも古き日本文化〟が、火の中から飛立つてゆく不死鳥の様に生れ出ねばならぬ時」に直面しており、そのために「インテリ文化人の総動員」が求められていると説く。要するに、「インテリ部隊」の「勇戦」を記事にすることで「インテリ文化人」の決起を促そうという趣旨である。

だが、この論説は一方で、報道統制を強める当局に対し、「文化人の内部の声」に仮託して、インテリの視界から遮られている「事変下の事態の重大性」を知らせよと論じている。「インテリ部隊」が突進したように、インテリの

「祖国愛」を燃え立たせるためにも「時局の真相」を知らせよというわけだが、「事変」の深刻さを統制によって覆い隠そうとする当局への批判がここには垣間見える。

東京朝日新聞の「インテリ部隊」報道は、二人の戦没した「インテリ兵士」にも焦点をあてていく。そのひとりが、第二十七師団支那駐屯歩兵第一連隊第一大隊第三中隊[39]所属の朝倉豊上等兵である。朝倉は一九三七年三月に京都帝国大学法学部を卒業し、鶴見製鉄造船の社員となったが、一九三八年三月一日に応召、一〇月二日箬渓占領を前に戦死した「インテリ兵士」で、父は日産自動車幹部の朝倉毎人である。

『東京朝日新聞』一二月八日付の社会面は「父母よ　み心安かれ　我身辺煩ひなし　新版学士伍長の遺書」の見出しの下、金銭面、身上においても、また「女の関係」についても「一切わづらはしきものなし」と、「インテリ兵士」としての朝倉の潔癖性を美談化した。続いて、遺族の会に母きわ子の出席（一月二五日付）、葬儀の日程（三月七日付）、「インテリ部隊」の他の戦死者とともに無言の凱旋（三月八日付夕刊）、遺骨の東京駅到着（三月九日付夕刊）と続き、三月一〇日付の社会面では、遺骨と一緒に遺品のもどったことが報じられ、遺品に見入る両親の写真とともに、戦死直前の日記（九月一六日〜一〇月二日付）が記事にされる。また朝倉の日記には戦死とあるものの、傷痍軍人となって帰還した兵士のインタビュー（三月一七日付夕刊）、遺稿集の出版（七月一四日付）、さらには立教大学出身の下条達人の戦死も、朝倉の戦友として報道（一九三八年一二月二九日付）された。

このように東京朝日新聞は「インテリ兵士」朝倉豊を報じたが、これらの記事を執筆したと思われる池田源治記者は、新聞が報道しない第二十七師団の戦場の現実を父の朝倉毎人には伝えていた。それは本間部隊一個師団に対し「敵は廿三師団の大兵」で、しかも「訓練、素質」ともに優れた蒋介石の「近衛親兵」[40]が動員され、激戦となったことである。池田は朝倉に、従軍の結果得た感想を次のように語っている。

朝日新聞の池田源治君来訪。（略）同君の話は支那民衆の抗日感情の旺盛熾烈なる驚く計り、将来恐るべし、此事変の結末如何によりては将来我国の国難到らん、此際は徹底的に解決を要すべし云々。[41]

紙面には書けない「支那民衆の抗日感情」の激しさを、池田は朝倉に赤裸々に話している。この際、徹底的にダメージを与えなければ、将来「国難」が来るだろうとまで危機感を募らせている。前述の無署名記事「世に訴へるインテリ『知らしめよ、さらば起たん』」に共通する戦況への危機感がここには見られるが、記者たちの間では、戦争の深刻さが共有されていたに違いない。インテリの積極的な戦争への動員を促すためには「時局の真相」を「知らしめ」るとともに、「インテリ兵士」の「活動勇武」ぶりを示す必要があったのである。

東京朝日新聞が取り上げた、もうひとりの「インテリ兵士」が太田慶一である。太田については、陣中座談会の記事から三日後、「〝戦場、食ふべし〟インテリ伍長の絶筆」（一二月二日付）と題する記事が社会面に載ったのを皮切りに、「陣中手記」の抜粋とその出版（一二月二二日付）、翌年五月五日の節句の日は「まる〳〵肥つて金太郎のやう」（五月五日付）と二人の遺児の成長ぶりを伝え、「事変記念日」には「太田伍長の一家」へのインタビュー記事（七月七日付）が紙面に躍っている。

このように「インテリ兵士」としてにわかに注目を集めることになった朝倉と太田だが、その後、銃後に記憶されていったのは太田だった。[42] なぜ太田が「インテリ兵士」を象徴する存在となったのか。そのひとつの理由は太田の遺稿や遺書に、戦時期に生きる人びとの琴線に触れるフレーズがあったからである。「軍隊から帰つた日、本を何百円と買ふ時のことを想像する。わく〳〵する」[43]（五月二七日付）といった「陣中手記」の一節や、「一、算之介、伸二共、いかなる職業につくとも、学問と芸術を愛する事を忘れざる様、訓育すべし」[44]という遺書の言葉に、戦死した「インテリ兵士」の学問に対する真摯な姿勢が垣間見えたからであろう。吉屋信子が『新女苑』一九三九年三月号に火野葦平の作品をもじった「本と兵隊」を発表し、菊池寛は『文藝春秋』一九三九年二月号に「話の屑籠」、『キング』一九三九年三月号に「太田伍長の遺書」を相次いで発表するなど、その反響は銃後に拡大していった。

3　土屋喬雄のレジスタンス

太田慶一が「インテリ兵士」の代表格となったもうひとつの理由としては、東京帝国大学時代の恩師土屋喬雄の役割が大きい。土屋は日本経済史を専門とし、労農派の論客のひとりで、当時東京帝国大学経済学部助教授である。土屋は一九三六年四月から開始された第二次青淵先生伝記資料編纂事業の主任となり、その年三月に大学を卒業したゼミ生の太田慶一を編纂員に招いた。太田が編纂事業で担当したのは金融で、とくに商業会議所に関する資料の収集を担当していた。[45]

土屋は太田の戦死に関し、『東京朝日新聞』一九三八年一二月一六、一七日付に「太田伍長の戦死」（上・下）を寄稿する。土屋は「生前親しくした一人のインテリ兵士の戦死」を語る意味について、「温良で、良識をもち、良心的な一見柔弱なヒユーマニストであつた彼が『素晴らしい兵隊』として、また『勇敢なインテリ勇士の模範』として、壮烈な戦死をとげたことは、意外のやうにも思はれるかも知れないが、決してさうではない。事変以来、彼のたましひの奥にあつた民族意識、国民意識が燃え立つてゐたのである」と述べている。ここには、およそ兵隊のイメージからかけ離れたひとりのインテリが勇敢に戦い、壮絶な戦死を遂げたことが讃えられているが、戦後、土屋はこの記事の意図を次のように述懐している。「当時世上インテリに対する軽侮・非難の風当りは強」く、「それは、学問と芸術に対する軽侮・抑圧の冷い風」だった。「陣中の座談会」の記事が東京朝日新聞に出たのを機に、「われわれは相談し、決意した。『インテリはダラシナイ者ではなく、学問・文化の担い手として大いに貢献しているのだ』ということを、ファッショ分子にも知らしめる方法を講じよう」[46]としたのだと。

土屋のねらいはインテリ批判の風潮に太田の戦死を対置させ、「ファッショ分子」にインテリの存在を知らしめることにあったという。しかし土屋が日中戦争勃発以降、「事変」の意義を歴史的に位置づけることに熱心だった点を見逃すことはできない。土屋は『改造』一九三八年一月号で「戦争と日本資本主義」を発表し、日清・日露戦争、満州事変・第一次上海事変に続き、列国が「アウタルキーと経済ブロック」を確立させて、来たる第二次世界大戦に備えようとしているため、日本は「日満支経済ブロック」で対抗せざるを得ず、ついに「英、露によつて操らる、抗日支那の対日態度転換要求の為め」、三度立たざるを得なかったと「事変」を意義づけた(47)。

土屋は『改造』一九三八年七月号の「幕末志士の観た支那問題」でも、「欧米資本主義勢力」の圧力から日本が独立を確保できたのは幕末の志士たちの活躍に負うところが大きく、その「支那問題観」によって危機意識が醸成されていったことを論証している。「当時の志士達のこの正しき認識と献身的努力とは、我国の独立を保持し、我国をして支那の轍を踏まざらしめた、大きな要因」となり、日本が独立を守り、発展を続けただけでなく、「広く東洋の平和確立の為めに起ち上り得た」のは、「彼等の力も亦與つて少しとしないことを、我々は思ひ起さなければならない(48)」と土屋は結論づける。この「幕末志士」論が「事変」下のインテリとオーバーラップされていることは、改めて指摘するまでもないだろう。

翌一九三九年に入ると、土屋は『帝国大学新聞』一月九日号と一月一六日号に「故陸軍歩兵伍長太田慶一(49)」の「現地報告」を連載する。これは太田の書翰や日記から抜粋したもので、一月九日号は「い、本が読みたい」と題し、戦地でも学問を志す「インテリ兵士」像が描かれる。一月一六日号は「戦闘度胸はついた(50)」という題で、平時では「満足な兵隊」にはとてもなれない「インテリ兵士」でも、「討伐々々」の日々を送るうちに、「戦闘に対する度胸」がいつの間にか身についているという内容である。この二本の記事で土屋は通俗的なインテリのイメージを転換し、「勇敢なインテリ勇士の模範」像を提示したのである。

土屋はさらに、一九三九年二月号の『中央公論』に「戦死せる一無名伍長の日記」を発表する。これは別辞、戦場からの通信、遺品として戻った応召後の日記第一冊（一九三八年三月一日〜六月一九日）からの抜粋である。土屋は「編者まへがき」で、「君が『勇敢なインテリ勇士の模範だつた』こと、少くとも『模範』の一人であつたことを、我々は確信するのであり、したがつて君の遺稿は日本のインテリゲンツィアに訴ふる所多大であるのみならず、今次事変における、いはゞ『インテリ兵の魂の記録』として尊き価値あるものと、確信する」と書いている。(51)

このように土屋は知性と勇敢さを兼ね備えた「インテリ兵士」の「模範」として太田を意義づけていく。土屋は太田の哀悼にインテリ復権を重ね合わせたわけだが、それは太田を「勇敢なインテリ勇士の模範」として偶像化させる可能性を多分に孕み、意図は異なるにしても、岡村寧次、本間雅晴、長谷川基が「インテリ兵士」を賞揚した軍の論理と共振するものに違いなかった。

三　太田慶一と戦争

1　徴兵をどのように意義づけるか

「勇敢なインテリ勇士の模範」として銃後に宣伝された太田慶一だが、実際にはどのような兵士だったのだろうか。土屋喬雄や龍門社の同僚らによって、ともに一九四〇年に刊行された太田の遺稿、『太田慶一遺稿』と『太田伍長の陣中手記』をもとに、その兵士像を再構成してみたい。

太田は一九一二年一月二日東京市京橋区築地の生まれで、家業は雑貨や化粧品を扱う商店を営んでいた。一九二九年四月芝中学から第一高等学校に入り、三二年三月に卒業し、四月東京帝国大学経済学部経済学科に入学する。学部では経済史を専攻するが、太田の学生時代の親友であり、後に日本銀行の理事となる外山茂は、太田が歴史学を専門としたのにはマルクス主義の影響があることを証言している[52]。

一九三六年三月太田は東京帝国大学を卒業すると、前述したように、土屋が主任を務める龍門社青淵先生伝記資料編纂所に入った[53]。この年七月一一日には徴兵検査を受け、第一乙種合格で第一補充兵となる。翌年七月七日盧溝橋事件の勃発を機に華北で戦線が拡大していくにつれ、補充兵の召集がはじまっていく。上海事変が激戦となっている頃、太田は日記に「その日その日をかなり空虚に送つてゐる[54]」、「又二十日間も過ぎ去つた。一体何をしてゐたのであらう。なんだか一切事態が絶えず急変する様な気がするので、何か書くことが臆劫なのかも知れない[55]」と書いている。いつ召集令状が来るかわからないため、長期計画の仕事は立てられず、また戦時体制に関わる仕事以外「何となく躊躇され[56]」、手に着かないのである。戦争についての情報がないことも、落ち着かない日々を送る要因となっていた。

太田に召集令状が届いたのは、翌三八年二月一九日のことである[57]。入営を前にした二月二五日、太田は龍門社の編纂所員に書簡を送り、戦時下における「知識人」はいかに生きるべきか、そしてその役割は何かを突き詰めていく。

　知識人は自分らこそ其の時代を正確に認識し、綿密に知つてゐる人間であり、又さうあるべきであり、自分らの後世への遺物はかゝる正しい認識を記録し、具体化して置くことだと信じて居ます。（略）それ故、知識人はその時代を指標する如き新しき経験に対して絶えず繁忙なのです[58]。

「知識人」の役割とは、同時代において新しく起きていることが何なのかを見極め、それを「正確」に認識し、記録化する行為にある。歴史学を学んできた太田は、このような認識と記録化こそが後世への継承になると考え、そこに「知識人」のあるべき姿を見出していた。太田が戦地でも丹念に日記をつけ、銃後の家族や龍門社の同僚らに手紙や通信を送り続けたのは単に安否確認だけでなく、「知識人」としての営みのためでもあったのである。

では、太田は応召をどのように捉えたのだろうか。太田は「多くの知識人」が「新しい体験への不安とためらひとの撞着の上に生活を築いてゐる」ことを認める。戦争という「新しい体験」には、「不安とためらひ」が伴うが、もはや避けることのできない戦争の意味を太田は模索する。

私は今、一つの特異点に立つてゐる様に見えます。今や私は一切の不安とためらひを捨てて、数々の新しい体験の中に身を挺して飛び込む点に立つてゐます。（略）大きく見れば戦争と云ふものは斯くして国民全体を鍛へ直して行くものであり、それが正しい道への進展であり、鍛錬であるならば、仮令痛々しいものであつても癒す為にしか傷つけないものであると言へるからです(59)。

太田は「国民全体を鍛へ直して行くもの」として戦争を受容していく。太田が「正しい道」に何を想定していたのかは定かではない。太田自身にとっても、それは漠然としたものであったのかもしれない。しかし三木清が説いていたのと同様、太田もインテリは積極的に行動していかなければならないと考えていた。「新しい体験」を目指して、戦争に参加していくことにインテリの役割があると信じていた。知識人が直面した行き詰まりの状況を打破するためにも、戦争の経験は何か新たなものを生み出すかもしれない。ここに戦争に参加することの意味があると太田は応召を意義づけ、戦地での記録化を自らに課したのである(60)。こうした発想は同じ高学歴兵士でも、のちの学徒出陣世代とは大きく異なる。アジア・太平洋戦争が深刻な戦況を迎えていた学徒出陣段階では、太田に見られるような戦争の経験と知性とを積極的に結びつける発想は稀薄である。もっとも太田の世代にしても、このように自らを納得させせなければ、兵役と向き合えなかったのかもしれない。

2 兵隊生活の現実

太田は一九三八年三月一日、第一師団歩兵第一連隊留守隊（石本部隊）に入隊、三月一〇日部隊は華北へ向け出発し、一八日天津に到着した。翌一九日北京の清華大学に着営すると、太田は支那駐屯歩兵第一連隊第一大隊第一中隊に編入された。盧溝橋事件を引き起こしたこの連隊では、三月一日に牟田口廉也連隊長が満州国境守備隊司令官に転任し、後任の連隊長には長谷川基大佐を迎えていた。

戦地の部隊に入り、軍隊生活を送るなかで、太田は軍隊とは何か、その特徴を見つけようとする。

軍隊へはいつて内務の事にかなり興味をもつた。内務と云ふのは、初年兵にとつて最もつらいもの、一つである。それは日常生活の中に、軍隊的なものをもちこんだものであり、戦闘を目的とした生活に於いては一切がSpeedと整備と、軍紀に慣熟せしめるための服従の精神を養ふ様に出来上つた生活である。そしてこれは屢々上等兵又は二年兵等によつて歪められ、兵営生活を世間の人々に誤解せしめることになるらしい。(61)

太田は「戦闘を目的」とした軍隊生活をスピード、整備、服従の三点に特徴づけ、そこに合理性をも見出している。しかし一方で、その特徴は上官によってさまざまなかたちで歪められ、初年兵の苦しみになっていることを明らかにしている。

軍隊生活のなかで覚える違和感は、歩哨の任務についた際は戸惑いとなってあらわれた。

軍隊には中々覚えることが多い。それに一つの規定をあらゆる場合に応用するのはやつて見ると中々むづかしい。「歩哨の一般守則」(62)を実地に応用した際に実にまごつくものである。さうした時自分の気の利かないのに不甲斐なさを感じる。

歩哨の規則は「歩哨の一般守則」で決められているものの、実際にはその応用が難しいと太田は感じている。規則に従って行動することが義務づけられているのだが、「実にまごつく」のである。「歩哨の一般守則」によれば、歩哨中に敵を発見し、猶予し難い場合は「急射撃又は信号」を発し、「少数の敵兵近接せば殺すか又は捕獲すべし」(63)とある。しかし歩哨の任務にはさまざまなケースが想定され、実際には「ひどくあわて、どうしてい、か分らない場合が多い」(64)。太田は「まごつく」ことの原因を自己の融通の利かなさに求めるが、規律が形骸化しているのである。「歩哨に立つ時など、自然に支那語が必要になりますし、第一、不便です」(65)と、太田は書いている。歩哨で何よりも必要なのは現地語だというわけである。

太田と同じ第二小隊(66)で、早稲田大学出身の浦岡偉太郎によると、第二十七師団が南京に駐留していた一九三八年八月、「二年兵に悪いのがゐて横暴の限りをつくし」、太田に毎晩肩もみをさせたという。浦岡は「僕は毎晩それを見る度に、さかな屋かなんかの小僧の癖にしやがつて罰が当るぞと思つた」(67)と回想している。浦岡の回想するシーンは飯塚浩二が『日本の軍隊』で、「兵隊の屈辱的な隷属感」を示す事例として紹介しているが、古年次兵の肩もみでもしなければ「インテリだと思っておお高くとまっていやがる」(68)と制裁のきっかけとなる。

軍隊生活への順応を余儀なくされるなかで、太田はインテリとしてのプライドを同じ境遇の兵士との語らいで満たしていた。山田盛太郎『日本資本主義分析』や、これに対する向坂逸郎の批判、さらには「ナポレオン的観念」などについてよく語り合ったと、太田と同じ班で寝起きをともにした門平謙三は回想する。門平は「話をしてゐる中に太田自身も社会に対して思想的な悩みを有つて居たことを知つた」と記しているから、かつてマルクス主義を信奉していた点で意気投合したのかもしれない。しかし「兵営生活が長くなるにつれてこんな六ケ敷い話は出来なくなり、他の戦友等に関係のない話なのでやめてしまつた」(69)という。兵隊であるということは、身体のみならず、知性をもそれに融解させせなければならないわけである。

3 「インテリ兵士」の崩壊

太田の所属する部隊は七月二八日まで、北京周辺で警備と討伐に明け暮れた。五月七日の日記に「もう明日の命も知れない、と云ふよりは、明日の事が全く分らない」とあるように、占領地とはいえ、そこには不安と緊張しかない。

寝てゐて新聞をよんだ(内地から送つてくれたものだ)いろ〳〵なことを考へた。二ケ月東京をはなれた間に、どん〳〵世相が変つて行く様にも思へる。我々が無事に内地へ帰れたとしても、一体、我々は、もう社会に通用しないのではないかしらとさへ思はれる。(70)

戦地で太田は切迫感に苛まれていた。応召にあたり、太田は知識人の役割を同時代への洞察とその記録化に求めていたが、戦場は社会から隔絶された空間としか思えなかった。「もう社会に通用しないのではないかしら」という危惧は、戦場での体験が同時代への洞察に何も寄与しないのではないかという焦りを生み出していた。

五月一五日には「附近に三千名からの匪賊が集結して固安、永清を奪還する計画があるらしい」(71)といった緊迫した情報のなかで激戦となり、戦死、戦傷者が続出する。この日以降、太田も家宅捜索に加わり、激しい討伐に直面していく。すでに中隊長からは、「匪賊を十人殺せば褒美をやる」[72]とも言われていた。

六月一日、太田はじめ中隊の初年兵は全員一等兵に進級する。[73]五月から六月にかけて「毎日々々匪賊討伐」[74]が実施され、多忙のために内地への送信も怠りがちになっていく。龍門社の山本勇への六月七日付書簡で、四月二九日付の通信が『龍門雑誌』に掲載されるとの情報に喜びつつも、ひと月、あるいはふた月に一回の通信で限界だと太田は書き送っている。「討伐、演習、兵器の手入から、洗濯、靴掃除、食事運搬、庭掃除、湯沸し、水汲み、或ひは蠅退治、煉瓦はこび、自動車の荷上げ、荷おろし、ランプのほや掃除、被服の手入等々」、「さつぱり暇がない」[75]のである。

六月一〇日付の龍門社への書簡で太田は、「匪賊の連中も中々私共の情報を知る様につとめてゐるらしい」[76]と書いているが、この文面以上の意味を読み取ることは、龍門社の同僚たちにもわからなかっただろう。翌一一日の日記に、太田は「匪賊の方に上つてゐる日本軍の情報―掠奪、放火」と記している。「討伐」や「掃蕩」と日本軍はいうが、それは中国側から見れば「掠奪」であり、「放火」[77]だというわけである。この日太田は、「○匪賊と良民との相違。すき、鍬その他の生産手段の破壊と掠奪、放火、掃蕩」と日記に書いている。「匪賊」と見れば、農民ではあっても生産手段の「破壊と掠奪」を行うという意だろう。太田が「討伐」や「掃蕩」をこのように表現するのは初めてであり、またこの日だけである。

「討伐」や「掃蕩」に対するこのような書き方は、太田に良心の呵責があったことを想像させる。しかし「討伐」や「掃蕩」の成果は「御ほうび」と直結し、さらなる手柄へと兵士を駆り立てていく。太田は六月一六日付の龍門社編纂所宛のはがきに、「匪賊を何十人と捕虜にしたてがらの御ほうびに、街に出して呉れたのです。その日の嬉しさを又いつか御便りします」[78]と記している。「てがら」は「御ほうび」となり、たとえひとときではあっても、外出という解放感を得ることができる。その繰り返しのなかで、「討伐」や「掃蕩」はさらにエスカレートしていく。六月二一日付の自宅宛の書簡で太田が「匪賊討伐も度重なるに従つて、面白くなつて行く一方です」[79]と記しているのは、そのことを示している。

藤井忠俊氏によると、日中戦争では、「戦闘の合間というのは結構時間があり、兵は意外に時間をもてあましていることがある。暇なのである」[80]とし、この「暇」な時間に兵たちは日記や手紙を書くと述べている。たしかに日中戦争の戦闘形態からすると、そういえるのだろう。しかし「暇」で時間を弄ぶからといって、日記や手紙を書くという行為に向かえるものではない兵士の心理状態を太田は日記に書き記している。太田にとって戦場の特徴とは、「全く激しい生活と非常にのんびりしたぽかんとした生活とが交互に繰り返へされて、この一月程、私を筆無精にしたこともありません」[81]という一文に凝縮されている。応召に際して龍門社の同僚らからの餞別が二冊の手帳[82]であったほど筆まめで知られた太田をも、戦場は一変させていた。

六月九日、太田は牛駝鎮などの討伐で「匪賊」と激しい戦闘を行うが、そうした日の翌日は「目に見えない疲れ」に苛まれることになる。観念的な思考遊びはできても、「新しい何ものをも摑む気力」[83]が起こらない。新たな同時代的な発見、記録するという行為など、到底不可能であった。太田が出征にあたって自らに課していた知識人としての役割は頓挫しつつあり、そのことを誰よりも太田自身が認識していた。

武漢作戦に伴い、七月一五日第二十七師団は八月上旬までに南京への集結が命じられた。七月下旬、第二十七師団は塘沽から船舶輸送を開始、支那駐屯歩兵第一連隊は八月六日南京に上陸する[84]。八月二六日頃より第二十七師団は南京を出発、三〇日から九江に上陸し、廬山に兵力を集中させていく[85]。武漢作戦への従軍が決定した頃の太田の様子について、門平謙三は次のように回想する。

いよいよ漢口攻略が決定した時分太田は自分の運命に対して深刻に考へてゐたらしい、随分神経質になつて居た。人の揚足取りみたやうな皮肉を云ふのもこの時分から始つた。戦友と喧嘩は勿論しなかつたが人をこきおろ

すことも平気でやつた。(86)

九月三日付の龍門社編纂所宛の書簡で太田は、「南京の生活は今度の戦闘の直接的な準備に忙殺され乍ら、その間に幾度か心と体を充分休める事の出来た充実した生活で、今の私の元気もこの間に準備されたもの」とし、「誰一人として明日の知れない命について深刻な考へを懐いてゐる様なものはなかつた」(87)と書き送っている。内地に宛てた手紙ではこのように書いているが、武漢作戦への従軍決定は、土屋が形容した「温良で、良識をもち、良心的な一見柔弱なヒューマニスト」とは異なる緊張感と不安とを太田に強いていたのである。

八月三一日、支那駐屯歩兵第一連隊は鄱陽湖畔の大板橋に上陸する。以後、九月一六日の大嶺山の攻撃から本格的な戦闘が開始される。(88)大嶺山からつづく山岳地帯での戦闘は、「味方に数倍する敵軍が累累たる山嶽のあの峯もこの谷もうづめつくしてをり、それらが間断なく自動火器の掃射をあびせてくる」(89)ほどの激戦となった。

行軍を開始してからの太田の日記は、何をしたかのごく短い行動記録でしかない。「のぼる」、「おりる」、「ねる」、「喰ふ」、「歩く」、「前進」などの単語が頻繁にあらわれるとともに、「寒い」、「辛い」、「つかれる」、「へばる」など、行軍中の感情ばかりが日記に記される。小隊長熊沢東作曹長が後に太田の未亡人と龍門社の山本勇に語ったところによると、太田は疲労に加え、夜盲症にも罹っており、そのために何度も溝に転げ込むこともあったという。(90)一〇月二日、太田は江西省武寧県張氏祠で負傷、四日瑞昌県大屋多村の第一野戦病院で戦傷死する。(91)武漢作戦段階の太田の日記には、行軍中の苦痛ばかりが記録されている。それは、戦争の経験が新たな何かを生み出すかもしれないという期待と自らに課した「知識人」としての役割が、結局は幻想に過ぎなかったことを暗に示している。

おわりに

アジア・太平洋戦争勃発を目前にした衆議院で、兵役の志願はもとより、徴兵猶予を辞退する学生が一向にあらわれてこない現状に一議員が憤懣をぶちまけた。同じ頃、在学中に兵役を終えて学び舎に戻った、いわゆる帰還学生は級友たちから冷眼視される扱いを受けた。中国戦線で修羅場を潜り抜けてきた彼らであったが、「英雄」視されることはなかった(92)。このことは日中戦争の一時期、「インテリ部隊」、「インテリ兵士」が銃後に向けて喧伝されたものの、その後「勇敢なインテリ勇士」がモデル化され、学生たちに影響を及ぼすことがなかったことの一端を示している。

すでに触れたように、銃後において太田慶一が記憶されていくのは、「勇敢なインテリ勇士の模範」というキャッチフレーズよりも、遺書などに見られるように、学問や芸術への真摯な姿勢にこそあった。それは軍が理念型とした、知性を兼ね備えた兵士こそが最高度に活躍するという「インテリ兵士」像よりも、学問を重んじたひとりの兵士の言葉が戦時下の人びとの琴線に触れたからである。

戦後、日本戦没学生記念会の中心メンバーとなる山下肇と古山洋三は太田の手記について、「戦意昂揚を目的とした類書とことなり、戦時下における一つの『抵抗』を示したものであり、またそのようなものとして読まれた(93)」と回想する。これは戦時期、太田の手記から知性を読み取ることで、一種の「抵抗」の感覚をささやかながらももち得たインテリが少なからずいたことを意味している。

注

（1）『岩波講座　アジア・太平洋戦争　五　戦場の諸相』岩波書店、二〇〇六年、ix頁。

(2)吉田裕『現代歴史学と軍事史研究』校倉書房、二〇一二年、一四五頁。
(3)鹿野政直『兵士であること』朝日新聞社、二〇〇五年、一一一頁
(4)吉田裕『日本軍兵士』中公新書、二〇一七年、iv—v頁。山田朗『兵士たちの戦場』岩波書店、二〇一五年、四—五頁。
(5)等松春夫「日中戦争の多角的再検討」『軍事史学』一七一・一七二号、二〇〇八年、七—八頁。
(6)山田朗「兵士たちの日中戦争」前掲『戦場の諸相』三三頁。
(7)前掲『日本軍兵士』i頁。
(8)前掲『兵士たちの戦場』三四頁。
(9)藤井忠俊『兵たちの戦争』朝日新聞社、二〇〇〇年、九八頁。
(10)高田里惠子「編集と誤読」『桃山学院大学人間科学』三三、二〇〇七年、一八四頁。
(11)早稲田大学大学史編集所編『早稲田大学百年史』第四巻、早稲田大学出版部、一九九二年、一五八頁。
(12)矢野貫一氏によると、『大学出の兵隊さん』は一九二〇年八月一〇日には九九版が出されたという(矢野貫一編『近代戦争文学事典』第一輯、和泉書院、一九九二年、三〇頁)。
(13)『三田新聞』(縮刷版)第五巻、一九三七年九月二五日号、不二出版、一九八七年、一四一頁。
(14)北河賢三『戦争と知識人』山川出版社、二〇〇三年、五五—六一頁。
(15)永野基綱『三木清』清水書院、二〇〇九年、一八六頁。
(16)『三木清全集』第一五巻、岩波書店、一九六七年、二四二頁。
(17)火野葦平「解説」『火野葦平選集』第二巻、東京創元社、一九五八年、四一九頁。
(18)同右四二〇頁。
(19)同右四一九頁。
(20)同右四二八頁。
(21)朝日新聞百年史編修委員会編『朝日新聞社史　大正・昭和戦前編』朝日新聞社、一九九一年、五〇二—三頁。

(22) 当時の文学者の作品にも『麦と兵隊』について、「何故にあの作品がそれ程内地人を動かせるか解らず」(富沢有為男)、「国民の前に公に発表する作品と云へばあのやうなものしかないなら、銃後の国民は我々の戦場や死を美しいものと偶像化して考へるやうになるのだ」(松本耿平) といった批判が見られる (前掲『近代戦争文学事典』第一輯、二九八頁)。
(23) 前掲火野葦平「解説」四〇六頁。
(24) 防衛庁防衛研修所戦史室『戦史叢書 支那事変陸軍作戦』2、朝雲新聞社、一九七六年、八七頁。
(25) 第二十七師団のあゆみ編纂委員会編『第二十七師団のあゆみ』第二十七師団会、一九六九年、二二五頁。
(26) 同右一一頁。
(27) 支駐歩一会編『支那駐屯歩兵第一聯隊史』一九七四年、三四頁。
(28) 前掲『戦史叢書 支那事変陸軍作戦』2、一一八頁。
(29) 同右一〇八頁。
(30) 同右一六三頁。
(31) 同右一六四頁。
(32) 佐藤卓己氏は『物語 岩波書店百年史2 「教育」の時代』(岩波書店、二〇一三年) で、「『戦争とインテリ』という問題を検討するために大卒兵士を集めて編成した『覆面部隊』」によって「実験」(一六二頁) が試みられたとするが、「覆面部隊」とは本論で触れたように、武漢攻略戦を有利に進めるため、その存在を知られないように行動する軍事上の作戦のことである。
(33) 前掲『第二十七師団のあゆみ』一二～三頁。中村辰次「愛馬物語」『支駐歩一会々報』第17号、一九九二年、一八頁。
(34) 茂木政「ある伍長の死」上、『朝日新聞』一九六三年一一月二日付。
(35) 前掲『第二十七師団のあゆみ』一一頁。
(36) 池田源治『インテリ部隊』中央公論社、一九四〇年、「序」一頁。
(37) 荻本清蔵・門脇隆敏編『豊影 朝倉豊遺稿』朝倉敏、一九三九年、附一八四頁。

(38)前掲『朝日新聞社史　大正・昭和戦前編』五〇二頁。
(39)支那駐屯歩兵第一連隊第一大隊「戦闘詳報第一号附表」。JACAR（アジア歴史資料センター）Ref. C11111152900、「支那―支那事変北支―251」防衛省防衛研究所。
(40)阿部武司・大豆生田稔・小風秀雅編『近代日本史料選書9―3　朝倉毎人日記』一九三八年一二月三日付、山川出版社、一九八九年、一九八頁。
(41)同右一九三八年一二月五日付、一九九頁。
(42)戦後、太田の遺稿は、日本戦没学生記念会編『戦没学生の遺書にみる15年戦争』（光文社、一九六三年、のち『きけわだつみのこえ』第二集）、亀井勝一郎編『世界教養全集』別巻3（平凡社、一九六三年）、昭和戦争文学全集編集委員会編『昭和戦争文学全集10　青年士官の戦史』（集英社、一九六五年）、亀井勝一郎・臼井吉見編『人生の本10 心の記録』（文藝春秋、一九六七年）、安田武編『青春の記録1　あしたの墓碑銘―戦争と人間―』（三一書房、一九六七年）、山下肇・古山洋三編『人生の名著6 日本戦没学生の手記』（大和書房、一九六八年）、平野謙ほか編『戦争文学全集』別巻（毎日新聞社、一九七二年）などに収録された。
(43)「太田慶一日記」一九三八年五月二七日付。土屋喬雄編『太田伍長の陣中手記』岩波書店、一九四〇年、「手記」一一七頁。なお、この日の日記は『太田伍長の陣中手記』の刊行に先立ち、『帝国大学新聞』一九三九年一月一六日号、「戦死せる一無名伍長の日記」（『中央公論』一九三九年二月号）に収録された。
(44)太田有子「夫・太田伍長の死」『新女苑』一九三九年二月号、八七頁。遺書の全文は澤地久枝『昭和・遠い日 近いひと』文藝春秋、一九九七年、二九二～四頁。なお、太田慶一の日記、原稿、書簡類はすべて、一九四五年三月一〇日の東京大空襲で焼失したという（同右、二四頁）。
(45)大谷明史『渋沢敬三と竜門社』勉誠出版、二〇一五年、七〇―七二頁。
(46)土屋喬雄「遺児は成人した―わが友、太田伍長の思い出―」『朝日新聞』一九六三年一一月八日付。
(47)土屋喬雄『日本国防国家建設の史的考察』科学主義工業社、一九四二年、二五九頁。土屋は一九四七年九月、中央教職員適格審査委員会で不適格教員とされ、免官となる（東京大学経済学部編『東京大学経済学部五十年史』東京大学出

版会、一九七六年、六四頁)。大内兵衛によると、土屋の『日本国防国家建設の史的考察』に「日本の戦争は自衛のためであって侵略戦争ではないという意味のことが書かれてあるかどうかという問題」が問われたが、審査の最中、土屋が「実はこの本を書いたのは自分ではなくしてT君であり、T君のために自分が名前を貸しただけである」と発言したため、パージになったのだという(『経済学五十年』東京大学出版会、一九六〇年、三六〇―一頁)。同書は一九三八年から四一年までに、土屋が『改造』や『図書』、『現代』、『実業之世界』などの雑誌に発表した論稿に、談話や講演を加えて一書にしたもので、土屋が「この本を書いたのは自分ではなくしてT君」とするのは、あまりにも不自然である。土屋には何か事情があったのかもしれないが、仮に第三者の書いた論文があるとしても、本書全体にとくに違和感はない。

(48) 同右一〇三頁。
(49) 『帝国大学新聞　復刻版』第13巻、不二出版、一九八四年、一〇頁。
(50) 同右二七頁。
(51) 前掲「戦死せる一無名伍長の日記」『中央公論』一九三九年二月号、三一〇頁。
(52) 太田慶一遺稿刊行会編『太田慶一遺稿』一九四〇年、三六五―八頁。
(53) 前掲『昭和・遠い日 近いひと』九四頁。
(54) 「太田慶一日記」一九三七年九月二日付。前掲『太田慶一遺稿』二九四頁。
(55) 「太田慶一日記」一九三七年一〇月五日付。同右、二九四頁。
(56) 「太田慶一日記」一九三七年九月二日付。同右、二九四頁。
(57) 「太田慶一日記」一九三八年二月一九日付。同右、三一九頁。
(58) 太田慶一書簡、龍門社編纂所宛、一九三八年二月二五日付。前掲『太田伍長の陣中手記』「手記」一頁。
(59) 同右「手記」一―二頁。
(60) ここでは、日本人の学生・学徒を想定しているが、朝鮮・台湾出身学生の学徒出陣についても触れておきたい。一九八〇年代から盛んとなる大学の沿革史編纂のなかで、一九八五年一一月刊行の『図説中央大学・一八八五―一九八五』

が朝鮮・台湾出身学生の「学徒出陣」を紹介したことは、以後、大学の沿革史がこの問題について相次いで取り上げるひとつの契機となった（中野光「『大学史』における学徒出陣と朝鮮・台湾出身学生」『中央大学史紀要』11、二〇〇〇年）。また樋口雄一『皇軍兵士にされた朝鮮人』（社会評論社、一九九一年）などの研究が、朝鮮人学生の志願強制の実態を明らかにしていったことは、『きけ わだつみのこえ』が対象としてきた「戦没学生」の枠組みに大きなインパクトを与えた。一九九五年刊行の『新版 きけ わだつみのこえ』の「新版刊行にあたって」は朝鮮・台湾出身学生の欠落を認め、「今後の大きな課題」（岩波文庫、五〇七頁）とした。

(61) 「太田慶一日記」一九三八年四月九日付、前掲『太田伍長の陣中手記』「手記」四八—九頁。

(62) 「太田慶一日記」一九三八年四月一六日付、同右「手記」六二頁。

(63) 陸軍予科士官学校高等官集会所編『昭和十三年改訂 演習便覧』菊地屋書店、一九三九年、四四頁。

(64) 「太田慶一日記」一九三八年四月五日付、前掲『太田伍長の陣中手記』「手記」四四頁。

(65) 太田慶一書簡、自宅宛、一九三八年五月一日付、同右「手記」八八頁。

(66) 『支駐歩一会々報』第23号、一九九三年、三二—三頁。

(67) 浦岡偉太郎「君と僕」、前掲『太田伍長の陣中手記』土屋「跋」五一頁。

(68) 飯塚浩二『日本の軍隊』岩波書店、一九九一年、二五二—三頁。

(69) 門平謙三書簡、高橋善十郎宛、一九三九年三月発送、前掲『太田伍長の陣中手記』土屋「跋」四〇〜一頁。

(70) 「太田慶一日記」一九三八年五月七日付、同右「手記」九三頁。

(71) 「太田慶一日記」一九三八年五月一五日付、同右「手記」一〇五頁。

(72) 浦岡偉太郎『身辺記』四二頁。一橋大学附属図書館土屋文庫所蔵。この回想記には、出版年や発行元などを記載した奥付がないが、冒頭に浦岡が善通寺陸軍病院で一九三九年六月に記載した「帰還の挨拶に代へて」が付されており、その直後に出版されたものと推定される。

(73) 「太田慶一日記」一九三八年六月一日付、前掲『太田伍長の陣中手記』「手記」一二三頁。

(74) 太田慶一書簡、龍門社編纂所宛、一九三八年五月三一日付、同右「手記」一一三頁。

(75) 太田慶一書簡、山本勇宛、一九三八年六月七日付、同右「手記」一二八―九頁。
(76) 太田慶一書簡、龍門社編纂所宛、一九三八年六月一〇日付、同右「手記」一三五頁。
(77) 「太田慶一日記」一九三八年六月一一日付、同右「手記」一三七頁。
(78) 太田慶一書簡、龍門社編纂所宛、一九三八年六月一六日付、同右「手記」一四一頁。
(79) 太田慶一書簡、自宅宛、一九三八年六月二一日付、同右「手記」一四八頁。
(80) 前掲『兵たちの戦争』五八頁。
(81) 太田慶一書簡、龍門社編纂所宛、一九三八年六月一〇日付、前掲『太田伍長の陣中手記』「手記」一三一頁。
(82) 「太田慶一日記」一九三八年二月二二日付、前掲『太田慶一遺稿』三三二頁。
(83) 太田慶一書簡、龍門社編纂所宛、一九三八年六月一〇日付、前掲『太田伍長の陣中手記』「手記」一三一頁。
(84) 前掲『支那駐屯歩兵第一聯隊史』四〇頁。
(85) 前掲『戦史叢書　支那事変陸軍作戦』2、一三四頁。
(86) 門平謙三書簡、高橋善十郎宛、一九三九年三月発送、前掲『太田伍長の陣中手記』土屋「跋」四一頁。一九三八年三月二五日の陸軍補充令改正により、従来現役兵に限られていた各兵科幹部候補生の資格が召集兵にも適用されることになった。これは幹部候補生の補充源の拡大とともに、兵役上の均衡をはかることがねらいとされた（防衛庁防衛研修所戦史部『戦史叢書　陸軍軍戦備』朝雲新聞社、一九七九年、二一八～九頁）。幹部候補生の資格が補充兵へ拡大されることは、戦地にもほぼ同時に情報が伝わっていた。太田は三月二五日付の家族への書簡で、「実は幹部候補生の志願をすることになりました」と伝え、京橋区役所発行の証明書を至急送付するよう依頼している（太田慶一書簡、自宅宛、一九三八年三月二五日付、同右「手記」三二～三頁）。幹部候補生が決定したのは、八月二五日のことである。この日は武漢作戦に参加するため、南京から揚子江を遡行する日にあたるが、太田の結果は不合格だった（門平謙三書簡、高橋善十郎宛、一九三九年三月発送、同右土屋「跋」四一頁）。太田の日記には、幹部候補生の不合格について何も記されていない。
(87) 太田慶一書簡、龍門社編纂所宛、一九三八年九月三日付、同右「手記」一六七、七一頁。

(88) 前掲『支那駐屯歩兵第一聯隊史』四二―三頁。

(89)「熊沢東作談話筆記」、前掲『太田伍長の陣中手記』土屋「跋」六八頁。

(90) 同右土屋「跋」七〇頁。

(91)「本人戦死の状況」、同右土屋「跋」五九―六四頁。

(92) この点については、拙稿「学生と兵役」『近代日本研究』第35巻、慶應義塾福沢研究センター、二〇一九年、参照。

(93) 前掲『人生の名著6 日本戦没学生の手記』二〇―一頁。

Ⅲ 「記憶」を語るということ
――「外地引揚派」五木寛之の言説をめぐって――

小林 瑞乃

はじめに

近年、引揚げに関する研究は飛躍的に進展している。敗戦時に「外地」にいた日本人は民間人と軍人・軍属を合わせて約六六〇余万人に及んだという民族的大移動ともいえる規模であり、引揚げ先の日本国内にも様々な影響が及んだ。歴史的な出来事として極めて特異であるこの国民的な経験をめぐって、政治、経済、法制史、植民地、移民、「ディアスポラ」、「移動」、日本近現代史、思想史、文学など様々な領域からの研究が蓄積されている。

本稿で考察する作家五木寛之は、北朝鮮からの引揚者である。一九三二年に福岡県に生まれ、生後すぐ当時日本の植民地であった朝鮮半島に渡り、各地に移り住んだ。日本の敗戦を平壌でむかえ、ソ連の軍政下の混乱に際し母を失った。その後、平壌を脱出して三十八度線を越え米軍軍政下の開城に至り、さらに仁川から博多港に引揚げた。「外地」の中でも特に「満洲」や北部朝鮮からの引揚げは、最も苛酷で帰国に至るまでの日々はまさしく辛酸をなめる悲惨なものであった。

自身の体験の意味について、五木は、近代日本の歴史上初の「植民者の敗北と撤退」を体験し、「異民族との対立の中で、多くの命が失なわれてゆくさまを眺め、慢性的な飢えと逃走の中で、人間がどう変容してゆくか」を見つめ、「徒歩で南北の境界線」を越え、「逃亡の旅も体験した」。「作家として書くべきこと」は山積しているが、直接引揚げを扱った小説は「例外的にしか書いて」おらず、家族のことも「エッセイでふれただけ」という(1)。そのためか、五木は引揚げを主題とした作品がほとんどない小説家だとされ、引揚げ研究、特に思想史や文学の領域においてもほとんど検討されていない(2)。しかし、その言説には過去の体験の影響や投影があり(3)、それを抜きには理解できないのである。特にエッセイで度々言及された植民地の問題や敗戦と引揚げをめぐる思索には、極めて重要な意義がある。また、書かない／書けないことには理由があり、ほかにも書くのをためらう問題に「自分の記憶力」への「不信の念」があった(4)。つまり、五木は自己の体験と「記憶」に対峙しながらそれを記した作家だといえるのである。

以上のことを踏まえて、本稿は五木の敗戦と引揚げ体験の意義について二つの方向から考察する。第一に、一九六〇年代以降から近年に著された代表的なエッセイから植民地認識や敗戦と引揚げの体験をめぐる言説を追い、その発想や思考の根幹にかかわる思想的背景を検討する(5)。第二に、苛酷な体験者としての内面的葛藤を見つめ、論じられた「記憶」というものの諸相を見ていく。「外地引揚派」と呼ばれた五木の思想的営為は、引揚げ研究の枠組みに留まらず、植民者二世の精神史、さらに戦後日本の歩みを総体として捉え考えるために不可欠の意味をもつ(6)。本稿はそれらを目指した一つの試みでもある。

Ⅰ　「外地引揚派」の発想

1　引き裂かれた〈ふるさと〉

植民地で育ち敗戦と引揚げを経て日本で生きる、その内的世界の屈折を、五木は次のように記している。

私は朝鮮半島において、よそものとして少年時代を過ごし、九州に引揚げて来てからは、外地からやって来た余計者として扱われて来た。当時の日本にとって、外地から体一つで帰って来た引揚者たちは、まぎれもない厄介者であったわけである。故郷は私たちにとって異国も同じだった。そこでは、むしろ追放されて来た外地の山河の方が、私の郷愁をそそるのだった。(7)

五木にとって「〈ふるさと〉という語感に触発されるものは」「つねに二つの引き裂かれた状態」にあった。故郷への違和感と生まれ育った旧植民地に抱かれる「郷愁」と、そして自分も「支配者側の一員」としてそこに過ごしていたのだという苦い認識である。(8)

「内地」に愛着はなく、夏休みに訪れると、ホームシックは「むしろ植民地の方へむかって作用した」。ただ、「何らかの〈争い〉」があることは感じ取っていて、「祭日の人混みの中で、赤インクを筆にひたして白衣の老人を追い回す憲兵の姿」を見たり、「万歳事件」という言葉や「あいつらは民族意識が強くて」などと大人たちが話すのを聞いたりしたが、「明確なそれについての知識はなく、自分たちはこの土地の住人であると素朴に信じ込んでいたのだった」。

だが、敗戦後「人びとの心」を支えていたのは「幻想としての祖国」「ふるさと内地のイメージ」であった。[9]「内地に着きさえすれば――」という文句を何度も大人たちから聞かされた。しかし、「私たち植民地で育った世代の少年たち」には「全く実感のない呪文のように思われた」[10]。

たとえ敗戦と追放という、異常な事態の中にあっても、人間としての現実的な苦悩や、階級的な対立は、明らかに存在していた。にもかかわらず、大人たちは、それが内地に帰りつくことで全て一挙に解決すると信じ込んでいるかのようだった。

それほど素晴らしいのなら、なぜ「その土地を離れてここへ来たのか?」、あの無数の難民は「なぜ内地からやってきたのか?」。後になって「ロシア文学風の観念的な発想」から思ったのは「彼らが苦難に見舞われたのは」植民地での行為ゆえであり、「『なぜこんな目に?』と呟く、その精神の構造そのものの罰を、引揚者は払わなければならなかったのではあるまいか」ということだった。在外財産補償の問題に関しても、「補償に価するほどの財産を植民地に所有した人びと」とは「どのような人びとであろうか」と述べ、自分も「なにがしかの金をもらう権利があるらしい」が「私はそれは許されないことのような気がしてならない」というのであった。

五木は、植民地において日本人が行なった支配と差別に加え、日本人内部の「階級的対立」など、複雑に絡み合う植民地というものの諸矛盾を見つめていた。自身も悲惨な目に遭いながら、敗戦・引揚げの惨状をただ被害体験として語ることを拒否し、植民地などの諸問題を含めて捉える観点を示すのであった。

「思考の場」には常にこの「〈植民地〉という問題」があって、考え続けて「論理的には一応の結論をみちびき出すこと」ができたが「心情の問題は別だった」という。「いまだに幼年時代の郷愁」として「外地の空の色の記憶」があり、「〈内地〉はやはり祖国であると同時に、〈異国〉でもある」。失われた〈ふるさと〉は、また母を失った地であった。植民地育ちの敗戦と戦後の混乱、そこに生じた母の死は、後述のように、より深い屈曲を五木にもたらしていた。

2 「異邦人」の「幻郷」

一九四七年、ようやく父母の故郷に引揚げたのだが、家と土地を持たぬために苦い日々を送った。「いつも逃亡と脱出を夢み、持たざるものたちの共同体へのあこがれに身を焦がし」、「唯一の運命共同体」として筑豊の炭鉱地帯を見いだしたのだった(11)。

弟妹を預けに行く途中のことだった。「その部落を通り過ぎるとき、どういうことがあったかは書きたくない。思い返すだけでも内部に激してくるものがあり、私の鉛筆をぎごちなくさせる」。「引揚者！」との罵声を浴び、石ころを投げつけられ、必死で逃げていた。

どこへ？ どこにいったい逃げる土地がある？ 私が生後すぐに渡って育った半島は海のかなたにあった。弟は京城で生まれ、妹は平壌で生まれている。私は日本人だが、山河への愛着はその半島にあった。しかし、そこはかつての非道な支配者の、そして打ち倒された圧制者の一族として、私たちには禁じられた土地だった。

私は闇の中を疾走しながら、自分らの住むべき土地、デラシネの故郷を必死の思いで描いた。そしてその時、闇をすかして私の頭の奥に立ち現れたのは、筑豊の荒涼たる炭鉱地帯のイメージだったのである。

土地を持たぬ、土地を追放された、失うべき何物をも所有せぬ兄弟三人の生きる場所として、筑豊は私の心の底にあった。

筑豊は「外地から来た少年のシオンの地」として心に生き続け、やがて小説『青春の門』の心象風景となっていくのだろう。

この頃また、「本気で朝鮮半島への密入国」を考えたという。「敗戦後の外地」は「生命の危険があった」が「少年同士の間に差別はなかったからである」。それが不可能とわかると、「次第に活字の世界」へ惹かれ、「そこにようやく自分だけの学校を見いだそうとしていた」(12)。

敗戦・引揚げからこの時期の苦しみは、自分というものの存立根拠の模索であり、五木の原点であったといえるのだろう。

> 私にとって、自分の原体験ともいえるぎりぎりの生きかたは、敗戦と引揚げ、そして帰国後の数年間に凝縮された時期にあった。精神の形成期に通過したそれらの日々が、現在の私を作り、歪め、支配しているように思う。私にとっていま、生きるということは、そのような自分との対決であり、否定であり、そして脱出であるとも言える。(13)

上京後の東京で極貧の大学生活を送り、その後も社会の底辺を生きてきた。そして「漂流者」として日本や世界を漂泊し、行く先々に「一瞬の故郷」を見いだしながら「日本」と「日本人」を問うことになるのであった。

3 棄民のナショナリズム

敗戦国民として旧植民地に取り残され、「日本人である」というその一点において「さまざまな強制や、飢餓や、生命の危険や、屈辱」に見舞われた。国家、政府、軍隊、警察を後ろ盾に維持されていた「自由で安全な生活」は一転。いかなる権利も危機をも訴えるべき国家機構を持たず、孤立した状態で、「まる裸で異民族の間に生きるということが、どのようなものかを、私たちは体験として味わったのだ(14)」。

植民地を支配したのは日本の国家権力であり、「それぞれの個人は、その政府の民であることによってその罪を背おうことになったのである」。「いやおうなしに日本人」であり「日本国民」であるという、そうした「負の認識の中」で「少年だった私はナショナリズムの意識に触れた」のであった。

五木にとって、「ナショナリズム」とは「一つの精神の姿勢」ではなく「具体的な権力機構そのものの姿」、銃やサーベルといった「力として連想」されるものであり、「インターナショナルな視点を抜きにしたナショナリズムに対する強い否定の念」とともに、「ナショナルなものを失ったときの不安感」が深くしみ込んでいた。そして、その「不安をもたらしたもの自体が明治以来の日本のナショナリズムの帰結」だと指摘するのであった。

一九六〇年代以降の「ナショナリズム」に対する五木の鋭角的な反応は観念的なものではなく、想像を絶する実体験に立脚していた。植民地の日本人の安心・安全を守る「銃やサーベル」が同時に植民地の朝鮮人に何をしてきたのか、敗戦でその後ろ盾を失った丸腰の棄民がどうなったかという、重層的に入り組んだ苛酷な体験の上に「ナショナリズム」論が展開されていた。国家に棄てられたトラウマとそれを失った不安と恐怖といった国家権力への二重感覚がそこにはある。インターナショナルを志向する五木のナショナリズム論の起点には、自分たちを棄民として棄て去った国家への挟撃が内在しているのである。

夏休みにはハルビンや「新京」（現長春）で過ごし、大連や元山では海洋少年団員として訓練を受けたという、その記憶の中にあるのは「朝鮮人や中国人や日本人や白系ロシア人などの入り組んだ関係であり、その生活の断片」であった。「敗戦と同時に民族対民族のなまなましい姿」を目撃し、ソ連、次いでアメリカの軍政下を生き抜き、仁川から「追放された罪人」として去ることとなった。自分の中の「特徴的な思考法」は「すべてこの引揚げ体験」にもとづくという自覚とともに、こうして「植民地から追放されて帰ってきた人間」には、「共通した傾向」があると次のように指摘した。[15]

一つは外国、および民族・人種の関係に対する強い関心。そしてもう一つは内地、または日本的なるものに対する反発と、強い関心。また地理的放浪性とインターナショナルな傾向。さらにつけ加えるならば、故郷を持たぬ事からくるデラシネ（祖国喪失）意識。

これらのすべてがおのれの体験としての植民地と、強国に対する警戒意識として根強く私たちの中に居すわっていると言えるだろう。

4 「デラシネ」の思想

ここで注目したいのは、この「デラシネ」の思想である。[16] 自身について、「歴史の流れに巻き込まれ、三十八度線を大きな代償を払って越えてきた引揚者」として国境や民族といった単語に「生理的な嫌悪感」があり、それを「乗り越える思想と行動に強く惹かれる傾向」があるという。そして、「戦争中の疎開、徴用、引揚げ、移民」、また「現在では土地の騰貴、公害、配転」など、「自己の運命を外部の力に左右されながら生き続けねばならない」現状を指摘し、「個人の勇気や才能、野心や理想などでは」逆らえない「激しい潮流」の中に「漂流しつつある自分を見出す」のだった。

いわば現代は「漂流の時代」であり、「帰るべき所はない、と決意した時からぼくらの新しい視界」が開け、「帰りつくべき故郷」を「敢然として意識的に放棄した人間の思想は、新しい世界への突破口となる可能性」をはらんでいる。こうして、帰るべき故郷を失った「デラシネとして生きることを被害者意識からでなく選び取る立場」を追求していくのであった。

難民、引揚者、捕虜、戦災孤児、強制的に連行された朝鮮人や中国人など、戦争や政治などによってつながりのある土地から引き裂かれた民衆のことを幅広く指すこの言葉は、「自分だけの特殊なケース」ではなくそうした「人間の現状」が「現代の一つの典型としてある」がゆえに使うのであった(17)。それは、国や民族を越えて同時代を生きる者たちと共にある、また常に差別された側に立つという姿勢の表明でもあった。内的格闘の一つの帰結として、またあらゆる思索の起点ともなる「デラシネ」の思想は、五木自身を支える思想的基盤(視座)であったといえよう。その思想は常に「今」に向けて深化しつつ、長い射程で現代社会を捉えるものとなっている(18)。

Ⅱ 「私の中の日本人」

1 敗戦の日の記憶

五木は毎年のように「敗戦」の日の記憶を記していた。その中から、敗戦をめぐる情況とその問題について考えていきたい。

敗戦直後から、人民委員会による様々な接収や戦争犯罪人の摘発が始まり、一九四五年八月十五日の夕方、五木の父にもそれがあった。拳銃を携え人民委員会の赤い腕章をつけた朝鮮人の青年が訪ねて来たのである。(19)

父親はびっくりして、声も出ないふうであった。

その青年は、父が日頃、ことに可愛がっていた教え子のひとりだった。その青年が、実は敗戦のはるか以前から人民委員会を地下で組織していたメンバーの一人だったのだから、父の驚きようは格別だった。

その青年は、父の所蔵していた日本刀などのリストを作り、それを持ち去る際に、広島や長崎がどんな被害を受けたかを話して行った。(中略)

腕章をつけた委員会の青年が帰っていった後で、父親が首をかしげて言った。

「あいつは特別に民族意識が濃厚だとも思えなかったがなあ」

その言葉だけは、妙にはっきりおぼえている。

父も母も「朝鮮が独立して、私たちが外国人になることなど」考えてもいなかったし、「植民者が外地で敗戦を迎える」ことがどういう事であるかを大多数の一般市民は予想できなかったのだ。

父は敗戦の前日、明日は重大な発表がなされるとの通達に、ソ連が日本と組んで米英に宣戦布告するのだと予想し戦勝を疑わなかった。これからどうしたらよいのか、帰国をどうするか、植民地にいた日本人の多くが迷ったことだろう。しかし、帰国決断の早晩が、その後の命運を分けることになった。

多くの日本人が現地に残留したのは、ラジオ放送の影響が大きかった。(20) NHKの放送は毎日のように、「治安は維持される。在留邦人はそのまま現地に留まって、勝手な行動をしないように」と繰り返し呼びかけていた。だが、高級将校とその家族や財閥系のグループは家財道具をたずさえ平壌駅から続々と南下していたのであった。

一般市民は戦時中ニュースを信じ大本営発表というものに従って行動していたため、「戦争に負けたからといって」嘘と決めつけるわけにはいかず、曖昧な指示に従っていたのである。こうして放送を信じて留まった人々は、その後数年間抑留されたり、いわゆる「敗戦難民」として引揚げるまでに「さまざまな紆余曲折」を経ることになった。


思えばもしもあの時、さっさと荷物をまとめて引き揚げてさえいれば、その後もっともっと別の目に遭えたんじゃなかろうか。詮ないこととはいえ、そんなことをいまになって思う。

またソ連軍進撃の情報もなく、一九四五年八月七日には満州各地や北朝鮮で猛攻撃が始まっていたが全く知らされず、関東軍は一般邦人を置き去りにしたまま逃走していたのだった。


いろいろ当時の高級軍人は説をなしている。だが、なにをいったところで、軍人が民を守るために養われていることを忘れはてた行為としかいいようがない。中国で孤児となった子供たちは、すべてその結果である。六十万だか、七十万だかは知らないが、最後の一兵まで闘って邦人を守るべきじゃないですか。

情報というものは、かくのごとく恐るべきコントロールをすることが可能なものである。それを水道の水にたとえれば、元栓をおさえている連中の思うがままだ。

すぐ目と鼻の先の満州での出来事を全くしらないままに、難民が続々と流入するのを目にして、はじめて異常事態に気づくというのもたよりないが、こっちは子供だったのだから責められる筋合いはない。

いずれにせよ、テレビで放映されたソ連軍侵攻のドキュメントフィルムを見て、どこへ向けようもない腹立たしさに駆られて眠れなかった。個々の記憶はうすれても、これだけは忘れるものじゃありませんぞ。[21]

情報操作によって状況判断を誤り、人生をも狂わされたのだ。その後多数の棄民が強いられた引揚げの悲惨さの不条理を考えれば、やり場のない怒りや悔恨は多くの人々の思いをも代弁するものだったにちがいない。情報の格差や報道、マスコミのあり方などに向けられる鋭い批評をなす背景には、こうした苦い記憶と憤怒の思いがあるといえよう。

と同時に、民衆の「愚かさ」にも目を背けず、当時の日本人は「たしかに主体性がなく、ほとんど自明の状況を判断する知力すら欠けていた」、「ひどく愚かだった」とも論じていた。[22]

まず私たち一般の日本人は、あれほど客観的に国が追いつめられていることが明らかなのに、日本が戦争で敗れるという事態を想像できなかった。

植民地に暮らしていれば、祖国の立場については特に敏感であるのが普通だろうと思います。自衛本能というものがあるとするなら、植民地で宗主国の国民として生きることがどれほど危うい立場であるかを、おのずと感じられるのが当然ではあるまいか。

しかし、私たちはその危機意識がほとんどなかった。

植民地時代の罪ということを言うなら、その原罪は、その点にこそ潜んでいると考えるべきではないかと思います。

ここでいう民衆とは「私たち」「自分たち」のことであり、五木自身を刺し通しているのである。五木の複眼的思考は、体験を被害だけではなく加害の側面からも見つめ、自己の体験を常に普遍化する視点を明示するのであった。

2　父、松延信蔵

一九七〇年以降植民地での生活や父母の回想が目につくようになるが[23]、特に父については、「他人として」見ることと、「一日本人がたどった歴史」として「父親の生涯」を考えられるようになったことがあるのだろう[24]。

記憶に残る父のイメージは、毎夜検定試験の受験勉強に「血走った目を光らせていた中年男」であり、もう一つが、「深夜の学校の奉安殿の夜目にも白い桜の満開の下で、樹の幹につないだ朝鮮人学生を竹刀で掛声とともに打ちすえていた父の姿」であった[25]。

ここにみるのは、植民地の教育界で必死に上昇しようと刻苦勉励する姿と、圧制者の日本人の姿である。「内鮮一体」のスローガンのもと、熱心な教育者として行った朝鮮人学生への体罰は、日本人への場合とは異なって「民族」に対するものとして特別な意味を持つ[26]。この二つの「イメージ」は、日本人の位相の重層性をも示していると思う。

普通学校の校長として赴任した寒村には巡査と自分達と二家族しか日本人はおらず、母はそれを怖がっていた。検定試験の結果、やがて「京城」（現ソウル）の南大門小学校、さらに平壌師範学校赴任と昇進をしていく。そんな父にとって、敗戦はあまりに唐突であった[27]。

> 日本が戦争に敗れた夏、父の人生は挫折した。私の父は聖戦を信じ、日本国の使命を信じて、そのイデオローグたらんと志した貧しい農村出身の教師だった。
> 敗戦は、父にとって精神の敗北でもあった。そして同時に母が死んだ。

父は別人のようになり、引揚げ後は酒とギャンブル、法律を犯すような仕事もし、口のきき方も変わった。だが五木は、「その頃はじめて自分の父親を好きになろうとしていたのである」。以前の父は、武徳会の役員で剣道の達人、毎朝『古事記』の素読を強制した国漢の教師であり、師範学校で教鞭をとっていた気むずかしい皇道哲学者であった。

その後再び教壇に立つが、結核で入院しながら競輪に通うなど「自分で自分の体を殺すような日々を重ねて」亡くなった。戦後の日本で、人生をやり直すことができなかったのだ。

考えてみると、私の父は、日本という国家の、流動する歴史をそっくり個人の人生の上に重ね合わせて生きてきた人間のようにも見える。私の父は九州の山奥の百姓の子弟だった。その農村の青年が国家給費の教育機関を経て、知識階級の一角に食いこんだ時、国家が破産した。父があの窮乏の中で私の進学にあれほどこだわったのも、一つの層から他の層への転身、脱出を二代にわたって実現しようと願ったからではあるまいか。

したがって、私の中に流れているのは、まぎれもなく農民の血である。

「内地」からはみ出した父が植民地でどう生きたのか。敗戦で露呈する日本人の歴史的位置とその背後にある国家というものを、その生涯の中に描き出していた。それは、植民地に育ち、支配者として「君臨」した日本人の一人としての自身の「原罪」の明示でもあったといえるのだろう。(28)

父はまた、家庭における「支配者」として徹底した「皇国教育」を施していた。(29) 異民族に囲まれたコスモポリタン的な風土ともなるために、植民地では神社や桜など日本的な環境が整備され、為政者や「おとなたち」は「日本精神的なものを鼓吹しようとする意識」が強く、「内地」以上に「日本人」としての教育が強化されていた。(30)

さらに、昭和七年生まれの五木ら世代は、国のために死ぬことが当然だった「少国民」として戦争の時代を生きた。上の世代は岩波文庫や万葉集など心の拠り所になるものがあったが、自分達には国家に注入された軍人勅諭以外になく、それは魂に刻まれた記憶となった。いわば「戦地における戦争を知らない世代」であると同時に「銃後における戦争」の「まごうかたなき体験者」、「精神の最もみずみずしい時期」に叩き込まれた「戦争教育」のゆえに、その記憶を重く引きずる世代であるとの苦い思いを吐露するのであった(31)。植民者二世の少年たちが心身に背負わされた歴史性は、父祖以上の屈折を彼らにもたらしたといえるだろう。そのことも銘記しておきたい。

Ⅲ　口ごもる体験

五木のエッセイには、引揚げの中で露呈した情況に対する重要な指摘がある。まず、「貧しいゆえに外地へはみ出し、その土地で今度は他民族に対して支配階級の立場に立つという、異様な二重構造」についてである。敗戦後に死亡した大半の引揚者日本人は貧しい人々、東北などの貧農の中から送り込まれた開拓者であったが、また「外地」で「その地の民族」に「最も苛酷」であったのは、その「被圧迫民衆であったという事実」である。むしろ、中国人や朝鮮人から保護を受けた一部の人々は「高級官吏やブルジョアジーに属する有力者」が多く、「鉄道や航空機で敗戦と同時に素早く引揚げ」た。「貧しい日本人たち」は「直接に激しい報復の対象」となり、「貧しい者はより貧しい者が敵であるといった無気味な真実」を「幾度となくながめてきた(32)」。

だがより深刻なことは、日本人内部にあった。引揚者たちの心理の奥には植民地の支配階級であったという「罪の意識」とともに、「最も怖ろしい敵対者」がソ連兵やかつての被支配民族ではなく日本人同士であったという「うしろめたさ」がよどみ、「引揚げの悲惨」に口をつぐんでいる(33)。

自分の手で幼児を殺した母親、兄弟と食糧を争いあった少年、妻が暴行されるのを傍観せざるを得なかった夫、人民裁判と密告、そして引揚船における報復としての私刑、など、自ら声を大きくして叫ぶのをためらわせる体験が彼らの被害の中にはおり込まれているからだ。

子どもの食物を奪って食べたり幼児を売ったりした母親、単に具合の悪いだけだった人を発疹チフスと誤って倉庫に隔離して死なせてしまったり、安楽死のかわりに窒息させるなど、生きて帰った引揚者は「他人の死の上に生還してきているんじゃないか」、それを思うと「帰ってきた人間」が「何を言えるか」という気持ちになるというのであった。[34]

敗戦当時多くの男性が召集されていた「満洲」や朝鮮の状況から引揚げの犠牲者は女性と子どもに集中していたが、特に女性の性的被害[35]はそれ自体の悲惨さとともに、同胞日本人がどのように対したかという問題があった。現在ではジェンダーの観点から様々な問題が指摘されているが、そうした情況について五木はそれ以前から早くも受けとめ[36]、女性の手記とはまた異なった視点からその深刻さを提示していた。例えば「敗戦国民の純潔」[37]には、次のように記されている。

平壌から三十八度線を脱出する際、ソ連軍の検問を通過するため各グループから「何人かの供出が割り当てられ」、「誰を出すかで、必ずもめた」。「そこで出てくるのが、あの、いやな〈純潔〉という言葉だった」。「〈純潔〉と〈貞操〉が、そこで身を守る盾になった」。

「ここはひとつ、あの方たちに目をつぶっていただいて」
あの方たち、というのは、要するに処女でも、人妻でもない女の方たちのことである。どういうわけか、引揚げグループの中には、そういう女性が一人か二人、必ずまじっていた。外地へ最初に進出したのは、半島でも大陸でも、娘子軍、すなわち水商売の女性だったから、それも当然かもしれない。

「ここはあの方たちに、我慢してもらって」

と、なる。全員がその方のほうを見る。そこで怒る女性もいる。

「冗談じゃないよ。なんであたしたちが――」

と、凄いタンカを切る人もいたし、泣き出す女の人もいた。中には黙って、

「いいんです。どうせあたしたちは、こんなことには慣れてますから」

と、すっと立ち上がるひともいた。そんなふうにして、出かけて行き、腰が立たないような感じで、這って帰ってくる。さっき、拝むようにして見送った娘さんや、人妻たちは、手のひらを返したように目をそむけ、小声でささやきあう。悪い病気をうつされてるかもしれない、などと眉をひそめるのだ。

彼女らが素直に応じない場合、皆で引きずり出して、トラックから突き落としたりもした。非国民、などとののしったり、水商売の女のくせに、などとこづいたりもした。中には出かけて行ったまま、帰ってこない女のひともいた。帰ってきたくなかったのではないか、と思う。私たちが引揚げて生きのびているのは、そんな人々の犠牲の上にである。そのことを思うと、何も言えなくなってしまう。

〈純潔〉という文字を目にすると、すぐにそのことを思い出す。〈純潔〉という言葉には、どこか不潔なところがある。


こうした逸話が度々言及されているのは、少年にとって強烈な体験だったということ以上の重要な意味を物語っている。別のエッセイでは、次のように記している[38]。

夜ソ連兵がくると、「誰を人身御供にするかという議題」になる。女学生や人妻は避けたいと「独身の女性がターゲット」になり、「水商売の女性がいると、どうしても皆がその人のほうへ視線をむける」。連れ出され、明け方に「ボロ雑巾のようになって帰ってくる」と皆眠ったふりをしていた。

朝になると、母親の一人が、小声で子供に「病気うつされてるかもしれないから、そばに行っちゃだめ」とささやくのを聞いた。殺してやろうか、と本当に思った。そういうことが何度かあると、その女性はいつのまにかいなくなっていた。

皆がそんな話をあまりしないのは、自分たちが人身御供をさしだして生きのびて帰ってきたうしろめたさからだろうか。戦場の悲惨は小説にも書けるが、こういうことを物語にするのは許せない気持ちが自分にはある。

特攻隊の物語は感動的だが、たとえ強制されたものだったにせよ、銃を持って死んだ者は兵士として戦死したのだ。それはどんなに悲惨であっても名誉ある死とみなされる。映画になったり、神社に祭られたりもする。

しかし、本当の戦争の悲惨さは、銃を持たなかった人間、一般人たちの体験だと思う。それをくぐり抜けた者たちが、みな口をとざして語ることができないような出来事こそ戦争の本質なのではあるまいか。

このように、語られぬことの中に、「戦争の本質」があるとの指摘は重い。脱出や移動など様々な局面で同様の事態があったのだろう。日本人は自分たちが生き延びるために女性たちを犠牲にしたのであり、また何とも言い様のない卑劣な言動があった。「加害者」は直接的暴行者であるソ連兵だけではないといいうる問題である。

非常事態にあって同胞日本人によるさらなる仕打ちが加わる時、その被害は一層残忍で陰惨なものになったと思われてならない。五木がこの世の「地獄」を見たのは、引揚船の中であった。「アウシュビッツは地獄だった」と言われるが、「本当の地獄」とは「生きている人間社会にこそ潜んでいるのかもしれない」と、当時を回想するのだった。(39) 博多港上陸の前に、船内での検疫でコレラ発生の疑いがあり、足止めを余儀なくされた。故国を目前にしてただ待つだけの日々に、上陸できないいらだちや不安が「人びとの心を荒々しく」して、「そのなかで、リンチが起きはじめた」。

私たちのグループがソ連領下にいた時点では、左翼的な人がリーダーシップを取っていた。ところが三十八度線を越えて、米軍の支配下、いわゆる自由主義社会に入ったとたん、彼らに対してのリンチが行われるようになったのだ。人間とは、なんと身勝手で単純なものだろうかと少年なりに思った。彼らは、かつて北朝鮮にいたころは非常に幅をきかせていて、ロシア軍とも意思の疎通ができる、エリートのような役割を果たしてきた人たちだった。

彼らを、大勢の男たちが夜中に甲板でボロ布のようになるまで痛めつけた。しかし、リンチを止める者はだれ一人としていなかった。

また、しびれを切らし舷側から海に飛び込み泳いでいく人間も出た。しかし、一日か二日して溺死体で戻ってきた姿を見て、「それからは皆だまって上陸の日を待った」。

遠くに点滅している博多の夜景と、伝染病が発生したために上陸を前にして停船させられている自分たち。その間に広がる玄界灘は、もし泳いでいけば三十分くらいで着けそうにも見える。

ふと、極楽という言葉が浮かんだ。

向こうが極楽、こちらが地獄のように思われたのだ。

その間には、越えるに越えられない、得体の知れぬ深い闇のようなものが横たわっている。

その状況では、地獄や極楽は、たとえや比喩ではなかった。目の前の状況が、そのまま地獄であり、極楽だったのだ。


こうして、博多港に上陸できた人間は、さらに減っていたのである。

Ⅳ 「悪人」としての自分

1 母親たちの依頼

極度の栄養失調や発疹チフスの蔓延など親子共倒れになりかねない状況で、命だけでも助けたいと我が子を手放す者も出てきた。五木は、そうした母親の一人にこっそり頼まれ、引き取り相手を探したことがあった。顔見知りになった朝鮮人にその話をもちかけたのである。(40)


「オルマヨ?」

と、そのおばさんは率直な口調できいた。その言葉の意味ぐらいは私にもわかった。ハウマッチ? ときいていたのだ。

私がそのことを母親に伝えると、「ちゃんと育ててくれるなら、お金はいりません」と、彼女は首をふった。

しかしそのあとで、「でも、ほかの子供のために、なにか食べものでも少しもらえるのなら――」と、口ごもりながら言った。

私はその赤ん坊が病気でないことを相手に保証し、話はまとまった。食料のほかに、なにがしかの軍票も手にいれた。母親は、お礼に、と言って軍票の何枚かを私に渡した。私は迷ったが、それを受け取った。私もまた、長男として、弟や妹を養わなければならなかったからである。こうして私は人の子を売ることを手伝った人間の一人となった。

これは特別な話ではない。あちこちでそういうことが日常的にあった。こうしていま、何百人か、何千人か、数さえも知られずにあの地に生きている同朋《どうほう》が大勢いることを、私は忘れることができない。（中略）私はその人たちに責任がある人間の一人だ。

元気でいればすでに高齢となり、本人たちは「そのいきさつなどをまったく知らないままに、ピョンヤンの周辺に生きているのだろう」。(41)

その当時のことを思いだすことは、私はできるだけ避けてきた。ソ連兵の要求に、数人の女性たちを仲間のなかから選びだすことも、三十八度線を越えたあと、開城の難民キャンプや、引き揚げ船の上でいくつもの私刑があったことなども、すべて忘れようとずっとつとめて生きてきた。（中略）

自分が悪を行って生きてきた、という思いは、引き揚げ後もずっと心の底にオリのように沈殿していた。

植民地での敗戦という「特別な状況下の出来事」ではあれ「事実は事実」だと自らを責め続けていたのである。

2　妹のこと

当時二歳だった妹についての話は、「いままであまり書いたことがない」、「あまりにも恥ずかしく、振り返りたくない出来事」として語られたものである[42]。

母亡き後、幼い妹を育てていくのは大変だった。難民キャンプでむずがる妹をあやすのは五木の役目だった。夜中に泣き出すと怒鳴りつけられ、零下何十度の外であやしたり、空腹だろうととうもろこしの粉を飲ませても嫌がって飲まなかったりすると「少年である私も逆上して、思わず叩いてしまうこともあった」。家族を食べさせなければならないが、売るべきものはなくなり、死が確実に近づいてくるだけだった。

二度目の冬を目前に、全滅よりはと脱出が企てられたが大半が失敗し、厳しい拷問や取り調べを受けていた。五木たちも三度目にしてようやく、あと数十キロというところまでたどりついた。昼間は草むらに隠れ夜中に移動するが、途中でどうしても子連れが脱落していった。赤ん坊が泣くと周りに睨まれ、母親が口を押さえているうちに泣き声が聞こえなくなったこともある。心を痛めるよりも先に「だれもがほっとして」、「すでに人間としての最少限度の感覚すら」なくしていたのだった。

五木も弟の手を引き、父と交代で妹を背負っていたが、深夜に草むらを走って進むのでどうしても遅れ気味になった。いずれは脱落するか、保安隊に発見される。グループの後を必死で追いかけながら、ふと見ると豊かそうな農家が見えた。

もしも、妹をこの家の納屋の前に置いていけば、どうなるのだろう。翌朝、農家の人が気づいて、もし親切な人だったら見つけた子を育ててくれるかもしれない。私と父は同時にそう思って目を合わせた。

この先、自分たちも見つかって撃たれるかもしれない。うまく脱出できずに妹も飢えて死ぬかもしれない。ほとんど脱出は見込みがなかった。共倒れになるくらいなら、むしろ幼い子の命だけでも助かったほうがいいのかもしれない。このままそこに残していったほうが、妹にとってもいいのではないか。

瞬間的に、そんなことを考えたように思う。

私は妹をかかえて、ふらふらと納屋の前に近づき、妹をそこに座らせた。その脇に着替えや、食べ物など、ちょっとしたものを置いて歩きだした。

その時の、私を見るまだ幼い妹のきょとんとした目を、いまでも忘れることができない。

そうして歩き進んだが、保安隊に発見され逃走した。リーダーたちがルートを変更し迂回することに決め、疲れ果てながら後もどりしていた。気づくと、あの農家の近くだった。すでに何時間も経っていて、夜明けも近かった。

私たちは、農家の前を歩きながら、さりげなく納屋のほうの様子をうかがった。

すると、妹がニコニコしてその納屋の前に座っていたのである。

父と私は反射的に農家の納屋へ駆けより、妹を抱き上げた。

「死んでもいっしょに帰らなくては」

と父が言った。それはひさびさに聞く、父のはっきりとした声だった。

それからが大変だった。しかし、私たちは弟の手を引き、妹を背中にせおいながら、なんとか三十八度線の手前の川を越えた。南側に入ることができたのは、その数時間後のことだった。

こうして家族四人は共に三十八度線を越えたのだが、それは奇跡的な再会があったからだった。

私はいま、つくづく考えることがある。運命の手というものは、あるのかもしれない。

あの時、あそこで北朝鮮の保安隊に見つかって、追い返されなかったら、二度と妹にあうことはなかっただろう。

私たちが同じルートをもどったということ。妹がそこから動かなかったこと。偶然をあげればきりがない。時間がもしもう少しずれただけでも、妹とはそれきりになっていたはずだ。

私は妹に対して何ひとつ弁解することはできない。

妹のためを思って、などというのも、すべて自分たちの行為を納得させるための言いわけだったのではないか。自分は正真正銘の悪人である。

引揚げの体験が家族への出来事を秘めている場合、その口はかたく閉ざされ沈黙せざるをえない。知れば家族をも苦しめる、語れない記憶にも責め苛まれたといえるだろう。

3　母の死をめぐって

母親の死は、最も長く深く五木を苦しめるものであった。「私は本当は自分の母親について、昔の事を思い出すことがいやなのだ。母は長く病気で寝ていたし、敗戦後の混乱の中で人には言いたくない死に方をした」。忘れようと心がけながら生きてきたが、「逆に少しずつその事をはっきりと」「しばしば思い出すようになってくるのだ」。しかし、「まだ自分の両親のことを、小説やエッセイで思い切って語りつくせるところまで心の準備ができていないと感じる」(43)。こうした葛藤は、長い間繰り返されていたのだろう。

敗戦後、平壌に「満洲」や北部朝鮮からの日本人難民の行列が見られるようになる。ほとんど女性と子どもで、多くの自害者をだしソ連兵の性暴力をくぐり抜けながら必死で南下してきた人々だった。一月後、ソ連軍が平壌に入城すると、他人ごとと思っていた事態が降りかかる。うろたえ逃げまわるだけで、組織をつくってソ連軍当局と交渉するといった対応は「ほとんど念頭になかったようだった」(44)。

一家が住んでいた師範学校の舎宅に、突然、ソ連軍兵士たちが入って来た。父は入浴中で、母は半年ほど前から体調をくずし居間で寝ていた(45)。

　ソ連兵に自動小銃をつきつけられて、裸の父親は両手をあげたまま壁際に立たされた。彼は逃げようとする私を両腕で抱きかかえて、抵抗するんじゃない！　と、かすれた声で叫んだ。悲鳴のような声だった。ソ連兵の一人が、私をおしのけて裸の父親のペニスを銃口で突っついた。そして軽蔑したようになにかを言い、仲間と大笑いした。

　それから一人が寝ている母親の布団をはぎ、死んだように目を閉じている母親のゆかたの襟もとをブーツの先でこじあけた。彼は笑いながら母の薄い乳房を靴でぎゅっとふみつけた。そのとき母が不意に激しく吐血しなかったなら、状況はさらに良くないことになっていただろう。（中略）

　さすがにソ連兵たちも驚いたように、母の体から靴をおろした。彼らもようやく病人だと気づいたようだった。そして、二人がかりで母の寝ている敷布団の両端をもちあげると、奇声を発しながら運んでいき、縁側から庭へセメント袋を投げるように投げだした。

　そのとき私はどうしていたのだろう。大声でなにか叫んだ記憶があるが、その言葉はおぼえていない。（中略）

自動小銃を突きつけられたまま、私と裸の父親は身動きもせずにそれを見ていた。

やがてソ連兵が目ぼしいものをねこそぎ持ちさったあと、私と父親は母親を抱いて庭から居間に運んだ。母はひとことも言葉を発しなかった。私と父親をうっすらと半眼でみつめただけだった。

やがて数日後に、その舎宅もソ連軍に接収され、私たち家族は母をリヤカーにのせて雨のなかを別な場所へ移った。

事件のあった日から、母はなにも口にしなくなった。まったくものも言わず、父親がスプーンで粥をすすめても、無言で目をそらすだけだった。

やがて母が死んだ。たらいに水を張り、父と二人で遺体を洗った。午後の日ざしをうけて、水中の母の体が屈折して見えた。こんなに小さな体だったのかと驚かされた。灰色の陰毛が藻のようにゆらいでいたのを、きのうのことのようにはっきりとおぼえている。

それ以来、父親とはずっと「共犯者」の「うしろめたい思い」を抱きながら生きて、「おたがいに目をみつめあうことが一度もなかったように思う」。

やがて父が亡くなると、その後半生を、自ら選んだ「人間としての責任のとりかた」、父なりの罪の償いだったと受けとめていく。父が死んだことで「負い目は二重になった」。あの場にいた自分に「父を責める権利」はなく「ながいあいだ無言で父を責めていた」のは卑怯なことだったと思った。残された自分は、「一人で母の記憶を引きずって生きるしかなかった(46)」。

戦争も、敗戦も、記録としては単なる歴史のひとコマである。しかし、現場にいた人間たちは、命を失ったり、生涯、消えない記憶を刻印されたりする。それは運命としかいいようのないものだ。もし戦後に生まれていれば、とか、もし両親が植民地に出ていかなかったなら、とか、もし、ソ連軍の進駐前に脱出していれば、など と、私もずいぶんあれこれ考えたことがある。

しかし、それが人間の運命というものなのかもしれない、といまは思う。私はそれを背負って生きていくしかない。

五木は長年自分を責め、「私は悪人である。十二歳の夏から五十七年間、ずっとそう思いつづけてきた」。また、何度も書こうと思いつつも作品化には抵抗があった。「小説として書くということ」は、「作品の構成を工夫すること」であり「文体の洗練も必要」である。「真実を描くといっても」、「創作の無意識の技術がはたらく」。「それがいや」で「このことを小説として世に送ることなど許せないことだ、と感じたのである」。しかし、「素朴な告白として扱うには」、それ以上に「抵抗があった」。「ありのままに語ることができるためには、半世紀以上の時間が必要だったのかもしれない」(47)。告白に至ったのには理由があった。

私がいま、やっとそのことを書けるようになったのは、私の心の変化ではない。「もう、書いていいのよ」という母親の声が、最近、どこからともなくきこえるようになってきたからである。

その声は私を許し、父親を許し、ソ連兵たちを許し、すべての人間の悪を悪のままに抱きとめようとする静かな声である。大悲、とはそのようなものを言うのかもしれない、とふと思う。

自分のこざかしい悪について語ることは、およそ恥ずかしいことである。しかし、「地獄は一定」という言葉に私は押されて、このような文章を書いた。（中略）

このことを書いてからでないと死ねない、と、長年、思いつづけてきた。これを最後に、しばらくこのような文章を書くことはないだろう。(48)

4　生き残った者の苦しみ

死と隣合わせの地獄で生き延びたのはあつかましい悪人で、「善き者は逝く」の言葉通り、遠慮深く慎ましい人たちがまず落伍した。(49)理不尽な死を多数目撃し、奇跡的に日本に帰ってからも、「そのときのどうにもゆるせない気持ち」を「整理できずに」いたのであった。(50)

母親が、どうして最初にもっとも辛い目に遭わなくてはならなかったのか。罰を受けるべきは、そんな人であってよいはずはなかった。死ぬべきは、夜中にこっそり人の鞄から食料を盗んだり、朝鮮の人間に裏でわたりをつけたりする人間であるべきでした。たとえば私のように。（中略）

そうしたことから、若いころ、自分で自分の命を絶とうとしたことも、ありました。死者の血の上に生きている自分の存在が、ゆるしがたかったのです。

自殺を思いとどまった五木を後々まで支えていく精神的な姿勢ともいうべきものは「この世は地獄」だというニヒリズムであるが、それだけではなかった。(51)

後年、私を自殺から救ってくれたのは、「この世は地獄である」という感覚だけではない。そのような悲惨な極限状態のなかでさえも、信じられないことだが、人の善意というものがあり、正直さも、親切も、助けあいも、ときに笑いも、幸福な瞬間も、自由さも、感動もあったというたしかな記憶である。大人のなかにも、約束を守り、自分の食物を分けてくれる人も何人かはいた。そんな相手に出会ったとき、私は仏さまに会ったような気がしたものだ。

　極楽は地獄のなかに、たしかにあったのである。

「地獄」にあって「極楽」を見た記憶もまた、五木を救ったのだった。作品を高く評価し、『蒼ざめた馬を見よ』(一九六七年第五六回直木賞)を「アウシュビッツ以後」の人間を問題にした文学だと絶賛した羽仁五郎は、五木自身も「闇の中を歩き続けようとしている」と評したが、それは違うのだ。人間は情況次第で「どんなことでもやりうる存在」で、だからこそ「闇にいて光を求めることも可能」なのだとする。「ぼくらは最初から闇の中を歩きながら、でもどこかに光を求めているような世代」であって、「アウシュビッツ」のただ中に生まれたのなら「さらにもう一歩を進める思想」があるべきだとして、次のように語っていた[52]。

　つまり、アウシュビッツを見て生きるのがいやになった、というんじゃなくって、なるほど、アウシュビッツみたいなことがあるのなら、ひとつ生きてみてやろう、と。こういうのが現実に存在するのなら、おれたちが生きて何かする仕事がありそうだと、そう居直る思想があっていい。

「まだ世界観や人間観が固まらない、いちばん魂が柔らかい時代」に戦災、疎開、引揚げ、焼け跡などを見てきた世代として、「天国に希望がなければ」それを嘆き悲しまず「地獄ででも生きよう」というのであった。

　この「居直る思想」は、口ごもり、立ちすくむ状況の中でようやく摑み取った、五木自身が生き続け、この世を生き抜くための存在理由・存立根拠であったといえるだろう。それは、先述した「デラシネ」の思想と表裏一体、根を同じくする思想だと理解する。「地獄」ででも生きようとするこの姿勢には鮮烈な印象を覚えるが、それは一つの到達点であり、また出発点であったともいえるのだろう。

自分は「悪人」であるという長年の葛藤・苦悩は、やがて、「悪は人間共通の運命である」と思うに至る。「戦争などの極限状態ではなく、いまの平和な世」にあっても「悪に染まらない心」などないと痛感し、現代社会に浮上する「重い主題」として「人間の悪」という問題を見たのである。(53)

こうして、不安やおそれを抱えつつ、日々を生きられるエネルギー、闇を照らす光を求め、終わりなき旅を続けているのであった。(54)深いペシミズムに根ざしながら一筋の希望を探し求めようとする、こうした精神的営みが、全ての言説に脈打っていると私は思った。そしてまた、それを抜きにしては、敗戦と引揚げの体験は語れない「記憶」としてあったということもできるのだろう。

おわりに――「記憶」を語るということ

五木は、最も真摯に「記憶」に向き合った人だと私は思う。また、他者の声なき声にも耳を傾ける人である。例えば、記録センターと「引き揚げライブラリー」を構想して体験談を録音して回っていたのだが、このことはほとんど注目されていない。既に一九六〇年代後半には、その経験を踏まえた重要な指摘をしている。それは一言でいえば、人間の「記憶」の不確かさという問題である。(55)同じ話を何人もの人から聞いたり、不自然に起承転結がついた語りなどを度々耳にしたといった数々の経験談には、「記憶」をめぐる論点の提示がある。「記憶」とは、断片的で偏りもあり、あいまいだったり、よく覚えていることも他人の話が混在し自分の体験として語られたりもするのであった。

それは自分も陥ることと、強く自覚していた。何度も話したり書いたりしているうちに「最初の話」と変わってきたり、それを警戒していても起承転結や「筋道が立ってくる」。「あのとき平壌やハルビンで中国人に子供を売ったという事実があって、そのときの相場は五百円だ、八百円だ、二千円だということで、単価でさえもはっきりしない」。「実際に体験したときは、もっと混沌とした状態」なのに、「そういう話が百年もたてば、みんな正確な史料として語られてくる」。だから、「下から出た民衆の史料さえ実にいいかげんなものだ」というのが自説というのであった。(56)

度々答えているとそれが本当に正確なのか自分でも「判断がつかなくなってしまっている部分がある」。労働争議や炭鉱労働者、漁民などの聞き書きも同様で、繰り返し話しているうちに「実体験とその後の記憶のゆがみ」、伝聞などが混同されることもある。(57)

そうすると、「当事者の赤裸々な告白というのをテープレコーダーで逐一記録」しても、「積み上げて再現したものがすべて事実であるということにはならない」。まして省略や構成といった「筆者の手が加われば、それは〈つくられたもの〉であると考えないわけにはいかない」。そうしたものを、インタビュアーが真実の証言として記録したとすれば「気づかないうちに大きな誤りを犯したことになってしまう」。「そういう可能性」を「読者も書き手」もよく「認識」しておいたほうがいいという指摘であった。(58)

「人間」は「目で見たものでも誤解すること」が多く、「自分の体験」でも解釈する際にすでに誤っていたりする。まして噂や伝聞、新聞・雑誌のニュースから「判断する現実」は必ず多少の間違いを含んでしまう。(59)「世間の人は、実によく昔のことを憶えていて」喋ったり書いたりするが、「感心する」と同時に「どこかうさん臭いもの」を感じる。「人間は忘れることのほうが普通」で、「異常な記憶にはなにがしかのフィクションの匂いを感ぜずにはいられない」というのであった。(60)また、人間は見たいものだけを見ようとし、受け入れ、状況や心次第で回想して語ることも変わってくるという。(61)

「戦争体験は伝わらない」というある種の諦めがあるのは「被害体験は語っても、加害体験は誰も語ろうとしない」からであり、引揚げ体験も「ほんとうの実態」は黙して語らずであった。[62] 満蒙開拓団の帰還者を探し訪ねた時も、本当に深刻な体験をしたであろう体験者に限ってほとんどくわしく話さなかった。そういう経緯があって、何年かやったが結局引揚げライブラリーは断念したのであった。[63]

人間が語りうることは「記憶」の一部であり、悲惨な体験であればあるほど、語れない「記憶」があって、そのために「記憶」は曖昧なものともなってしまう。皆それぞれに内に抱える体験と思い出があり、心の奥底に語られないままの、語りつくせない「記憶」が広がっている。その前提を忘れて、「記憶」の「記録」をいくら積み重ねても「人間の歴史」は描けない。[64] そういうことを、五木は見据えていたのであった。

敗戦と引揚げの凄惨な体験において、生き延びるのに思想やヒューマニズム、意志や努力などはほとんど役に立たなかった。そうした一切の価値観の崩壊を経験したのである。それが、われひとともに信ぜずという深い懐疑、あらゆるものへの二重感覚、ペシミズムやニヒリズムの淵源にある。そんな情況で、命を絶たずに生き続けることは、どれほど大変なことであったろうか。

〈読み物〉作家として登場した時すでに、自己弁護や自己救済を拒否した、新たな表現による悪戦苦闘は始まっていたのであろう。人間への「共生感情」[65]と時代への「個人的な抵抗感」[66]を胸に、「大量の出版部数をもつ媒体を舞台に「消極的な小説」を書いていくこと、「その中で私なりの歴史に賭けてみたい」[67]という決意があった。そこに、自身の存在理由の一つを見出していたといってよいのだと思う。

注

(1)「記憶はどこまで正確か」『日刊ゲンダイ』一九八六年三月一八日〜二五日（『流されゆく日々（抄）一九七五〜一九

八七年』講談社、一九九五年、三〇六―三〇七頁、以下『流されゆく日々（抄）上』とする）。

（2）尾崎秀樹「心理的な国境とデラシネの意識」（『五木寛之の世界』文藝春秋、一九七六年、二二一―二二五頁）、朴裕河『引揚げ文学論序説　新たなポストコロニアルへ』（人文書院、二〇一六年、二八頁、四六―四九頁、一八九頁）、原佑介「『引揚者』文学から世界植民者文学へ―小林勝、アルベール・カミュ、植民地喪失―」（『立命館言語文化研究』24巻4号、二〇一三年三月、一四六―一四七頁）など参照。

（3）「引揚を素材とした作品をなにひとつ書かぬとしても」「すべての作品は、いやおうなしにその体験を内在化していると私は思っている。たとえ、ユーモア小説やドタバタ劇を書いてもである」（「長い旅への始まり―外地引揚者の発想」『毎日新聞』一九六九年一月二一日―一月二二日、『深夜の自画像』創樹社、一九七四年所収、四〇―四一頁）。このエッセイは「長い旅の始まり　外地引揚派の発想（上）（下）」として『毎日新聞』に掲載されたものであり、『深夜の自画像』収録では「長い旅への始まり―外地引揚者の発想」となり本文も加筆修正されている。本稿では『深夜の自画像』の表記に依拠してエッセイのタイトルについては以下「外地引揚者の発想」と略す。思想的傾向など本文では「外地引揚派」として論じている。

（4）前掲「記憶はどこまで正確か」『流されゆく日々（抄）上』三〇七頁。

（5）五木には小説やエッセイ等の著書が多数あり、対談も未収録を含め無数にあるため、全仕事を網羅的に確認するのは容易ではない。本稿では一つの方法として、特にベストセラー、ロングセラーのエッセイを中心に検討した。対談の中では、作家活動の初期に引揚げについて詳細に語った井伏鱒二との対話「戦後と漂流」『文藝』一九六九年一一月号（『白夜の季節の思想と行動　五木寛之対話集1』角川書店、一九七三年所収、以下『白夜』と記す）が貴重である。『井伏鱒二対談選』（講談社、二〇〇〇年）にも収録されている（収録タイトル「戦後と漂流の行方」）。

（6）この点については拙稿「戦後日本における五木寛之の位相―植民地朝鮮、引揚げ、「デラシネ」―」（『青山学院女子短期大学紀要』第69輯、二〇一五年）で論じている。

（7）「果てしなきさすらい」『風に吹かれて』読売新聞社、一九六八年所収。

（8）「アカシアの花の下で」、『週刊読売』一九六七年八月四日、前掲『風に吹かれて』所収。こうした〈ふるさと〉感覚は、植民者二世の村松武司『朝鮮植民者』（三省堂、一九七四年）、森崎和江『ははのくにとの幻想婚』（現代思潮社、一九七〇年）等にも共通するものである。

（9）「わがカタルーニア」『自由』一九六九年六月（前掲『深夜の自画像』所収時は「わがカタロニア」、のち「わがカタルーニア」と改題し『風の言葉―五木寛之ベストセレクション』東京書籍、二〇〇一年に収録）。

（10）前掲「アカシアの花の下で」。

（11）「Y歌を聞きに行く（筑豊）」『文藝春秋』一九六九年四月（『にっぽん漂流』文藝春秋、一九七〇年所収）。

（12）「孤独な引揚げ少年」「読売新聞」一九六八年五月九日（『風の幻郷へ』東京書籍、一九九四年所収）。同じく引揚げ少年だった大藪春彦らがエンターテインメントで活躍する、その精神的背景としての共通性をも感じさせられる（「体験の風化と怒りの持続―対談五木寛之&大藪春彦」『蘇える野獣　大藪春彦の世界』徳間書店、一九九九年参照）。

（13）前掲「Y歌を聞きに行く（筑豊）」。

（14）「負の地点からの発想」『サンケイ新聞』一九七〇年二月三日（前掲『風の幻郷へ』所収）。

（15）前掲「外地引揚者の発想」。

（16）「デラシネの思想」『NOW』5号、一九六九年六月（前掲『風の幻郷へ』所収）。

（17）五木寛之・李恢成「ぼくらにとっての〝朝鮮〟」『文學界』一九七〇年一一月号（前掲『白夜』一四二一―一四三三頁）。書くならば「被害者体験として引揚げを捉えたくない」（同前、一四三一―一四四頁）、「国家」に対する「全否定を根にしたい」とも述べていた。例えば朝鮮から日本へ逃れようとする人間、「逆に日本から朝鮮に帰還してくる人間がいる」。三十八度線で対立し「争っている人間」、中国人やソ連兵など「たくさんの人種や国籍がからまり合った中で」「最終的にどこからみんな引き揚げようとしているかというと」「国家から」ではないか（同前、一五〇頁）との論究は、引揚げを世界の全方向から検証しようとする近年の引揚げ研究の指向性を先取りした先駆的な視点を提示していると思う。

（18）例えば『デラシネの時代』KADOKAWA、二〇一八年参照。

（19）以下「敗戦の日の記憶」『週刊朝日』一九七七年八月一九日（『深夜草紙Part3』朝日新聞社、一九七八年所収）。

(20) 以下「三十四年前の敗戦の夏」一九七九年八月九日～一一日（『ナホトカ青春航路 流されゆく日々'79』講談社、一九八九年所収）。
(21) 前掲「記憶はどこまで正確か」三〇七頁。
(22) 『他力』講談社、一九九八年（引用は文庫版、二〇〇〇年、二〇八―二〇九頁）。
(23) 例えば、「ある時代の終り1」「ある時代の終り2」『毎日新聞』一九七〇年一一月二二日号、一一月二九日号（『地図のない旅』講談社、一九七二年所収）、「私の中の日本人―松延信蔵」『波』一九七四年一二月（前掲『風の幻郷へ』所収）、「父親のことなど」『週刊朝日』一九七七年一〇月二八日（前掲『深夜草子Ｐａｒｔ3』所収）など。
(24) 村上春樹との対談「ワンダーランドに光る風」（『風の対話集』ブロンズ新社、一九八六年、三三一―三三四頁）。
(25) 前掲「外地引揚者の発想」。
(26) 「私が哀号と呟くとき」（『ゴキブリの歌』毎日新聞社、一九七一年所収）参照。
(27) 以下、前掲「ある時代の終り1」。
(28) さらに「現罪」という問題提起をしたところに五木の特異さがある（前掲「ぼくらにとっての〝朝鮮〟」『白夜』一三八頁参照）。
(29) 五木寛之・野坂昭如『対論』講談社、一九七三年、一八四頁。
(30) 五木寛之・内村剛介「わが内なる吉田松陰」『歴史読本』一九七三年七月号（『箱舟の去ったあと 五木寛之討論集』講談社、一九七四年、一六七頁、以下『箱舟』と記す）。
(31) 「戦争の残したもの」『戦争文学全集 第六巻』毎日新聞社、一九七二年（『風の幻郷へ』所収）。また「軍国少年の命」『天命』東京書籍、二〇〇五年も参照。
(32) 前掲「外地引揚者の発想」『深夜の自画像』三八頁。
(33) 前掲「わがカタルーニア」。
(34) 前掲「ぼくらにとっての〝朝鮮〟」『白夜』一三一頁。
(35) 小説『恋歌』（講談社、一九六八年）にはソ連兵の性暴力、自伝小説『旅の幻燈』（講談社、一九八六年）には日本人男性の手伝いの朝鮮人少女への性的暴行の描写がある。また性的被害は男性も犠牲者になり得るものであり、ソ連軍女性将校による少年への性的暴行が多発したという（「ロシア文学の入り口まで」一九八〇年四月一七日〜五月二日『海の見える街にて　流されゆく日々'80』講談社、一九八九年、一〇〇頁参照）。

(36)「不法妊娠と桜の木」一九七八年一二月二二日（『深夜草子④』朝日新聞社、一九七九年）では『九州公論』掲載の上坪隆「水子のうた」の一読を勧め、出版後はTV番組でも紹介していた（上坪隆『水子の譜』社会思想社、一九九三年、二三六頁）。また性暴力被害者の堕胎中絶手術など救護医療活動や泉靖一旧京都帝大医師の活動には早くから関心を示していた。

(37)『週刊朝日』一九七五年九月五日（『深夜草子①』朝日新聞出版、一九七六年所収）。このエッセイをめぐっては「善意からの誤解」として「戦争の犠牲者を嘲笑」してはいけないと「正反対」に読んだ読者がおり、「精一杯のアイロニーと文章の技巧を駆使して、戦争の犠牲者によせる気持を述べたつもりだった」が「万人に通ずる文章を書く」のは難しいと記している（「秋のNHKにて」一九七五年一〇月二四日、前掲『深夜草子①』二三六頁）。

(38)『林住期』幻冬舎、二〇〇七年（引用は文庫版、二〇〇八年、二一七—二一九頁）。

(39)『人間の運命』東京書籍、二〇〇九年（引用は角川文庫、二〇一三年、三〇—三二頁）。

(40)『運命の足音』幻冬舎、二〇〇二年（引用は文庫版、二〇〇三年、四七—四九頁）。

(41)前掲『人間の運命』一五〇—一五一頁。

(42)同前、一五—二二頁。

(43)「母親の中の女」一九七一年三月（前掲『地図のない旅』所収）。

(44)前掲『運命の足音』一七—一九頁。平壌の日本人は難民を当初「満洲引揚者」と呼んで軽蔑の目で見ていたという（前掲「戦後と漂流」『白夜』二一八頁）。また、近年の研究として李淵植『朝鮮引揚げと日本人』（明石書店、二〇一五年）などの成果があるが、引揚げがなぜ悲惨で苛酷なものになったのか、その原因や理由についてはまだ未解明の点が多い残された課題であると思われる。

(45)以下同前、二〇—二二頁。

(46)　同前、四五―四六頁。
(47)　同前「あとがき」二九二頁。五木の言説をめぐっては、ロシアに対する愛憎二筋の複雑な感情について理解する必要があると痛感している。その心情については、前掲「ロシア文学の入り口まで」(『海の見える街にて』九四―一一四頁)に詳述されている。
(48)　同前、二九三―二九四頁。
(49)　『天命』東京書籍、二〇〇五年(引用は幻冬舎文庫、二〇〇八年、四七頁)。
(50)　同前、五一―五四頁。
(51)　『大河の一滴』幻冬舎、一九九八年(文庫版、一九九九年、四四―四五頁)。
(52)　「絶望的青春論」羽仁五郎(『週刊現代』一九七三年一月一日号、一月一一日号、前掲『箱舟』所収)。
(53)　前掲『人間の運命』一五四頁。
(54)　同前、一八七―一九五頁参照。
(55)　前掲「戦後と漂流」『白夜』二五三―二五四頁。
(56)　前掲「わが内なる吉田松陰」『箱舟』一七九―一八〇頁。
(57)　「続・遊びには不向きな時代」『日刊ゲンダイ』一九七八年九月八日～一三日(『流されゆく日々　5』双葉社、二〇一四年、三九―四〇頁)。
(58)　同前、四〇―四一頁。
(59)　前掲「記憶はどこまで正確か」(『流されゆく日々(抄)上』三〇七頁)。これに関連して、次のように述べた発言の姿勢というものを、私は五木を理解する上で重要なことと受けとめている「世間や世の中がどのように考えても自分はそうは思わない。引揚げや朝鮮についてもこういうふうに考えているのだと、非常に小さくて狭い結論であっても、『これは動かさないぞ』というスタイルで押しているわけです」五木・内村剛介「現代のニヒリズム」『朝日ジャーナル』一九七二年一月七日号、『視想への旅立ち』河出書房新社、一九八一年、一一六頁)。
(60)　同前、三一一頁。

(61) 前掲『人間の運命』一二七―一二八頁。
(62) 五木寛之/田原総一朗『われらマスコミ渡世人　こうして戦後を生きてきた』祥伝社、二〇一七年、七〇頁。
(63) 前掲『大河の一滴』二四六―二四七頁。
(64) 「クレヨンの島に三重丸」一九九一年八月一三日〜二三日(『流されゆく日々(抄)一九八八〜一九九五年』一六九―一七二頁参照)。時代に対する警戒感や崩壊感などを敏感に感じつつ展開された「歴史」論には大変触発されるが、この点についてはまた改めて論じたい。
(65) 「人間へのラブ・コール」『波』一九七一年七月(前掲『深夜の自画像』二四三頁)。
(66) 「後記」『さらば　モスクワ愚連隊』講談社、一九六七年。
(67) 「われらの歴史」『毎日新聞』一九六七年一〇月一二日(前掲『深夜の自画像』一二〇頁)。

Ⅳ　女性の戦争体験をめぐる「記憶」と「想像」
――「被害体験」と「戦争責任」の双方向的認識の試み――

米田佐代子

はじめに

第二次世界大戦終結からやがて四分の三世紀が経とうとしている今、日本の人口においても「戦争体験者」は圧倒的に少数になった。この戦争で何があったかという事実を、自らの「戦争体験」として語れる世代はもはや少数である。この戦争体験をどのように語り継ぐか、それはたんに「何があったか」という「事実」の記憶だけでなく、歴史的事実を「どう記憶してきたか」、そして「どう語り継いでゆくか」が、これからの課題であることは間違いない。

わたしの研究分野である日本近現代女性史では、戦後「女性の戦争体験」を、現代の歴史状況のなかでどうとらえ直すかが大きなテーマであった。なぜ、「女性」の「戦争体験」か。それは、「女性の戦争体験」の多くが「被害体験」として語られ、日本が行った侵略戦争による「加害責任」の自覚が不十分という問題が問われるようになったからである。「女性たちの戦争体験が被害体験の強調にとどまっていて、戦争そのものが日本の侵略戦争であり、女性もまた加害国民のひとりであったことの認識が弱い」という批判が生まれるようになり、「被害者」としての戦争体験認識に転換がはじまったのは一九七〇年代以降である。[1] 一九八三年に刊行された『日本女性史研究文献目録』では、女性の戦争体験については「戦争の意味を様々な体験を通して訴え」と記述するにとどまっていたが、一九八八年刊行の『同 Ⅱ』では「女性の戦争協力という側面への反省」についても言及している。一九九四年刊行の『同 Ⅲ』では、「戦争体験については、かつてそれが被害者としての側面に偏り加害者としての側面への認識が欠けていたことへの鋭い批判の声」に留意すべきであるとして、「従軍慰安婦問題を含め、日本が一五年戦争を通してアジアでしてきたことを知り、そのことへの責任を私たち一人一人が感じることが必要」と述べている。このような経過のなかで、女性史研究の分野では戦争協力に傾斜していくリーダー層の女性たちの言説を検証する作業がはじまり、庶民女性の戦争協力の事実も掘り起こされた。[2]

もちろんそれは「女性」だけの問題ではない。二〇一八年一一月、広島で開かれた日中韓三国の歴史学者や教師、市民運動家たちによる第一七回「歴史認識と東アジアの平和」フォーラムに筆者も参加したが、ここで一つの問題提起があった。中国からの報告のなかで、広島の平和記念資料館を含む日本の戦争記念施設の多くが「平和」というあいまいな言葉をつかうことで日本の侵略戦争の実態に触れず、「被害体験」を強調する一方「加害責任」を明示しない傾向があるという批判であった。[3] これは、「原爆ドーム」の世界遺産登録にあたって、アメリカが原爆投下は戦争終結に必要であったという立場から「被害の象徴としての側面を強調する〈原爆ドーム〉という名称」を拒み、中国は「日本の加害の責任を不明確にする」と主張、両国とも世界遺産委員会では「棄権」したという経過ともかかわる（世界遺産名称としては「広島平和記念碑」という名称になっている）と思われる。[4] フォーラムでは、「原爆体験」は日本が受けた被害というだけでなく、昨年の核兵器禁止条約の国連採択がしめすように「核兵器は世界全体に対する脅威」として、被爆した朝鮮人や中国人、米軍捕虜等も含めて「人類的体験」としてとらえるべきだという指摘もあり、同時にそれを世界的認識とするためには「日本の平和運動がまず自国内の歴史認識問題に対処しなければならない」という提起もあった(5)。それらを含めて、アジア諸国への「加害責任」を持つ日本で原爆や空襲や沖縄戦などの「被害体験」を語ることの意味をもう一度考える必要があるのではないか。「加害国」である日本で、個人としての戦争体験者が自らの「被害体験」を語ることは、「加害責任」を「平和」という「抽象的であいまいな観念」に置き換えてしまうことになるのだろうか。ここで問われるのは、国が行った侵略戦争に対する「加害責任」の自覚と、戦争の「被害体験」を持つものが自覚する「戦争責任」とは同じではないということである。これまでの歴史教育や平和教育のなかで「被害体験だけでなく、加害の事実を認識する」必要性は提起されたが、そこではややもすると「被害」と「加害」が並列的（あるいは対立的）に扱われる傾向はなかっただろうか。日本の人びとが原爆投下を含む戦争の「被害体験」を語ることの意味はなにか、という問題を「女性」の視点からとらえ直すのが小論のテーマである。

Ⅰ　なぜ「女性の戦争体験」か

女性史の分野では一九八〇年代以降、「女性の戦争加担」が問われ、女性の戦争体験の記憶が「被害体験」に集中し、「加害認識」が不十分であることなどが指摘されてきた。そこには平塚らいてう、市川房枝、高良とみ等戦後女性運動・平和運動のリーダー的存在であった女性たちが戦時中「戦争加担」し、戦後そのことへの反省が不十分であるという批判も含まれている。一方この時期には地域女性史研究や女性史サークルの調査活動や聞き書き運動を土台にした「全国女性史研究交流のつどい」が始まり、一九七七年から二〇一五年までに一二回を数えたという経過も含め、地域の生活史のなかの戦争体験をめぐって、同様な議論が行われた。こうした動向を受けて由井正臣がアジア太平洋戦争期の「総力戦体制」を「画一的強権的な人民支配機構としての翼賛体制」ととらえ、この「統合のなかで目だったのは女性の参加であった」と書いたのは一九九五年である。(6) 戦時下の女性が「戦争協力」という「誤った道を選択したのはなぜか」と問うことは、たんなる告発ではなく「この誤りを二度と繰り返さないようにしよう」という意図からであることは事実だが、それが「告発型」と受け取られることは避けがたかったのではないか。(7) 前述の「全国女性史研究交流のつどい」が一九八四年に愛媛県松山市で開催されたとき、戦時中旧制女学校生徒だった一人の女性が、「戦争協力」した「軍国少女」と批判されたことを「あの時、それ以外に自分たちに道はなかったのです。では、どうしたらよかったのでしょうか」と号泣したのを記憶している。彼女は戦後教師になり、一九五〇年代に文部省と教育委員会が主導した教員の勤務評定に反対する「勤評闘争」ではげしい攻撃に遭いながら「勤評は戦争への一里塚」とうったえてたたかった組合員の一人であった。当時日教組は「教え子を戦場に送るな」というスローガンを掲げていた。

その後高良留美子が高良とみの「戦争加担」問題に対する事実認識に誤りがあるという立場から「大東亜戦争と高良とみ」について精力的な発言を行い、(8) 市川房枝については進藤久美子が詳細な論考を公刊、(9) 平塚らいてうについても、筆者を含めらいてう令孫奥村直史がらいてうの戦時下の肉筆日記等を援用した研究に取り組み、「戦時下の平塚らいてう」の生活と思想を解明する論考が発表されつつある。(10) それらの論考の特徴は、戦時下の指導層とみなされた女性たちの言説を、国策協力的部分だけ抜き出すという「つまみ食い的」方法ではなく、一人ひとりの戦中戦後を含めて全生涯をどう生きたかという視点からとらえ直すこと、もう一つはそのことを通じて戦争協力という「負の戦争体験」を含めた「戦争体験」をどのように現代に継承していくかという点にあると言えるだろう。それは上述のような指導層の女性だけでなく、戦後沈黙し続けてきた一般庶民女性についてもあてはまると思う。その論点を以下のように整理してみたい。

①　直接戦場に出ることがなく、いわゆる「銃後の守り」を課せられた女性たちの戦争体験―それは当然原爆投下や空襲、沖縄戦などの「被害体験」と「軍国の母・妻」「軍国少女」などとよばれた「戦争協力活動」の経験、満蒙開拓団をはじめ中国や朝鮮半島で戦争に向き合った経験などが含まれる―と、そのような「戦争体験」を刻印された日本の女性たちにとって、一方ではアジア諸国において侵略戦争を行った日本という国の一員であるという「加害責任」をどう認識するか。

②　戦後七〇年以上を経てもなお沈黙してきた女性たちが高齢化し、「生きている間に語らなければ、自分たちの体験がなかったことになってしまう」と語り始めるケースが広がりつつある。二〇一七年八月に放送されたNHKのETV特集「告白～満蒙開拓団の女たち」は、日本の敗戦後旧満州で置き去りにされた満蒙開拓団が現地住民から襲撃され、「集団自決」を強いられた開拓団もあるなかで、自分たちの身を守るためにソ連軍に警護を依頼、見返りに若い女性を提供したという衝撃的な事実を、長いあいだ隠されてきた当事者の証言によって明らかにしたドキュメントであった。ここで語られた「被害体験」としての戦争体験は、日本の「加害責任」とどのようにかかわりあうのか。

③　すでに「戦争体験」を持たない世代が多数を占めるようになった現在、彼ら彼女らが「父母」や「祖父母」世代の「戦争体験」をどのように受け取り、自分が直接かかわったことのない戦争における「責任」をどう引き受けるかという課題。

この点について、戦後七〇年の二〇一五年に出された「平成二七年八月一四日内閣総理大臣談話」（閣議決定）に言及したい。そこには「あの戦争には何ら関わりのない、私たちの子や孫、そしてその先の世代の子どもたちに、謝罪を続ける宿命を背負わせてはなりません」とあるからである。談話には「しかし、それでもなお、私たち日本人は、世代を超えて、過去の歴史に真正面から向き合わなければなりません」と記されているが、それは戦後「先人たちのたゆまぬ努力と共に、敵として熾烈に戦った、米国、豪州、欧州諸国をはじめ、本当にたくさんの国々から、恩讐を越えて、善意と支援の手が差しのべられたおかげであります」という文脈で語られるにすぎず、アジアにおける侵略と植民地支配については触れていない[11]。このような歴史観に対し、戦争を体験したことのない戦後世代が継承すべき「戦争体験」とは何か、あらためて対置しなければならないのではないか。

Ⅱ 「戦争体験」はまだ語りつくされていない

じっさいの戦争体験者が少数になりつつあるとはいえ、この七〇年余りの間に「戦争体験」は無数の人びとによって語られ、記録されてきた。では、「戦争体験」はすでに語りつくされたのだろうか。新日本婦人の会広島県本部は、一九六四年に被爆体験を語り継ぐ冊子『木の葉のように焼かれて』第一集を刊行して以来、ほぼ毎年一冊ずつ刊行し続けて二〇一八年に五二集を出した。編集委員は毎年替わり、戦後生まれの女性や「被爆二世」の女性も加わっている[12]。

出発点は、広島で被爆した一五歳の少女名越操が一五年後に生まれた息子を白血病で失い、「原爆はわたしを焼いただけでなく、かけがえのない息子まで木の葉のように焼いてしまった」という手記を書いたことであった。彼女も五五歳で亡くなっている。はじめは被爆体験者の手記が中心であったが、しだいに体験者が少なくなり、高齢化のため「書く」ことも難しくなって聞き書きや遺族による記憶の再現なども増えてきたという。被爆体験を持たない世代が「語り部」となることへの抵抗感もあり、「もう体験記としては出せないのではないか」という声もあったと言うが、毎年編集委員会が発足すると新しいメンバーが参加する。二〇一五年刊行の第四九集には、当初の編集委員から現在の編集委員による座談会「『木の葉のように焼かれて』のこれまでとこれから」が載っている。

二〇一八年一一月、筆者は広島を訪問して編集委員のメンバーと懇談させていただいたが、「親の手記が載ったのをきっかけに」「夫の両親は長崎で被爆、その話は一度も聞くことがなかった」「父は被爆後遺体処理にあたったというが、生前は一言もしゃべらなかった。亡くなる直前に昏睡状態のなかで『飛行機が来る』とつぶやき、初めて父の心中を知った」というように、身近な家族が自分の体験を語らないまま世を去ったことへの心残りがあった人もいる。「書き手が見つからない」「同じような経験談が繰り返し載る」「もうやめよう」という声が出たときもあったという。しかし、そのたびに「こんどは自分が編集委員に」というメンバーに支えられて二〇一六年五〇号を刊行、二〇一九年の今も編集が続けられている。

この冊子には女性だけでなく男性も手記を寄せているが、編集にあたっているのは女性である。女性たちはなぜこのように息長く「戦争体験」を残そうとするのだろうか。それは、ただ「戦争＝原爆の悲惨な体験」を記憶するということにとどまるのだろうか。以下に「女性が戦争体験を語る」歴史的条件について考察したい。

Ⅲ　戦後、女性はすぐに「戦争体験」を語ることが出来なかった

「戦争体験」は、戦後すぐに語られるようになったのではない。一般庶民の女性が文章を書くということにはさまざまな意味で困難があった。理由の一つはアメリカの占領下にあって、新聞等の報道について「プレス・コード」が発動され、アメリカによる無差別空襲や沖縄戦、原爆投下などの実態報道は禁止・削除の対象になったため、あからさまに語れなかったという政治的事情がある。

しかし、被爆者たちが口を閉ざして来たのはそれだけではない。被爆体験者たちが沈黙したもう一つの理由は、多くの肉親や知己を失ったことへの悲しみとともに、自分自身も死の危険と向き合っている不安、さらに彼ら彼女らに

対する差別のまなざしであった。「被爆者ということが判ったら結婚できない」と言われ、特に女性は「子どもを産むことへの不安」に苦しんだ。さきにあげた『木の葉のように焼かれて』でも、一九六四年の第一集では「名前を出したくない」という執筆者が大半だった。もう一つ特筆されるべきことは、多くの体験者が戦場ではなく日常生活の場で子どもたちを失ったという記憶である。広島では市内の「建物疎開」に動員された中学生や女学生たちが犠牲になり、親は「死に目にも会えなかった」。沖縄戦ではガマに避難した住民が、日本の軍隊によって「赤ん坊が泣くと敵に発見される」という理由でわが子を死なせることを強要された親がいた。「集団自決」と呼ばれる集団死を強制された家族もあった。敗戦後日本軍に放棄された満蒙開拓団では、幼い子どもを飢え死にさせたり、つれて歩けないからと逃避行の途中で死なせたり、集団自決にまで追い込まれたケースも続出した。それらの体験が女性たちにおいてそれと「戦争体験」を語れなくさせたのである。

さらに、戦後も続いた女性の地位の低さが女性に「自分の意見を発表する」ことへのブレーキとなった。一九四六年四月の総選挙で、日本の国政レベルにおける最初の女性参政権が行使されたが、このとき新聞の投書欄には女性の名前で「だれに投票していいかわからない」といった声が相次ぎ(13)、投書が実際に女性のものかどうかにも疑問はあるが、「女性に政治は理解できない」という刷り込みを反映していた。一九六〇年代に農村女性の投書欄「女の階段」を開設した『日本農業新聞』には「夫や姑に隠れて書いた」「小遣いがもらえたら文章を書くために万年筆を買いたいと思っていたが、それは子らの下着やズックに化けてしまった」という「農家の嫁」の辛さが投稿されている(14)。

こうした状況に加えて、日本の政府が一般庶民の「戦争被害」への補償を行わず、「受忍」を強いたことも「沈黙」の一因となった。東京大空襲で被災した民間人やその遺族が国に「補償などの救済措置をしなかったのは違憲」として「損害賠償と謝罪」を求める裁判を起こしたのは、戦後半世紀を経た二〇〇七年であったが、一審二審とも敗訴、最高裁で敗訴が確定したのは二〇一三年五月であった。いずれも「国民のほぼすべてに戦争被害があること」を理由に、被告である国側の「戦争被害は国民が等しく受忍すべきもの」とした「受忍論」を支持する判決であった。
では女性たちの「戦争体験」は、どのような契機から語られるようになるのだろうか。

Ⅳ　女性が「戦争体験」を語り出すとき

女性がこうした壁を乗り越えて戦争体験を語り始めるきっかけの一つは、一九五二年の講和条約発効である。その前年の一九五一年一〇月に『朝日新聞』が女性の投稿欄「ひととき」を開設したことは象徴的な意味を持つ。この欄は当初女性作家や評論家などの寄稿から始まったが、やがて一般の投稿欄となり、毎日新聞が「女の気持ち」、読売新聞が「こだま」を開設するなど、女性に特化した投稿欄が各紙に置かれるようになった。当初「書きますわよ族」とか「投書夫人」などと揶揄されることもあったがしだいに定着し、「ひととき」欄は投稿者によって「草の実会」と呼ばれるサークルを生み出して、二〇〇四年解散まで続いた[15]。

こうした投稿が生まれる背景に、一九五〇年六月朝鮮戦争が勃発し、戦後日本国憲法によって二度と戦争をしないはずであった日本に再軍備の動きが起ったことが、日本の女性たちに「また戦争が始まる」という衝撃を呼び起こしたという事実も見据える必要があるだろう。一九五一年に平塚らいてうと櫛田ふきが編集した女性の戦争体験集『われら母なれば』で平塚らいてうは「いっさいの武器をすて、戦争放棄を世界に宣言した、この絶対平和主義の国―日本が、そして、これほど国じゅうの、おんなたちが、戦争を憎み、平和をねがっていますのに、はやくも新しい戦争にまきこまれそうな方向へ、一歩、一歩ひきづられていくような、この不安な事態にたって、いったいわたくしたちは、どうしたらいいのでしょうか」と問い、「この記録は、これらの声なき妻や母のありのままの戦争体験を、とくにおねがいして書いたり、話したりしていただいたもので、その多くはふだんはあまり筆などとったことのないひとたちの率直な、手記です。まさに、わかものたちの〝わだつみのこえ〟に呼応する、その妻や母たちの〝わだつみのこえ〟なのであります」とむすんでいる。[16]

女性たちが口を開くようになったとき女性の「戦争体験」はなによりも戦争で失った家族、とりわけて戦争で死んだわが子の「いのち」への愛惜と「死なせた責任」として語られた。それがもっとも明確に表現されたのが、広島・長崎の被爆体験である。一九八五年～八六年にかけて日本原水爆被害者団体協議会（日本被団協）が行った「原爆被害者調査」は、のち整理されて『原爆体験―六七四四人・死と生の証言』（二〇〇五年岩波書店刊）として出版されるが、その冒頭は〈心の傷〉と題する章であり、その主要な部分は〈子ども・女・年寄り〉が逃げることもできず死んでいった状況と「極限状況の〈母と子〉」の証言の記録である。証言者は女性だけでなく男性の目撃証言を含むが、著者の分析によると「〈当日死者〉の三分の二を占める〈子ども・女・年寄り〉の多くは、建物の中か下敷きになって『圧焼死』したものと推察される」とあり、そこから逃れたとみられる人びとも、目撃証言によれば、「小さな子供が、母親の『首にしっかりとつかまったままの姿』で死んでいた」「死んだ母親の乳に子ども（死児）が胸にすがり乳をくわえている」という状態であったとされる。著者の濱谷正晴は調査項目から「〈子ども・女・年寄り〉の受苦と死」を抜き出し、それは「人類絶滅兵器としての核兵器の残虐性を象徴する」と指摘、「いたいけで、罪のない、非戦闘員のおびただしい、無差別の受苦と死」が「〈人間〉の視点がとらえた〈原爆〉批判の要諦の一つ」と総括している。[17]

登校中に被爆した少年少女も多数いた。広島で建物疎開作業に動員され爆心地近くで被爆、全滅した広島一中一年生の父母による手記『星は見ている』には、息子を死なせた母親が父親である夫と「大喧嘩」したことが語られている。[18]夫が「運命だよ」と言い、宮様や局長も亡くなったのだから「家の子供くらい物の数ではない」と言い返すのに母親は「局長が何人死んでもよい。家の子供が死ななければいいんだ」と泣き、夫は彼女に背を向けて泣いた、という手記である。戦後真っ先に語られた「戦争体験」の一つが、原爆や空襲でわが子を失った母親たちの痛切な記憶であった。

それは「原爆」という「極限状況」に限定されるだけではなく、東京大空襲をはじめとする各地で起こった「罪なき人びと」の身の上に起こった悲痛な体験として記憶され、年月の経過とともに薄れることなく「あきらめることができない」記憶として繰り返しフラッシュバックされる。東京大空襲では、早乙女勝元が「(自らの)体験を書くこともなく、しゃべることもなく」戦後二五年間沈黙してきた「一人の母親の胸のおくの魂の声」に突き動かされるようにして『東京大空襲―昭和二〇年三月一〇日の記録』を書いたのは戦後四半世紀を過ぎた一九七一年のことであった。[19]そこには背中に子どもを背負って逃げたが気がついたら子どもは死んでいたという母親や一二人の子を空襲で死なせた母親たちを含む証言が多数記録されている。早乙女氏の生涯をかけた仕事として「東京大空襲戦災・資料センター」が、民間の募金によって開設されたのは二〇〇二年である。

今、ここではこの空襲で命を失った人びとを一人ひとり明らかにしていこうとしている。「三月一〇日」の死者数が、戦後の警視庁資料などでは「八万人台」とされ、一九七〇年代東京空襲を記録する会『東京大空襲・戦災誌』第一巻(一九七三)では「推定一〇万人」、二〇一〇年代に入って東京大空襲戦災・資料センターの調査では「約九万五千人」と推移するなかで同センターでは「資料的に裏付けられるのは九万五千人、それ以上は「文字資料」ではなく、体験者の記憶・記録による総合判断」としており、「統計数字の誤差と違って、決して消えることのない『一人』」を突き止めるための「聞き取り」を含め、東京大空襲犠牲者の「氏名記録運動」を続けている。[20]こうしたところみは、沖縄の「平和の礎」でも行われている。ここは「世界の恒久平和を願い、国籍や軍人、民間人の区別なく、沖縄戦などで亡くなられたすべての人々の氏名を刻んだ」記念碑として一九九五年六月二三日に建設された。[21]「刻銘」を拒否したケースもあることも事実である。その過程で氏名も年齢も不詳のまま、「あの家には子どもがいたはずだ」

という生存者の証言によって記録に残された死者もいる。その「いのち」への愛惜の思いが、女たちの戦争体験の特徴の一つとしてあげることができるだろう。

「女性の戦争体験」がこのように親しい人びと、とりわけて子どもの「いのち」への愛惜、あるいは「あきらめられない」心境として語られることの意味は、これまで「母性愛」といった文脈で受け止められることが多く、女性固有の意識とみられがちであった。「被害体験」としての側面が強く、「加害責任」を不問にするという批判もあった。しかし、濱谷の指摘を普遍化するならば、女性が「いたいけな」「罪なき人びと」である子どもの「いのち」をめぐって「被害体験」としての戦争体験を語ることは、戦後日本の平和意識を構築するうえで重要な意味を持ったのではないか。そして、その平和認識が「被害体験」としての戦争体験から「いのち」を抹殺する戦争そのものへの批判となり、日本の侵略戦争でアジアをはじめとする多くの人びとを犠牲にした「加害責任」の自覚を呼び起こす契機になっていったのではないか。その足取りをたどってみたい。

V 「女性の戦争体験」が生み出した「いのちの平和」という思想

平塚らいてうは第一次世界大戦の時代に二児の母となり、エレン・ケイの影響を受けて「母性主義」を唱えるようになったというのが通説であるが、その「母性主義」とは何であったか。[22] らいてうにとって「母性保護論争」は一九一九年刊行の自著のタイトルがしめすように「婦人と子供の権利」の問題だった。[23] 戦後一九六二年にらいてうが新婦人協会についてインタビューを受けたテープでは、新婦人協会設立の動機の一つとして「母性の権利、子どもの権利…それとちょうどまあやっぱり平和ということもずいぶん頭にあった…女性の文化ってものにむすびついて平和の思想というものがね」と語っているが、ここで言う「母性の権利」とは、女性がいのちを産む性であること（母性）をさしている。[24]

子どもを産むことで「母性にめざめた」というらいてうは、一九一九年新婦人協会を立ち上げる。新婦人協会は一般的には「婦人参政権運動団体」して知られているが、少なくともらいてうは、このとき「子どものいのちを守るためには、産む性である女性が自らの意志で母性の自覚と自己実現の能力を獲得し、いのちを守る社会をつくり出さなくてはならない」と考え、そのために女性が自ら学び自立する機会を保障することを構想、政治参加の権利を要求したのであった。新婦人協会発足にあたって最初にらいてうが個人の名で公表した文書の冒頭に掲げられたのは「婦人参政権」ではなく、「大学程度の常設婦人講習会」であり、「婦人共同寄宿所」「図書館」などを含む施設の建設であった。[25] これは二〇世紀初頭にジェーン・アダムズがシカゴで貧しい黒人や移民たちのためのセツルメントとして建設したハルハウスをモデルにしたものであった。らいてうがジェーン・アダムズに影響を受けたことは自伝では触れられていないが、前述の一九六二年インタビューでも山田わかに紹介されてジェーン・アダムズの著書を読んだと証言している。市川房枝も新婦人協会を離れてからシカゴでハルハウスを見聞、のちにらいてうが「新婦人協会を創設した直接の動機」はハルハウスにあると証言している。[26] そのジェーン・アダムズは第一次大戦中の一九一五年に結成された国際的な女性平和運動団体「婦人国際自由平和連盟（ＷＩＬＰＦ）」の初代会長として活躍し、一九三一年にノーベル平和賞を受賞した。なお、ＷＩＬＰＦは現在も活動し、二〇一七年に国連が核兵器禁止条約を採択したときの推進メンバーの一つである。[27]

らいてうが影響を受けたエレン・ケイも第一次大戦中に『戦争平和及将来』を書いて戦争反対を訴えた（一九一八年には本間久雄によって邦訳）。そこで彼女が「女が戦場で亡ぼすために子を産み、子を育てるといふ旧世界」を批判したことはよく知られている。一九二〇年にらいてうが新婦人協会機関誌『女性同盟』創刊号に書いた「社会改造に対する婦人の使命」でも「戦争は、一切の生命の愛護者である母の世界においては、最も憎悪すべく、最も戦慄すべき犯罪」と断言している。新婦人協会が取り組んだ婦人参政権要求の国会請願書では、女性の参政権を必要とする理由として「戦争を防止し、世界の平和を維持するために」という項目が付け加えられている。女性の政治的権利が「母となる権利」を保障するものであり、「世界平和の実現」に寄与するものというのは、明らかにらいてうの独自な発想である。(28)

こうした主張に対して、女性を母性＝母役割に特化するものとして批判的にみる意見もある。しかし、らいてうはここから「すべての戦争」を否定し、国家が自国の利益を主張して軍備を保持することを「国家のエゴ」と批判、「そのような国家は人民の敵である」として自らを個別国家の枠を超えた「世界民」とみる認識にたどり着く。(29)

こうした文脈でとらえ直すならば、第二次大戦下にあって日本の女性が、それまで経験したことのなかった「日常生活の場」が「戦場」と化し、直接戦闘＝殺戮行為にかかわらない〈子ども・女・年寄り〉のいのちが抹殺される経験を持ったこと、わけても「いたいけな」「罪なき人びと」としての子どものいのちがうばわれたことへの愛惜の思いを抱き続けてきたこと、そのような「被害体験」を語ることができるようになったことが、「二度と戦争してはいけない」という「いのちの平和」ともいうべき日本の平和主義の原点となったとみることが可能である。

それではこのような「被害体験」としての戦争体験を語ることが、どのようにして日本の戦争における「加害責任」の自覚を呼び起こすことになるのか。そこには、もう一つ「体験の内面化・思想化」の模索が必要であった。それが「想像」という思想的営為だというのが本稿の問題提起である。あらためて「想像」することの意味について考えたい。

Ⅵ 「戦争体験」を普遍化する思想的営為としての「想像」

「戦争体験の継承」をめぐって、自らの体験を語る「記憶」とともに「想像」というキーワードでとらえる理由はどこにあるか。一つはいうまでもなく戦後七〇年以上を経過し、日本では直接の戦争体験者が少数になりつつあるという事実である。広島や長崎、沖縄、あるいは満蒙開拓民や空襲体験者としての記憶を、その経験を持たない世代が「語り部」となって語り継いでいこうというこころみがすすめられていることは、すでに触れた。戦後世代にとって「戦争体験」は「想像」することによってしか再現・継承できない体験であり、その「想像」を確かなものにするのは、実際の体験がどれだけ体験していないものの心に響くものとして（自分が体験したことのように）伝えられるかどうかにかかっている。「戦争体験」が「一人ひとりの体験」として語られる意味はここにある。同時にもう一つの意味は「戦争体験」がたんに「個別的体験」の集積ではなく、その体験を普遍的な歴史認識として再構成する作業であり、すぐれて思想的な営為でもあるという点にある。戦争体験における「想像」とは、戦争体験を「こんなに悲惨なことがあった」「だから二度と戦争しないようにしよう」という訴えに終わらせるのではなく、その事実から戦争の本質についての認識と人間の生き方についての洞察を生み出すための方法の一つだと筆者は考えている。

では、「想像」とは何か。心理学者戸川行男は「先行経験を解体して新しい形に再構成する過程を想像という」と書いた(30)。彼の説明によると「想像」とは、「過去の経験のたんなる再生、または、原体験そのままの再生と区別して先行経験のまとまりを解体分離する過程と、それを新しい別の組み立てに再構成する過程と、この二つの過程からなる精神過程」であり、そこには想像する主体の側に「先行経験」がなければならないのと同時に、それを「新しく再構成する」──すなわち「課題解決という明瞭な目的」が必要であるというのである。教育学者高野哲郎は、戸川のこの定義を援用して「想像は単なる先行経験の再生ではない。また、無目的な空想（fantasy）ではない」とし、「豊かな想像力は豊かな先行経験（他者との交流を含む）から生まれる」と指摘している(31)。

『憲法の想像力』で知られる憲法学者奥平康弘も、レイモンド・ウィリアムズの言葉を引用して「この語（想像力）

は、imaginative arts（想像力の芸術）とか creative arts（創造芸術）と呼ばれる特定の実践とは必ずしもつながりをもたずに、夢想（dreaming）・空想（fantasy）をさすこともあれば、一方ではいくつかの創造的な活動や作品において、実際に影響や効果をもつだけでなく具体的な形としてとらえられるような、拡大（extension）・革新（innovation）・先見（foresight）をさすこともある」と指摘、「このウィリアムズの二種類のうち、僕が意味するのは後者」であるとして、「想像力」が「なにか新しいものを作ってゆく」「創造力」の源泉であることを示唆した。彼は、かつてハンセン病患者の強制隔離政策を長きにわたって実施、廃止しなかった「立法不作為」を違憲とした熊本地裁の二〇〇一年判決が「立法不作為」に対する国家賠償は不可能とみられていたのに対し、裁判官が「いわれなく強制隔離されてきた患者の人権に思い（想像）を働かせることによって『不可能』をひっくり返した」判例を「創造力の源泉」としての「想像」という視点から評価している。(32)

「想像」をこのような視点からとらえるならば、「戦争を想像する」とはどういうことかがみえてくるだろう。平和学者川田忠明は、一九三七年の南京大虐殺から二〇〇三年のイラク戦争までの「戦争論」をとりあげた著書で、「私がこの本で試みたのは、とりわけ若い世代の人々に、戦争を議論するための知識ではなく、それを想像するきっかけを提供すること」と述べた。「戦争について語るならば、その当事者になるとはどういうことか」と問い、「『他人の死』を論ずるものは、まず『自らの死』を思い浮かべるべきではないのか」というのである。彼は「どんなメディアもこれら（戦争）のすべてを再現することはできない。だが、人間には、それらを想像することができる。「『自分の見ているものは、これがすべてではない』――そのことを知るならば、『見えないもの』へのイマジネーションが働き出す」書いている。(33)

こうした指摘によれば、想像によって「戦争を知る」ということは、「悲惨なことがあった」という事実を知るだけではなく、その経験を「自分自身のこと」として受けとめ、そのいたみを「わがこと」として受け入れるという

「他者理解」の認識が問われるという指摘である。そのような「想像」の過程を経て戦争の時代を生きていたものも、「戦争を知らない世代」も、戦争について知らなかったことを自らの「責任」として自覚していくのではないか。

筆者はかつて小さな女子短大の教員をしていた一九九〇年代に、短大生たちとともに「歴史の現場を歩く」というフィールドワーク型授業を何回か試みたことがある。アウシュヴィッツを訪問したとき現地の日本人ガイドから「ここは、悲惨な歴史に涙するために来るのではなく、今あなたたちが何をしたらいいかを考える場です」と提起されて「私は知らないうちに涙を流していた。きちんと理解してから泣くべきだった」というレポートを提出した学生がいた。「靴一足、スーツケース一つひとつが自己主張していて私にそれを持っていた人々のそれぞれの人生ということを考えさせた。胸の奥から、人間という生き物に対していったいどういうことをしたんだろうと怒りが込み上げてきた。悔しくて、こんどは自然に涙があふれてきた」と書いたとき、彼女はおそらく戸川のいう「想像」の力を働かせて自らの体験を再構成していったに違いない。(34)

彼女たちも最初「戦争の話」には無関心か拒否反応が少なくなかった。韓国訪問をとりあげた学年では、最初学生たちはかつて朝鮮が日本の植民地であったことも知らなかった。元「慰安婦」だったハルモニたちの共同生活の場「ナヌムの家」訪問計画は「刺激が強すぎる」と学内でも懸念され、やむなく「希望者のみ」という条件で教授会の了承を得た。それでも実際に訪問したとき、当のハルモニたちが孫のような少女たちを「よく来てくれたね」と歓迎し、緊張している女子学生に「あんたたちが悪いことをしたんじゃない」と慰めてくれたことは、別れるときハルモニたちが「私たちのことを忘れないでね」と言ったことばとともに忘れられない経験になった。

現地には行かなかったが「南京大虐殺」をとりあげたときの学生たちの感想が残っている。一九七〇年代から八〇年代に生まれた学生たちははじめ「南京大虐殺」は存在しなかったという見解を信じ、「戦争は自分とは関係ないし、ましてや責任などありえない」と思っていた。それは「加害の事実を教えることは自虐史観」という攻撃が強まった一九九〇年代であり、小林よしのり『戦争論』がベストセラーになった時期であった。『戦争論』も読みながら「ありのままの事実」をみつめることからはじまった学習のなかで、彼女たちは「自分たちは何も知らなかった」ことに気づいていき、〈わたしは今まで戦争について詳しく知ろうともしないで「日本は戦争の被害者だ」と思い込んでいた。しかし、勉強していくにしたがって「そうではない」と知った。……「人びとが、時代に動かされてしまった」ことはまちがいない。戦争から半世紀過ぎた今、日本の若者の中には「戦争はもう過去のことだから関係ない」と思っている人もいる。多くの人がこんなことを考えていたのでは……いつまでたっても「日本は反省していない」と批判されるのだ。……戦争を知り、または記憶し、伝える（残しておく）事は大事〉という感想を書いた(35)。

「戦争体験の継承」をめぐって「記憶」と「想像」をキーワードにした理由は以上のとおりである。女性の「被害体験」としての戦争体験と日本が行った侵略戦争における「加害認識」は矛盾対立するものではなく、一人ひとりが自己の体験を語る主体になることと、その一人ひとりが「想像」を通じて知らなかったことを知り、「他者理解」するという双方向性を持ってとらえられなければならない、というのが、本稿テーマに即したさしあたりの結論である。

Ⅶ　女性が「戦争責任」を引き受けるとき

「体験の内面化・思想化」は、戦争で被害をこうむった女性たち（その時代に子どもであったものも含めて）の間で一挙に行われたのではない。筆舌に尽くしがたい「被害体験」を持つ日本の女性たちが、自分たちが始めたのではないと認識している戦争に対して、なぜ「戦争責任」を引き受けなければならないのか、という問いにどうこたえるべきか。何人かの女性たちの発言から、過程を探ってみたい。

一九四五年八月六日に広島の女学生であった一三歳の関千枝子は、病気で学校を休んだため奇跡的に助かったが級友のほとんどは被爆死するという惨禍のなかで「八月一五日」を迎える。その夜、「静まりかえった町に、遠く、地響きのような物音が響いた。…その〝音〟は笑い声のように聞こえた。それは、死と涙に包まれた広島の町には、まったく異質な響きだった」という。朝鮮人が日本の敗戦を喜ぶ声であった。そのとき彼女は「私たちは、日本はすぐれた国であり、朝鮮人は喜んで併合され、日本人になったことを誇りに思っていると習った。その人びとが、日本が負けて喜ぶ！　ちがっている。なにかちがっている。今まで教わったことはみなちがっている……」と感じたという。やがて彼女はジャーナリストになり、その「ちがい」を追求しつづけて「子どもながらも加害者の一端につながっていた」ことに激しい悔恨と憤りを持つようになる(36)。

作家の郷静子は戦時中女学生だったが、「当時の私は無知で無自覚であったために、戦争のただ中にいながら、何も見えなかった。……私にとって真実の意味で戦争体験が始ったのは、敗戦の日以降である。負けるはずのない戦争に負けてしまった。今まで信じてきたことはすべて嘘であった―。死を覚悟して戦争を信じてきた一六歳の少女にとって、これ以上の衝撃があるだろうか」と回想している。一九八三年の芥川賞受賞作品「れくいえむ」は、軍国少女であったことへの反省をこめて「戦争とは何かを考えつづけた」総括であった(37)。

同じく芥川賞作家となった重兼芳子も「私は八月十五日を思うたびに、それを通過した日本人の一人一人が戦争の傷を大きく受けていることを感じる。私の傷は自分が加害者だという意識だ。まず第一の罪は国をあげての教育によって、私は完全に権力に都合のよい人間に仕立てられてしまったことだ。そうなった自分を疑うことなく、新聞の報道をそのまま信じ素直に命令に従ったことだ」と書いている(38)。

もう一人の作家田辺聖子は一七歳で敗戦を迎えたとき「天が地に、地が天にひっくり返った。一七年間たたきこまれた世界観も価値観もくるりと逆さまになった」と思い、「(もう誰のいうことも信用でけへん)と私は思っていた。

〈自分のあたまで考えて判断するのがいちばん大事やないかしらん〉と考えるようになっていた」と書いた。そこにしめされた戦争の「苦い影」とは、「戦時中の私は、『生けるしるしあり』とは思わないくせに、強いてそう思おうとしていた。自分の本当の気持ちに蓋をし、オモシをのせていた。これからは、ほんとうの気持ちを、さぐりあてる力をもたなければ」という実感であった。彼女は時には「風俗作家」と呼ばれるような軽やかな文体を特徴とするが、それは自分の背負った課題を書くのに「明るくやや軽佻な口吻のほうがかえって似つかわしい」と思ったからであり、「〈こわもて〉ではなく、〈やさもて〉の筆づかいで以て、〈戦争〉に挑戦すること」によって「女・子どもが負った戦争の重荷を」書こうとした、と述べている。(39)

著名な文筆家だけではない。戦時中六人の子の母親であった米田ひさは、「何も知らない」まま旧制中学三年生の息子の少年兵志願を許してしまい、敗戦の二カ月前に〝戦死〟させた経験を、自らの責任として自分を責め続けてきた。(40)彼女が最後に到達したのは「戦争をとどめられなかった／愚かな人間／戦死者の母に安らかな夜はない」「私の生涯に／無知による犯した数々の／戦争犯罪をひとりくやしむ」とうたったように「無知ゆえに戦争を阻止できなかった」ことが罪であるという自覚であった。(41)

結婚後一年も経たぬうちに夫が出征、戦死という悲運に出会った主婦小栗竹子は、敗戦を迎えたとき「『お国のため』という一言に諦めようとしていた夫の死も、まったく無意味になってしまった」ことに断腸の思いを抱き、「戦争未亡人」の日々を、亡き夫への手紙というかたちで記録する。靖国神社にまつられた夫のために参拝を続けてきた彼女は「あなたが時々戦争に対して疑問を持ち、軍隊の機構に対して憎悪」していたことを思い出し、八月一五日に行われる「戦没者追悼式」で「あなた方の犠牲の上に今日の隆盛がある」という追悼文に違和感を感じるようになって、やがて戦後二〇年目に「私が靖国神社をお詣りするということは、かつての軍国主義によって作られた観念であなたを思い出すことですね」と気づき、「私が長い間、靖国神社とあなたをむすびつけて考えてきたのは、最愛のあなたの死に、たとえ世俗的なものにせよ、何とか意義を認めないではいられなかった、わたしの無念さの故だったのでしょう。でも、今の私はもうそうまでして自分の心をごまかそうとは思わなくなりました」と決意する。[42]それは家永教科書訴訟がはじまった一九六五年であった。それからさらに二〇年後の一九八五年、彼女は夫が望まなかったにせよ侵略軍の一員として足を踏み入れた中国に「軍靴にて君踏みし跡を妻われの訪ね行かばや赦し請ふべく」と「謝罪の旅」を実行するのである。[43]

ここに例示した女性たちの「被害体験」の語りからは、かけがえのない「いのち」が失われたことへの愛惜の思いとともに、自分が戦争に対して「無知」であったために愛おしい人々を死なせたという「罪の意識」があり、それが自分自身の「戦争責任」として意識される「痛覚」に満ちた認識過程がみえてくる。[44]その痛覚が、他国への侵略支配を許し、無辜の人びとのいのちを奪ってきたのは自分たちだという「戦争責任」の自覚を呼び起こすのである。ここで、直接「加害責任」を負っているわけではない女性たちが、「国家の戦争責任」ではなく「自分自身の責任」として「戦争責任」を引き受けるという関係が生まれる。

そこにはいくつかの歴史的条件があると言えるだろう。第一に、一九七〇年代以降、日本が軍事大国化の方向を強めていった事実がある。そのことへの危機感が、もう一度戦前と同じようにすべての国民が戦争に動員されるのではないかという懸念となり、「なぜ戦争を阻止できなかったか」という問題関心から戦争体験の再検証に向かわせたこと。

第二に、日本軍隊による「慰安婦」問題が国際的に問題となり、元「慰安婦」だった金学順が一九九一年に日本政府に謝罪と補償を求め、裁判を起こしたことである。植民地・被占領国の女性にこのような被害を負わせた日本の責任があらためて追及されるなかで、「日本の侵略戦争を支えた女性の責任は何か」が問い直されたこと。二〇〇〇年一二月に日本で開催された「女性国際戦犯法廷」は、一九九八年四月ソウルで開かれた第5回アジア女性連帯会議で、日本のVAWW-NETジャパン（「戦争と女性への暴力」日本ネットワーク）からの提案によって実現したものであり、日本の女性が日本の「加害責任」を自ら引き受ける意思表示をしたという点で画期的であった。

第三に、そのような自覚を生み出す底流として一九七五年の「国際女性年」をきっかけとして性差別に反対する多様な運動がひろがるなかで、女性自身が自らを人権主体として認識することによって、戦争の「被害者」としてだけでなく国がひき起こした「加害」の責任をも引き受ける姿勢と力量を獲得していったこと。戦争の「被害者」である日本の女性が、「今生きているもの」として過去の侵略戦争の「責任」を問うためには、自らを権利主体として認識する過程が必要であった。

第四に注目すべきことは、この時期に女性の権利が「個」としての人権認識として意識化されていったことである。よく知られているように、国連は一九七九年「女性差別撤廃条約」を採択した。これは当時の国際情勢を反映して「貧困の克服」「新国際経済秩序の確立（いわゆる南北問題の解決）」「アパルトヘイト・植民地主義・外国による占領等の民族支配の根絶」等を男女平等・女性の権利保障に不可欠な課題として提示、これに反対する西側諸国（日本を含む）と推進派の社会主義国や第三世界諸国とのあいだではげしい議論が行われた。

この点は、男女平等の問題をたんなる習慣や意識の問題としてだけではなく、政治的経済的社会的枠組みの変革に求める点で大きな意味を持ったが、一九八〇年代末からこうした潮流を推進した社会主義国が自国内部で人権抑圧していたことが明らかになり解体してゆくなかで、もう一度女性が参加する「国の発展」とはどのような発展なのかが問い直されることになる。一九九五年に北京でひらかれた国連の第四回世界女性会議が「女性の権利は人権である」と宣言したのは、こうした動向を背景にしていた。その後「慰安婦問題」の国際的取り組みがすすむなかで、国連では一貫して「個としての女性の人権」が追求されるようになる。

こうした時代の動きに支えられ、これまで沈黙してきた女性たちが自らの戦争体験を語れるようになるとともに、そこから「戦争を止めることが出来なかった」という意味での「戦争責任」を自覚、直接自分たちがかかわったのではない「加害責任」を自ら引き受けていこうとする姿勢が生まれてきたと言えるのではないか。

むすび

本稿は、昨年一一月に広島で開かれた第一七回「歴史認識と東アジアの平和」フォーラムで、日本人の戦争に対する態度について、被害体験の掘り起こしにとどまり、「加害責任」を「平和」という「抽象的であいまいな観念」に置き換えてしまうのではないか、という懸念が表明されたことへの応答である。ここでは、戦場ではない日常生活の場で原爆投下を頂点とする無差別大量殺戮によって「いたいけで、罪のない、非戦闘員のおびただしい、無差別の受苦と死」を経験した女性たちの「被害体験」の記憶は、きわめて「具体的で明確な事実」を提起するものであり、その体験から語られる「平和」の内容は、けっして「抽象的であいまいな観念」ではないことを示し、直接戦場に出る経験を持たなかった女性たちが、「女・子供・年寄り」といった非戦闘員たちの無惨な大量殺戮を経験し、戦争によって失われた一人ひとりのかけがえのない「いのち」と向き合う「痛覚」のなかからから生まれた「二度と戦争をしてはならない」という戦後日本の平和主義の原点を獲得していったことを提起してきた。女性がこのような戦争体験を自ら語り出したこと、その体験の集積が「想像」による「他者理解」の道を拓いていったことが「加害責任」の自覚を生み出す契機になっていったのである。

一九六〇年代に母親運動の事務局長であった山家和子は、同じ平和をめざす運動であっても母親運動は「子ども」を軸にした運動だったと回顧、「平和」と声高に言うのではなく「日常茶飯のところが大事」と発言している。[45]「平和」を日常生活のレベルからとらえ、その日常生活を破壊する戦争の最大の犠牲者としての子どもを中心に据えた平和構築の推進は、二〇世紀に人類が体験した残虐な大量殺戮の経験を経て二一世紀の今、「すべての戦争をなくす」人類的課題となった。女性たちの「戦争体験」は被害体験の訴えにとどまり、「抽象的であいまいな平和」に収れんしていったのではなく、原爆投下に集約される「人類絶滅戦争」の危機に対し、国家の壁を超えて「すべての戦争をなくす」という平和世界構築の思想と運動を生み出す基盤になった、ということができるのではないだろうか。

「平和」をジェンダーの視点から再構築することは今や世界の趨勢である。二〇〇〇年一〇月、国連安全保障理事会は、「女性・平和・安全保障に関する国連安保理決議一三二五号」を採択、「紛争の防止および解決と平和構築における女性の重要な役割」を提起した。決議実現に尽力した元安保理議長のアンワルル・チョウドリは、「平和の探求において女性が為す貢献と関与（コミットメント）は彼女たちが生来持っている本質」と述べた。彼はその部分に続けて「女性が戦争や紛争の犠牲者だという印象のために、彼女たちが自分のコミュニティやその外側の平和の醸成において果たす役割が見落とされてきた」と指摘、「安全な戦争」のためではなく「戦争という選択肢そのものを世界から根絶するために」女性を紛争解決のすべてのレベルの意思決定に参加させる必要があるのだと言っている。(46)

またノルウェーの平和学者で「積極的平和主義」を提唱したヨハン・ガルトゥングは、安倍晋三首相が集団的自衛権行使を可能にする安保法制を推進してこれを「積極的平和主義」と唱えたことに対し、「それは自分が提唱してきた積極的平和主義の盗用」だと批判、戦争のない状態を「消極的平和」というならば、「積極的平和」とは「国家の安全保障」が「その国や地域に生きている人びとの生きる権利（いのちの保障）」という「人間の安全保障」と両立する状態を指す、と定義した。彼は講演のなかで、「他者との対話」を提唱し、「紛争地帯」の共同管理、「非核自治体運動」の推進、平和研究、平和教育などの活動と併せて「世界各国に九条を受け入れさせること」「女性がリーダーシップを担うこと」に言及した。(47)

二〇一七年七月の国連で「核兵器禁止条約（核兵器の開発、実験、製造、備蓄、移譲、使用及び威嚇としての使用の禁止ならびにその廃絶に関する条約）」が採択されたが、その前文に「核兵器使用の被害者（ヒバクシャ）および核実験の被害者にもたらされた容認しがたい苦難と損害に留意し」と書き込まれたことは、じっさいにこの条約採択に至る過程で、日本の被爆者たちの奮闘があった事実を示す。被爆者として運動の中心になった一人サーロー・節子が、条約採択推進の中心となりノーベル平和賞を受賞した核兵器廃絶国際キャンペーン（ＩＣＡＮ）事務局長ベアトリス・フィンとならんで壇上に立つ光景は、核廃絶実現のために女性の力が重要な役割を持つことを示したと言えるだろう。平和構築における「ジェンダー主流化」あるいは「女性のイニシアティブ」という提起は、二一世紀における平和世界の新しいアジェンダを生み出したのである。

ここから、現代の平和構築の課題がみえてくる。それは、第一に「平和」とは、一人ひとりの人間が日常の生活において人間らしく生きる権利を保障されるという具体的で明確な内容を持つものであること、第二にそのような「平和」の構築は、一方では生活のにない手であり、他方では戦争によって最も被害を受ける立場にいる女性が中心的な役割のにない手として参加することによってはじめて可能であること、第三にそこから生まれる平和構想とは、一国の利益を守ることではなく、「すべてのいのちを守る」ために「すべての戦争をなくす」という立場をとらずにはおかないということである。日本国憲法は「自衛権」を容認しているのか否かをめぐる論争があるが、この立場からすると、自衛権を近代国民国家にとって自明（固有）の権利として認める場合でも「武力行使としての発動」は認められないということになるだろう(48)。

日本の女性たちの「被害体験」としての戦争体験は、それが語られ共有され、さらに想像の力によって継承され、「他者理解」に至ることを通じて、自分たちあずかり知らなかったはずの他国への侵略という「加害」の事実に向き合う道をひらくとともに、一人ひとりのいのちを守らなければならないという「戦争反対」という「戦争責任」を自ら引き受ける認識を獲得していくなかで、「すべての戦争を止めさせる」という平和世界構築の「主流」になる道をつくりだした。

先にふれた第一七回「歴史認識と東アジアの平和」フォーラムでは中国南京大虐殺記念館から「平和のために：南京大虐殺の歴史と記憶の伝承」と題し、生存者の聞き取り調査を含めて「記憶」を残す作業とともに、日本を含めて若い世代の平和教育と平和交流活動を続けてきたこと、二〇一八年には「人類運命共同体を建設し、平和を維持し、普遍的で安全な世界を共に建設する」ことをテーマに国際平和記念活動をすすめたという報告があった。[49]「人類運命共同体」という表現は、かつて湯川秀樹が戦後すぐに「地球上の人類全体が一つの生物体のように互いの運命に敏感になり、互いに助け合おうとする方向にこそ人類の、したがって個々の人間の真の幸福があるであろう」と書いた文章と通じるものがある。[50] これは、湯川が世界連邦思想に共鳴した原点的思想である。[51] 一〇〇年前の第一次世界大戦の時代に、平和を求める人びとがねがった「世界は一つ」の呼び掛けは今も実現していないが、日本の侵略によって被害を受けた中国の当事者から「人類運命共同体」という平和構想がよびかけられたことには大きな意味がある。

その実現を阻んでいるのが、日本の「国家」がその責任を果たそうとしていないという現実である。「核戦争の危機」をはらむ現代において、「すべての戦争を止めさせる」平和世界は、女性たちに刻印された戦争の記憶を土台に、「戦争責任」を自ら引き受けた女性たちの参加によってに築かれるだろう。

注

（1） この点については拙稿「現実をとらえる戦争体験を」『歴史評論』一九八四年三月号参照。
（2） この点については、多くの発言がある。筆者の見解としては二〇〇三年九月に北京で行われた　第二回「近代日本における内外政策国際シンポジウム」（中国社会科学院日本研究所主催）における米田報告「戦時期日本における女性知識人のアジア認識」参照。

（3）史桂芳「戦争記念館から中日両国の歴史記憶と歴史認識を見る―併せて戦争期の女性を論ず」『第一七回「歴史認識と東アジアの平和」フォーラム広島会議報告資料集』（二〇一九年一一月二二―二六日―以下『広島フォーラム報告書』）より。

（4）原爆ドームの世界遺産登録にあたって、アメリカは原爆投下は戦争終結に必要であったという立場から「被害の象徴としての側面を強調する〈原爆ドーム〉という名称」を拒み、中国は「日本の加害の責任を不明確にする」と主張、両国とも世界遺産委員会では「棄権」した（同フォーラム現地実行委員会作成『被害と加害の歴史現場を行くガイドブックによる』）。

（5）川崎哲「核問題をめぐる東アジアの緊張と平和への展望」（前掲『広島フォーラム報告書』）。

（6）由井正臣「一九四〇年代の日本―世界制覇の挫折」（『岩波講座　日本通史　近代　4』岩波書店、一九九五年）。

（7）拙稿「平塚らいてうの『戦争責任』論序説」（『歴史評論』一九九六年四月号）。

（8）最近の論考としては「高良とみと大東亜共栄圏―大政翼賛会の評価を含めて」（『総合女性史研究』三六号、二〇一九年）がある。

（9）進藤久美子『市川房枝と「大東亜戦争」―フェミニストは戦争をどう生きたか』（法政大学出版局、二〇一四年）。

（10）奥村直史「平塚らいてうと一五年戦争―一九三一年～一九四一年」を中心に」（『平塚らいてうの会紀要』六号、二〇一三年）。拙稿「新資料が語る『戦争の時代』とらいてう」（『平塚らいてうの会紀要』七号、二〇一四年）など。

（11）「首相官邸」ホームページより引用。

（12）新日本婦人の会広島県本部発行。一九六四年第一集刊行。二〇一九年に五三集刊行。

（13）『声1　昭和20―22年』（朝日新聞社編、一九八四年）。

（14）姉歯暁『農家女性の戦後史―日本農業新聞「女の階段」の五十年』（こぶし書房、二〇一八年）。

（15）天野正子『「つきあい」の戦後史―サークル・ネットワークの拓く地平』（吉川弘文館、二〇〇五年）。

（16）『われら母なれば』（青銅社、一九五一年）。

（17）濱谷正晴『原爆体験―六七四四人・死と生の証言』（岩波書店、二〇〇五年）。

(18) 秋田正之『星は見ている—全滅した広島一中一年生父母の手記集』（鱒書房、一九五四年）に手記を寄せ、本の題名にもなった文章をつづった藤野敏江の手記より。
(19) 早乙女勝元『東京大空襲—昭和二〇年三月一〇日の記録』（岩波書店、一九七一年）。
(20) 二〇一八年二月一一日、東京大空襲・戦災資料センターで行われた「大門正克『語る歴史—オーラルヒストリーの現場から』を読む」集いでの山本唯人氏のコメントから引用。
(21) 沖縄県ホームページ二〇一九年一月九日現在のデータによる。
(22) 拙稿「女性解放論争の核心」藤原彰ほか編『日本近代史の虚像と実像2』（大月書店、一九九〇年）。
(23) 平塚明『婦人と子供の権利』（天佑社、一九一九年）。
(24) このテープは、婦選会館の『婦人界展望』一九六二年一〇・一一月合併号に「先覚者を訪ねて」と題して掲載されたものの原資料である。『平塚らいてうの会紀要』六号（二〇一三年）に「新婦人協会時代について—平塚らいてうインタビューテープについて」として全文収録されている。
(25) 一九一九年一一月二四日、らいてうが大阪朝日新聞社主催の第一回関西連合婦人会大会で配布した資料。ここにはらいて一人のみが署名し、らいてうの理想が直截に表現されていると思われる。「山岡家文書」より。なおこの全文も前掲『平塚らいてうの会紀要』六号に収録。
(26) 拙稿「平塚らいてうの平和思想」前掲『平塚らいてうの会紀要』創刊号（二〇〇八年）参照。
(27) ジェーン・アダムズはシカゴに設立したセツルメント「ハルハウス」によって社会事業家として知られ、らいてうが影響を受けたことから、母性保護論争から新婦人協会へのらいてうの行動を社会福祉思想の現われとしてみる意見がある（今井小の実『社会福祉思想としての母性保護論争』ドメス出版、二〇〇五年）。らいてうを狭義の社会福祉思想の持ち主とみることには異論もあり、らいてうはもっとグローバルな意味で国家の枠組みを超えた「世界民」としての理想実現をめざす「社会改造」を構想していたのであった。その意味で新婦人協会をいわゆる「婦人参政権獲得運動団体」としてのみとらえることは一面的、という指摘は重要である。
(28) これらの論述についても前掲『平塚らいてうの会紀要』創刊号論文参照。

(29)らいてうの「世界民思想」には、当時すでに日本にも紹介されていたカントの『永遠平和のために』の影響があったことは事実だと思われる。らいてうは「世界民」を宣言した文章の中でカントの「永久平和説」に言及している（「軍備縮小問題」『女性同盟』一九二一年八月号）。
(30)戸川行夫「想像」（『心理学辞典』平凡社、一九五七年）より引用。
(31)高野哲郎「想像力と創造力」（ブログ「米田佐代子の森のやまんば日記」二〇一六年一月二〇日付に収録）より引用。
(32)奥平康弘『憲法の想像力』（日本評論社、二〇〇三年）。
(33)川田忠明『それぞれの「戦争論」そこにいた人たち―一九三七・南京―二〇〇四・イラク』（唯学書房、二〇〇四年）。
(34)拙著『女たちが戦争に向き合うとき―わたし・記憶・平和の選択―』（ケイ・アイ・メディア、二〇〇六年）。
(35)拙稿「歴史認識と東アジア平和フォーラム第三回韓国大会　特別発表　ジェンダーの視点からみた『八・一五』」より引用。
(36)関千枝子『広島第二県女二年西組』（筑摩書房、一九八五年）。
(37)郷静子「戦時下の女学生」『女たちの八月十五日』（小学館、一九八五年）。
(38)重兼芳子「十七歳の特攻隊」前掲『女たちの八月十五日』。
(39)田辺聖子の「戦争への痛覚」については拙稿「戦争の記憶と田辺聖子―戦争の時代への「痛覚」をめぐって―」（『国文学　解釈と鑑賞』別冊二〇〇六年七月）参照。
(40)米田ひさ『雲よ還れ―十六歳で戦死したわが子へ―』（新樹社、一九八六年）。
(41)米田ひさ遺歌集『この子らに戦いあるな』（新樹社、一九九五年）。
(42)小栗竹子『愛別離苦』（徑書房、一九九五年）。
(43)小栗竹子『戦後の生を紡ぐ』（一葉社、二〇〇〇年）。
(44)以上の論点は、二〇〇四年六月の「歴史認識と東アジア平和フォーラム第三回韓国大会」における米田佐代子「ジェンダーの視点から見た八・一五―日本の女性は『一九四五年八月一五日』をどう記憶してきたか―」に拠っている。

(45) 米田佐代子編著『母さんに花を―山家和子と母親運動』(ドメス出版、一九八一年)。

(46) 二〇〇二年一一月立命館大学で行われたシンポジウムの基調講演より。ブログ「米田佐代子の森のやまんば日記」二〇一二年一一月七日付参照。

(47) ブログ「米田佐代子の森のやまんば日記」二〇一五年八月二四日・二六日付参照。

(48) 平塚らいてうは、日本国憲法下では個別的・集団的を問わず、すべての武力行使は禁じられているとして「国家主権の一部は制限される」と主張、かわって「平和外交」が自国の安全保障の道であるとした。(平塚らいてう「一つの世界の建設」『花と平和』一九五一年八月号)。国際政治学者松井芳郎は、第一次世界大戦後の国際連盟及びパリ不戦条約の締結から第二次世界大戦後の国際連合の成立と国連憲章の歴史を踏まえて、国連憲章が自衛権を認めているのは国連憲章が一九四五年六月に成立し、原爆投下の前であること(発効は四五年一〇月)、日本国憲法は原爆体験後の状況を反映していること、さらに日本が侵略戦争を行ったという立場にあり、「二度と戦争を引き起こさない」という視点が貫かれている、と指摘した(「戦争しないで平和をつくる道―憲法の初心にもどる」『平塚らいてうの会紀要』九号、二〇一六年)。

(49) 凌曦(侵華日軍大虐殺難同法記念館副館長)「平和のために―南京大虐殺の歴史と記憶の伝承」第一七回「歴史認識と東アジアの平和フォーラム」広島会議『報告資料集』より。

(50) 湯川秀樹「運命の連帯」(『科学と人間性』一九四八年)。

(51) この点については、田中正『湯川秀樹とアインシュタイン―戦争と科学の世紀を生きた科学者の平和思想』(岩波書店、二〇〇八年)参照。第一次大戦当時の一九一四年、戦争に反対する生物学者ゲオルグ・ニコライとアインシュタインによる「ニコライ＝アインシュタイン宣言」が出されるが、そのニコライが自著『戦争の生物学』(一九一九年)において「一有機体としての人類」を構想したこと、湯川が戦後「ラッセル・アインシュタイン宣言」に参加、「ニコライ＝アインシュタイン宣言」と「根本の考え方において一貫するものを持っている」と言及したことは同書参照。

追記

本稿脱稿後に、「戦争体験の継承」をめぐる二つの論考を読んだ。重要な提起だと思うのでふれておきたい。

一つは、一橋大学大学院社会科学研究科に設置された「平和と和解の研究センター」による『平和と和解の思想をたずねて』（足羽與志子・濱谷正晴・吉田裕編著　大月書店　二〇一〇年）である。そのなかで根本雅也の「原爆を語ること、平和を訴えること―広島における原爆被爆者の証言活動」が、「被爆者が〈加害〉について語ること」をめぐって論争があったことを指摘している。根本によれば、証言活動のなかに「原爆をどのように語るか」について「体験をそのまま語るべきである」という立場と、「体験をそのまま語るだけでは十分ではない」とする立場とのちがいがあり、彼自身は「そのどちらかに優劣をつけるものではない」としつつ、ある女性被爆者が戦後三〇年にわたる沈黙から「語り部」として体験を語るなかで、自分が「今まで被害者意識の塊であった」ことに気づき、自分自身「軍国少女」であった体験を含めて「加害」について積極的に語るようになった事実を紹介している。つまり両者を二項対立でとらえない姿勢である。筆者が本稿で追究してきた「記憶」と「想像」を通じて「被害」と「加害」の重層的理解が可能だという命題につながると感じている。

もう一つは、本文でもふれた早乙女勝元の発言である。二〇一九年五月一〇日付朝日新聞のインタビューに登場した早乙女は、一九七〇年から「東京空襲を記録する会」の活動を始めたとき、歴史家の羽仁五郎に「被害者意識丸出し」と批判されたという。そのとき早乙女は「自らの被害の傷の深さや、大きさをまだ把握できていませんでした」から、「自分の傷みが分かって初めて相手に与えた傷みも分かるはずだ」と答え、「自らの傷み」を知った後、彼はかつて日本軍の猛爆を受けた中国の重慶などを訪問し、「私たちを苦しめた戦争が、ここでも命を奪っていたことに思い至りました」という。

ただし、彼が「加害を自覚し、和解することは容易ではありません」というとおり、「被害と加害の重層的理解」はすぐには可能ではない。「戦争体験」を語るとき、その「傷み」に共感し、「わがこと」として耳を傾ける「聴く」側の受け止め方も重要である。日本から米軍の爆撃機が飛び立ったベトナム戦争で、米軍機が爆弾を落としたその下がどうなっているか、「私たちは容易に想像できる」と早乙女は言う。記憶し、記録し、そして想像する、その「応答責任（responsibility）」が、「戦争体験の継承」にとって大きな意味があることを付記したい。

私の研究をふりかえって

――遅くともしないよりましだ流儀――

原田　敬一

はじめに

編集委員の高岡裕之氏から寄稿の提案があって考えてみたら、一九六七年四月に大学に入ってから五二年、一九七一年四月に文学部史学科に進んで四八年、一九七四年四月に大学院に進学し、本格的に歴史学の勉強を始めて四五年、と思わぬ時間がたっていたことを思い知らされる。半世紀前後の学ぶ時間があったにもかかわらず、たいした成果もあげていないと自覚した。もっと学んでおけばよかったと臍をかんでももう遅い、ままよ、ここは求めに応じて、自分の不学の過程をさらすしかない、と覚悟した。さらすことで学界になんの意味があるのか、不明なまま、思い出すことを書き出すことにする。ご容赦あれ。

一　卒業論文を書く――軍隊編成原理の転換――

二回生になった時、薮田貫君や小堀和正君、山内英正君など史学科へ進学する予定の同級生と勉強会をやろうとなった。誰が言い出したのか思い出せないが、一〇人以上いたと思う。一九六七年に入学した文学部一回生は九〇人だったので、史学科進学予定者一〇人は多いほうだった。何をテキストにしていいか、わからないので、文学部の国史学研究室に相談にいった。助手が二人いて、田中文英さんと井上寛司さんだった。田中さんがベテランで、井上さんは助手になったばかり。お二人に相談すると、いろいろ考えてくれ、太田秀通『史学概論』（学生社）がいいのではないか、ということになった。二人とも中世史専攻だった。田中さんの前任者は米田雄介さんで、宮内庁書陵部に転出されていた。阪大の歴史学の配置は、教養部に日本史・東洋史・西洋史が一人ずつ（学部の授業も兼担）、文学部史学科に日本史・東洋史・西洋史の三専攻が置かれていた。日本史では、教養部に井上薫（古代史）・長山泰孝（古代史）、文学部に時野谷勝（近世近代史）・梅溪昇（近代史）・黒田俊雄（中世史）・脇田修（近世史）となっていた。時野谷先生の一九一一年生まれを筆頭に、井上・梅溪・黒田・脇田先生まで五歳違いで並ぶという流れだった。長山先生は脇田先生と同年生まれ。

『史学概論』を学生社から直接送ってもらい、勉強会を始めたが、抽象的な理論がよくわからず、何回かやって空中分解したと思う。分野は日東西のどれかに偏ったかも知れないが、具体的な実証過程を見せられると、歴史を解いていく面白さがわかり、興味が深まったのではないかと今は思う。学生たちが「パンキョウ」と呼ぶ教養課程の編成は現在でも問題になっているが、難しい。

同級生には三年遅れて一九七一年に学部に進学した。同級生になった大谷正、里井純の三人で「テオリー研」と称し、勉強会を始めた。何を読んでいたか、よく覚えていないが、当時出していた青焼きの例会通知が出てきた。ちょうど岩波書店の日本歴史叢書のシリーズが刊行され始め、遠山茂樹『戦後の歴史学と歴史意識』（一九六八年）や井上清『日本帝国主義の形成』（同年）を、テオリー研で読んだ記憶がある。井上清の帝国主義論は問題があると大谷君が鋭く指摘していた記憶がある。ウェーバーとマルクスというのは定番だったから、それぞれ何かを読んだはずだが、覚えていない。

時野谷先生の授業では松平定信の『宇下人言』を読んだ。黒田先生の演習では「一遍上人絵伝」の解読を一人ずつ報告するものだった。その報告レジュメも先日見つけた。梅溪先生の特殊講義は日本外交文書を使った授業だった。

里井君は、黒田先生の「神皇正統記」論文を読み、自分が考えていたのと同じだったと感動しており、その流れで中世思想史の卒論に向かった。大谷君は、日本の帝国主義を考えるには植民地を究明しなければならないと明解だった。そこで東洋拓殖会社をテーマとした。浅田喬二さんたちの植民地経済史研究は既に進んでいる頃で、それらの影響も受けていたと思う。私は軍隊の研究をしようと思っていた。岩波書店の『思想』は一九五〇年代に軍事史や軍国主義の特集を何度も組んでおり、電子コピーで複写し、ファイルに綴じたものが今も書棚にある。その影響で、社会の中の軍国主義というテーマも魅力的だったが、藤原彰『軍事史』（東洋経済新報社、一九六一年）の軍隊そのものを研究するほうに関心が向いた。『軍事史』は、直接東洋経済新報社から取り寄せ、少しくたびれた感じの本を読んだ。参考文献のページには、陸軍の将校倶楽部・偕行社の機関誌『偕行社記事』があり、調べてみると、早稲田大学と京都大学が所蔵していた。一九七二年の八月は、毎日阪急電車で京都通い。十三駅から四〇分を、松本清張の文春文庫シリーズを読んで過ごした。「昭和史発掘」は断片的には読んでいたものの、その時読み通した。この時一人の作家の文庫版には、総集編的な意味合いがあるとわかり、ついでに池波正太郎や藤沢周平などを集めだし、よく読んだ。

京大図書館の『偕行社記事』調査は大変だった。「部外秘」と書かれてあるものがなぜ京大にあるのか、わからなかったが、シリーズの完本はありがたい。二、三回通ううちに面倒になった館員が、書庫に入れてくれ、書庫の窓際で閲覧することになった。ゼロックスコピーが一枚五〇円の時代で、コピー複写は諦め、京大式カードにボールペンで必要な記事を写していった。テーマは日露戦争後の軍隊の変化で、今では山田朗氏が『軍備拡張の近代史』（吉川弘文館）などで明らかにされているが、白兵戦を重視し、精神主義の強調になっていく過程を、将校クラスの議論から追いたいと考えた。『偕行社記事』は部外秘だが、陸軍の将校たちは読んでいるわけで、情報流出も考えられる。直接の過程がわかる材料がなく、懸賞論文の課題や短報の中から史料を見つけ、書いていった。題を「軍隊編成原理の変化について」としたので、口頭試問では「何を原理と考えているのか」と鋭い質問があり、たじたじとなった。

一九七二年の八月は古文書合宿を大谷・里井の二人と行った。当然大学院の入試対策。この回生は私たち三人しか受験予定者がいなかった。二人に比べると私の古文書読解力はダメで、この合宿でやっと追いついたような気がした。大和郡山市の矢田寺で、毎日先輩が一人ずつ指導に来てくれた。井上寛司、本多隆成、薮田貫の三人だったので二泊三日だったか。どこかの大学の書道部の合宿と一緒になり、指導の先生から書道の見方を教わったりした。

結局私は二人と一緒に卒業することはできなかった。一二月になって、教務課の職員が、原田君、英語の単位一単位足りないわよ、と廊下の立ち話で教えてくれ、慌てたが、もう遅い。なぜか先生方が掛け合ってくれたが、当然認められず、いまさら四月には戻れないわけで、もう一年留年することになった。その一年は梅田の本屋清風堂でアルバイトしたり、私の母親の実家である岡山に薮田君と旅行に行ったり、まあのんびりとしていた。

二　修士論文を書く――経済調査会の研究――

一九七四年、七回生の三月、大学院の入試を受け、合格した。古文書は一年半前の合宿の成果がまだ残っており、面接の際、時野谷先生から、君は普段と違って古文書読めるんだね、と皮肉を言われたが、試験はなんとかなったらしい。地理の矢守一彦先生にも、大問の〈歴史における灯りの意味〉の解答が面白かったと褒められた。熊本大学から来た林文理君と私が合格者だった。林君は、工藤敬一先生の下で中世史を研究し、次いで黒田先生に師事してきた。修士を終了し、博士課程の時に福岡市立博物館が設立され、学芸員として就職した。

大学院入学は一九七四年の四月。修士論文のテーマをどうするか、考え始めた。軍事史を続けたかったが、史料の所在や意義を手ほどきしてくれる先輩もおらず、途方に暮れていた。梅渓先生は、古くから防衛研究所戦史部や宮内庁書陵部の史料に接触し、さまざまな論文を発表されていた。若い時にまとめられた奇兵隊などの論集『明治前期政治史の研究』からは離れて、軍人勅諭など軍隊研究を進める一方、大学とのかかわりで懐徳堂や適塾の研究にも着手されていた。文学部長の激務の中、適塾保存のため企業回りも行われ、とてもあれこれ質問するのも憚られる状況だった。一年早く大学院に進学した大谷君が、修士論文の史料集めに国会図書館の憲政資料室に行くというので、ついていって写真撮影を手伝った。それが憲政資料室を訪れた最初の体験だった。まだ有泉貞夫さんがおられ、出て来られて、何調べてるの、読めるの、などと尋ねられたことを覚えている。

一九七四年の八月、現代史サマーセミナーが高尾山で開かれ、何かで知った私は、一人で参加した。京都からは原田久美子さん（京都府立総合資料館、丹後の自由民権運動の研究で知られていた）が来ておられ、知り合いになった。報告は、宮地正人さんと竹内壮一さん。竹内さんの報告は、翌年の「日本工業倶楽部設立の背景とその主体」（『千葉商大論叢』第一三巻第一号―B、一九七五年六月）にまとめられたものだったと思う。宮地さんや雨宮昭一さん、加藤幸三郎さんとはその時初めて知り合い、参加者たちは夜になっても議論していた。

竹内報告に触発され、ブルジョアジーと経済政策、というテーマを考えた。その後、『大系日本国家史』第四巻・近代Ⅰが一九七五年刊行、第五巻・近代Ⅱが一九七六年刊行だった。前者には、中村政則「序論　近代天皇制国家論」、後者には利谷信義・本間重紀「天皇制国家機構・法体制の再編―一九一〇～二〇年代における一断面―」が掲載され、ブルジョアジーと経済政策、それを調整する審議会、という三つの焦点の理論的支えが出てきたと確信を持った。経済政策と資本家団体の関係については、竹内さんに触発されたが、間宮国夫さんの論文も読み込んでいた。研究室の棚にあったコピー集を整理していたら、「日本資本主義と経済団体―日清銀行設立計画をめぐって―」（『社会科学討究』第四三号、一九七〇年）や「日本帝国主義と日支・満州銀行設立計画」（同第四九号、一九七二年）が出てきた。色鉛筆の書き込みがある。「日本資本主義と植民地商業会議所―一九一〇年代の大連商業会議所会員構成を中心として―」（『社研研究シリーズ』第一六号、一九八三年六月）と「小野梓の経済思想」（『早稲田法学』第五七巻三号、一九八二年七月）は謹呈の書き込みがあるので、その後、小論を間宮先生に送った返事だと思う。間宮先生の植民地における日本の実業活動というテーマは、柳沢遊さんが引き継いでいる。

大学院に進学して、法学部の大学院ゼミである山中永之佑教授の授業に出ていた。もともと国史学専攻には大学院ゼミはなく、大谷君と相談して、越境を試みた。山中先生は、『日本近代国家の形成と官僚制』（弘文堂、一九七四年）を出されたばかりの四六歳。梅溪先生や黒田先生とも仲が良く、国史学専攻からの院生の飛び入りは歓迎された。議論は、国家機構と政治勢力、官僚制の関係をさまざまな法分野からなされ、山中ゼミは、議論の活発なゼミだった。そこでの討論も私の修士論文に影響している。

一九七五年の二月か三月、史料調査に大蔵省に行く予定を梅溪先生に報告したところ、大森とく子さんを紹介された。大森さんは、まだ財政史室におられ、大蔵省の本館の三階か四階の事務室に会いに行った。経済政策で史料を探していると告げると、資料室の秦郁彦さんに聞いてみたら、という話になり、暗い部屋に一人でおられた秦さんに会いに行った。秦さんの編集している財政史にかかわっての史料は見られず、大蔵省には文庫があるという話になり、それを見に行った。すると、そこには関東大震災後、大蔵省がOBたちに呼びかけて収集した文書や記録が納められていた。震災後、焼失した各省は、政策立案や継承のために同じ作業を行っていた。その中に、第二次大隈重信内閣が設置した経済調査会の基本文書が綴じられていた。三井合名会社の専務理事だった早川千吉郎が経済調査会委員であった時の文書で、首相の諮問案、毎回の議事録、委員名簿など全て揃っていた。その上に、委員として真面目に務めた早川は、議事録等に書き込みをしており、それも史料として重要だった。その時は、史料探訪というかっこうで訪問したので、いったん帰り、おそらく春休み中に再度大蔵省を訪問し、史料を全て写真撮影した。博士課程に進学していた大谷君が手伝ってくれ、三五ミリフィルム一〇数本の撮影を終えた。大阪の実業家も加わっていたため、内本町にある大阪商工会議所の図書室も調査に出かけ、『大阪商工会議所月報』の経済・貿易データや論説などを調べていった。

日清戦後の農商工高等会議は、『渋沢栄一伝記資料』に議事録が収載されており、それ以後の経済政策決定過程がわかるものとして、桂太郎内閣の生産調査会が有名だったが、その議事録は見当たらなかった。農商工高等会議以来の審議会は、首相の直轄で、そのため取り上げるテーマも網羅的となり、悪く言えば総花的でもあるため、どこに焦点を当てれば、経済政策の成立過程におけるブルジョアジー・官僚・政治家の関係が見えるのか、全くわからなかった。全体を通して、大隈内閣における経済調査会の意義、という曖昧なテーマでまとめたため、提出はしたもののあまり自信はなかった。三人の審査には回ったものの、出直しという結論になったようで、梅溪先生のご意見を、黒田先生からお聞きすることになった。確か梅田の喫茶店で、もう少し勉強しろというようなことを言われた気がする。確かにその後に審議会研究が進んだので、もう一度経済調査会の議事録を読み直し、興業銀行の融資問題に絞って書き直した。翌年は修論試問も合格し、博士課程に進学することができた。

博士課程一年の春だったと思う。阪大文学部には『待兼山論叢』という年一回刊行の雑誌があり、主に大学院生が論文発表の場としていた。その年は誰も引き受け手がなく、日本史専攻では執筆者が決まっていなかった。そんな時研究室の院生の溜まり場に脇田先生が来られ、いったい書く人が決まらないとはどういうことだ、院生たるものは書ける場があればすぐ引き受けるものだ、私は院生の時毎年一本は書いていた、と怒られ、一同シュンとなってしまった。そうなったら誰かが、書きます、と言わないかぎりおさまらない。で、私が書きます、と言ってしまった。もう少し寝かせて学外学会誌に投稿するつもりだったが、成り行き上仕方がない。修士論文のうち興業銀行をめぐっての経済調査会の議論をまとめて、「一九一〇年代のブルジョアジーと日本興業銀行―「工業銀行」化をめぐって―」という論文を公表した（『待兼山論叢』史学篇、一九七八年三月）。このデビュー論文を読んだ作道洋太郎先生（阪大経済学部）から声をかけていただき、社会経済史学会近畿支部で発表したり、抜き刷りをあちこちに送ることになった。その中で、先ほどの間宮国夫先生とのご縁も出来たのだろうし、浅井良夫さんとも知り合いになった。

三　博士課程に進んだものの――製鉄業奨励法成立過程の研究――

経済政策に関心を持っているのを知った、友人の坂本悠一さんが、同時期の農商務大臣の諮問機関である製鉄業調査会の議事録を、僕いらないから、とそっくり送ってきた。彼は生産調査会を調べていたようで、その後の調査会はとうぶん手を付けないようだった。議事録だけでは周辺調査をしなければならず、また東京行きが始まった。東京以外の院生の研究は、地元ネタにならないかぎり、東京の資料室訪問が必須になる。特に近代史は、憲政資料室も国会図書館も戦史部図書館も国立公文書館も、宮内庁書陵部も都内であり、宿泊と交通を考えると面倒で、それを乗り越えるというのが東京圏以外の院生の一つの課題だった。研究の前にこうした雑用が入るわけで、それは今も変わらない。

再び大蔵省や通産省などの図書室も訪問し、大蔵省図書室の二匹目の泥鰌を探して回った。この頃は、各省のセキュリティも緩く、門衛も無言で通してくれ、史料調査の帰りの夕方、大蔵省の玄関で大平正芳蔵相を見かけたことがある。大平蔵相は一九七四年から七六年の在任だから、ちょうど修士課程の調査の時に見たことになる。昼食も各省の職員食堂が使え、当時の雑誌に、外務省の食堂が美味しい、と書いてあった。各省は自らの政策遂行を跡付けることに熱心で、先述の大蔵省文庫は『財政史』

を出しているし、通産省も『商工行政史』。『商工政策史』などで、農商務省・商工省時代も含め調査分析し、未来を構想していた。歴史離れになると自分の足元を固める実直な仕事を放棄し、目先の利益だけを追うことになる。それがこの三〇年間の教訓になってしまった現代。

製鉄業調査会を調べていくと、経済調査会でも、戦後製鉄業のあり方を調査検討しており、二つの調査会の審議は時期的に重なるが、意見は異なることがわかった。第一次世界大戦が日本工業界のジャンプの時代だったことは自明だが、その中核になる〈産業の米〉をどのように調達するのかについて、二種の審議会の議論を比較するのは面白かった。それをまとめて『日本史研究』に投稿したところ、採用となった。「製鉄事業奨励法成立過程における官僚とブルジョアジー――二つの調査会の機能を中心に――」(『日本史研究』第二二一号、一九八一年一月)である。製鉄業を研究している人は少なく、大橋周治先生から、頑張れよというお葉書をもらった。中村哲ゼミ出身の長島修さんは、日本史研究会の近現代史部会で知り合いだったが、それからは製鉄業関係の論文や著書を必ず送っていただくようになった。一つ研究分野を広げるたびに知人・友人が増えていった。

これを投稿してまもなくだったと思う。小山仁示先生から電話があり、大阪歴史学会の大会で報告しないかとお誘いがあった。経済調査会の審議は多岐にわたっているが、まとまって話すことができるテーマは何かと考え、第一次世界大戦後の戦後経営策として考えられていた中国への銀行進出を取り上げることにした。対華二一箇条要求前後だけでなく、日清戦後の中国では頻繁に日貨排斥運動が起きており、それにどう対処するのか、が大隈内閣・寺内内閣・原内閣などの大きな課題となっていた。それを経済調査会は、既に大戦中に議論しており、そのことをまとめて、一九八〇年の大阪歴史学会大会で報告した。それが「日貨ボイコット運動と日支銀行設立構想――一九一〇年代大阪のブルジョアジーの立場―」（『ヒストリア』第九〇号、一九八一年三月）である。植民地や帝国主義研究は、この頃経済史分野での進展が中心で、政治史や社会史という分野はあまり広がっていなかった。

一九八一年のいつだったか、日本史研究会の研究委員の高橋秀直さんから、今年の大会報告をしないかという問い合わせがあった。拒むところではないので、二つ返事で引き受けた。経済政策史で進めてきたが、それをどう広げるか、が問題だった。経済調査会は第二次大隈内閣が設置したものだから、戦後政策への展望をうみだすのがそのミッションだった。各部会の委員には陸海の軍人も加わっており、第一次世界大戦をどう捉え、その後の軍事政策に絡ませていくか、という視点を彼らは当然持っていた。陸軍省に臨時軍事調査委員会が設置され、大戦を総力戦という概念で捉える段階まで来ていた。大隈内閣の次の寺内正毅内閣では、総力戦に対応する明確な問題意識の下で、軍需工業動員法を成立させた。戦時になれば指定された工場などを、軍部の指導の下に置くという内容で、これは日中全面戦争の始まった一九三七年にいったん発動されるが、不十分だということで、翌年国家総動員法を公布施行することになる。軍需工業動員法は戦時になるまで発動されないが、それを準備する機関が首相直属機関として設けられた。軍需局―国勢院―資源局―企画院とつながる、国家総動員準備機関である。こうした過程を、総力戦体制に向かう経済政策という視点で捉えることを、近現代史部会の議論の中で温めていった。日本史研究会の部会共同報告という位置づけの個人報告であり、大会前の半年間に数回準備会が持たれ、その度に参加者からあれこれ注文がつく。アイデアを出してくれることもあるが、単なる異見の時もあり、いつの報告者も戸惑う。私も例外ではなく、なかば迷走しながら準備を進め、時間の余裕がなかったので、自分で二五〇部レジュメを印刷し、キャリーで会場の龍谷大学深草校舎へ運んだ。

発表の後、小林英夫氏から批判の手紙をいただいたり、一橋大学の藤原ゼミで、大会報告の論文

（「近代日本の軍部とブルジョアジー――第一次大戦型総力戦政策の形成と展開――」、『日本史研究』第二三五号、一九八二年三月）の検討会をしたとも聞いた。構造として描こうという目論見はなんとかこなしたが、細かい実証には欠けるので、反省点はある。年末の部会での反省会では、西成田豊氏が担当してくれたが、手厳しく批判された。

現在ではこのテーマを追っていないが、少し考えは変わった。第一次世界大戦で、各国は総力戦体制を確立して、戦争を遂行し、それを陸軍省臨時軍事調査委員会などが吸収して、軍需工業動員法や内閣軍需局などを準備し、しだいに産業界に食い込んでいったというのが報告と論文の趣旨だが、その後、例えば小林啓治『総力戦体制の正体』（柏書房、二〇一六年五月）を書評する機会があり、それらに学べば、日本の場合、軍部による強権的な総動員体制は構築されたが、国家と社会を挙げての総力戦体制には届かなかったと結論するべきだと思う。General Mobilization はできたが、Total War System はできなかったのが戦前の日本だった。英語の表現のほうが明確に見える。

四　ＯＤが始まる――都市支配の構造――

大会報告の論文が『日本史研究』に掲載された頃、私の大学院生活が終わった。博士課程は出るまで在籍できると思っていたら、キッチリ五年で満期退学になるということを最終段階で知り、先生方も動いていただいたが、延長はできないということで一九八二年三月「単位取得満期退学」となった。

この年は、大阪歴史科学協議会に『歴史評論』の編集担当が回ってきて、薮田君から、内容の相談があった。大阪という都市を分析しようとまとまり、薮田君は近世都市史を、ブルジョアジーに関心を持ち続けていた私は、「近代都市史」を分担することになり、執筆者を選んだ。近世史は内田九州男氏と本城正徳氏、近代は小路田泰直氏と私、ほかに中村浩氏に執筆を依頼することになった。何人かで相談会をしたりしたが、自分も書くつもりになった。大阪商工会議所の史料などを見ていたので、商工会議所の会員選挙が調べられそうと判断し、在阪の新聞を丹念に読んでいった。すると、その会員選挙も見つけられたが、府会議員や市会議員選挙の情報量が多い。府会議員・市会議員・衆議院議員・商工会議所会員、いずれの選挙でも、立候補制ではないことも初めて知ったことだった。有権者が財産制限で（実際は納税額による資格認定）限定的だったことは誰でも知っているが、その選挙をどのようにしているかはほとんど研究がなかった。一八九〇年の第一回衆議院総選挙についてだけ、メイソン著（石尾芳久・武田敏朗訳）『日本の第一回総選挙』（法律文化社、一九七三年）が出ていたが、地域政治の構造まで分析していたわけではなかった。有権者の有志が集まり、誰を推薦するか、議論し、その結果を新聞に発表して、投票を呼び掛けるというのも新聞を繰っていくうちに見つけた。山中ゼミの門前の小僧で、法制度の持つ問題点から政治紛争化することも視野に入っていた。そこで商工会議所の選挙を書くのを止めて、大阪市の市政に焦点を絞り、都市名望家がどのように市政を把握し、展開するのかを追究した。それが「都市支配の構造―地域秩序の担い手たち―」（『歴史評論』第三九三号、一九八三年一月）になった。特集のテーマを「日本近代都市史の究明」とし、まえがきを書き、薮田貫氏との連名で発表した。今ではどこを私が書いたのか、記憶があやふやだが、その末尾には次のようにある。

編集担当の我々の力不足から、「都市史」それ自体の究明に必要な、都市の理論的位置づけや都市と農村、都市間の諸関係などいくつかの論考を準備できなかった。その点では、この試みを契機し、再度都市史の検討の課題にとりくんでみたい。

「都市史」研究は始まったばかりですよ、というメッセージがそこにはあり、多くの人の関心を呼び込もうとしていた。

考えてみれば、日本の都市史研究は中世分野にしかなかった。戦後歴史学第一世代の、脇田修先生や福島雅蔵先生（花園大学）からは、いかに村の蔵を訪ね、開けてもらったか、という話をよく聞いた。戦後歴史学の華は経済史研究であり、村の財政と経済だった。都市史研究は、戦前以来、中世都市が対象であって、近世史研究では、松本四郎氏が、江戸と大坂をフィールドにした論文を本にまとめていた頃で（『日本近世都市論』東大出版会、一九八三年）、近代都市の研究は誰も注目していなかった。大阪歴史学会では、芝村篤樹氏が、関一大阪市長に着目し、大正デモクラシー下の関市政を究明し始めていたのがほぼ同じ時期で、先駆的だった。こうした戦後歴史学の中における〈日本近代都市史研究〉という位置づけは、六年後に書いた研究史整理の「都市問題論から近代社会論へ―都市史研究の成果と課題―」（『歴史評論』第四七一号、一九八九年七月）に書いた。

私の都市史デビュー論文は、「予選体制」という言葉に警戒心が起きたらしく、なぜ「体制」なのか、「土着名望資産家層」とは何なのか、など、研究会報告のたびに議論を巻き起こしていた。それでも『歴史評論』の日本近代都市史特集は評判になったようで、より若い人たちが日本近代都市の政治構造などの解明に取り組み始めた。そうした研究を、科研費などに組織していれば、もう少し違う展開ができたかもしれないが、その頃のオーバードクターではそういう発想はなかった。石塚裕道氏と成田龍一氏の共著である『東京都の百年』（シリーズ県民百年史、山川出版社、一九八六年）などあちこちで日本近代都市史の成果が表れ始めた。その頃、東京と大阪の研究者を核にして、〈日本近代都市史研究会〉を作らないか、とたぶん芝村さんとの雑談でうまれた話で、やろうやろうということになった。東は石塚裕道氏、西は芝村篤樹氏を代表にして、真ん中あたりで合宿発表会をすることになった。第一回は箱根だったと思う。合宿勉強会は、夜まで宿舎で議論するというキツイものがあるが、当時は歴史科学協議会の大会がその持ち方で、私は楽しみだった。宿坊などのため、ほとんど個室ではなく、四、五人の相部屋だったが、知らない人や大先生と一緒になり、議論に花が咲いた。成田龍一さんと本格的に二人だけで〈近代都市史〉をめぐって話をしたのもこの頃だろう。高田馬場駅前の喫茶店に入り、数時間話し込んだ。戦後歴史学に都市史という方法・分野から斬り込むという勢いが私たちにはあった。

大阪の都市史は面白く、調査を進めると一九〇九年の大阪市〈北の大火〉後の復興過程で、市長の責任追及、辞職などの大きな動きがあったことがわかった。その中で、大阪市の改革派グループが、市制の改革を求めていることも知った。一八八八年に公布された「市制町村制」（一八八八年法律第一号）は、山縣有朋内相の下で作られ、名望家層にのみ信頼を置いて地方統治を行おうという構想だった。同時に公布された「市制町村制理由」には、「地方の名望ある者」に「公同の事務を負担せしめ」て「参政の名誉たるを弁するに至」らせると、名望家層を政治的基盤とする意図を明確に述べていた。また市会議員選挙の三級制、町村会議員選挙の二級制という、納税額による選挙人の区分を設けたのは、「本邦に於ては創始に属す」が「外国の実例に照すに明に其良結果ある」ので採用した。こうした選挙法の選択は「細民の多数に制せらるゝの弊を防くに足る」からだ、とあからさまな説明をしていた。改革派の構想は、それらを批判し対立するものではないが、市長の独任制や市参事会の権限縮小など、都市の自立性を高めようという意図を持っていた。これらが、産業革命を経た一九〇〇年代の財界の要望に応えるものであることは明らかであり、大阪市の都市開発や関市政を再評価するには必要な素材だと考えた。それが「都市支配の再編成―日露戦後大阪市政改革運動をめぐって―」（『ヒストリア』第一〇一号、一九八三年一二月）になった。この市政改革派の源をたどろうと考え、大阪の民権派を調べ始めた。大阪の民権運動は、愛国社の大会が大阪で開かれるなど、陽は当たっていたが根付きの運動についての研究はほとんどなかった。北崎豊二氏が数少ない研究者として頑張っていた。主に演説会活動を拾い上げたものだが、民権派から市政改革派への人脈的つながりは見えたと思った。それが「「三大事件建白運動」と大阪民党」（梅溪昇教授退官記念論文集刊行会編『日本近代の成立と展開』思文閣出版、一九八四年四月、所収）である。

この頃、マイクロフィルム版の新聞を丹念に読み込む作業を続けていた。地元の兵庫県立図書館、中之島の大阪府立図書館の二つに通い、雑報に至るまで目を通した。また廣川禎秀氏から、『大阪市史』第八巻の執筆者に入らないかと誘いを受け、翌年には山中永之佑先生から第六巻の執筆者を依頼された。その縁で、西長堀の大阪市史編纂所に史料調査に赴くようになった。その時、藤本篤所長から、こんな史料がある、と見せられたのが「南区役所文書」だった。大阪市立図書館が所蔵していた文書群の一つで、その中に、一八八六年の長町移転問題に関する史料がいくつかあり、大阪府の提案理由や審議経過がわかる重要なものだった。使用許可をもらい、新聞にもあたってできたのが、「治安・衛生・貧民―一八八六年大阪の「市区改正」」（『待兼山論叢』第一九号史学篇、一九八五年一二月）である。この時使った史料の一つ「日本橋筋三丁目ヲ始数町村人民移転之件」は、ひろたまさき氏が「大阪府警部長の貧民移住案」という表題をつけ、氏の編纂した史料集『差別の諸相』（日本近代思想大系二二、岩波書店、一九九〇年三月）に掲載された。

下層社会に対する関心は、部落問題研究所の近現代史部会での報告となり、大会でも一度報告し、のちに全国部落史交流会でも報告することになった。それらの論考は次の通り。

「都市貧民論―その支配の構造―」（『部落問題研究』第八七輯、一九八六年六月）

「米騒動研究の一視角―「生活難」をめぐって―」（『部落問題研究』第九九輯、一九八九年五月）

「一九〇〇年代の都市下層社会―共同と競合をめぐって―」（部落問題研究所編『近代日本の社会史的分析―天皇制下の部落問題―』部落問題研究所、一九八九年九月）

「一八八六年の都市プラン―コレラ・内務省・文明―」（全国部落史交流会編『部落史研究2―近代の都市のあり方と部落問題』解放出版社、一九九八年八月）

これらは、新聞や雑誌などのメディアにうつしだされた下層社会研究ともいえるもので、行政史料よりもメディアを丹念に読み込むことで書けた論考だった。

その中で、日清戦争が始まった時期の都市に面白い動きがあった。青年がいなくなるという呟きだった。戦争が始まると、入営訓練中の現役兵のほか、予備役の青年たちが召集され、戦場に向かうのは想像できる。日清戦争では近衛師団を含む七個師団全てが動員され、戦場に運ばれたので、兵員召集は全国的な動きだった。それ以外に、青年がいなくなる？　国木田独歩は、日清戦争に取材した「置土産」の中で次のように描いている。

若い者の遽《にわか》に消えて無くなる、此頃は其幾人といふを知らず大概は軍夫と定《き》まり居れば、吉次も其一人ぞと怪しむ者なく三角餅の茶店の噂も七十五日経過《たゝ》ぬ間に吉次の名さへ消えてなくなりぬ。

（「置土産」、『太陽』第六巻第一五号、一九〇〇年一二月一日）

「軍夫」というのは初めて見る用語だったが、軍人・軍属以外に「軍夫」というのがいるという最初の出会いだった。日清戦争期の文学に結晶した戦争の様相をまず描いてみた。

「軍隊と日清戦争の風景―文学と歴史の接点―」（『鷹陵史学』第一九号、一九九四年三月）

この論考をまとめながら、来る一九九四年は日清戦争一〇〇周年だから、論文集でも作ろうと大谷君と話し合い、執筆者を出し合った。忠魂碑の研究を進めていた籠谷次郎氏、メディア研究の松岡信一氏、広島で丹念な調査を行っていた檜山幸夫氏、西南戦争と遺族問題の研究を発表されていた北原糸子氏にそれぞれ依頼し、六人でまとめたのが、大谷正・原田編『日清戦争の社会史―「文明戦争」と民衆―』(フォーラムA、一九九四年九月)である。私は「日本国民の参戦熱」と題し、義勇軍運動そのものと、その禁止以後の軍夫志願への動きを岩手県の新聞『巌手公報』などを使って深掘りした。東京や大阪では有馬組や大倉組などの口入屋が軍夫募集の主力だったが、東北各地は県当局が主体となって村々から軍夫を募集させ、千人長や百人長という幹部に、休職させた県職員や教員を充てていた。地域と軍隊がどのように結びついていたか、いなかったかを示すエピソードである。

本が出る前に、大谷君から、山東省で日清戦争の国際学会があるので行かないか、とお誘いがあり、八月に一〇日間ほど中国に行くことになった。学会前に〈満洲〉を見に行くということになり、大谷君の長男求君と三人で大連に行った。大連の旧大和ホテル、瀋陽はどこだったか、長春も旧大和ホテルと、東北地方を三、四泊したと思う。まだ旅順に入れない時代だったので、大連の旧満鉄社宅や本願寺別院など残存している建物のほか、もう消失していた大連神社の跡の小学校を訪ねたり、毎日忙しく歩き回った。大連の駅では、満鉄のマークの入ったレールが積まれているのを見つけたり、好奇心は尽きなかった。長春から飛行機で北京に入り、求君を日本に送り返して、私たちは山東省の威海に入った。山東省社会科学院の主催で、ホテルに数百人が合宿状態で発表が行われた。この時、東京や名古屋からも参加者があり、そこで知り合った大畑篤四郎先生や檜山幸夫氏たちとの出会いが、翌年の日清戦争シンポジュウム、さらに東アジア近代史学会の結成へとつながった。東は大畑先生、西は中塚明先生や井口和起さんたちを中心に、檜山氏が事務局長となった。組織化するのが得手な檜山氏の精力的な活動が、結成の起動力だった。その学会も二〇年を超えた。

五　日本近代都市史研究から軍夫研究、さらに日清戦争研究へ

一九九〇年代は慌ただしかった。一九九一年四月に、ようやく佛教大学文学部史学科に助教授として赴任し、教育という重い課題はあるものの、研究環境は格段に変わった。教員や卒業生を中心に鷹陵史学会が組織されており、『鷹陵史学』を年一回刊行していたし、『文学部論集』もあり、それらへの投稿も必要になった。いろんな出版企画に誘われることもいっそう増え、従来のように、自分で少しずつ準備し、学会誌へ投稿するということができ辛くなった。経済政策史で学会デビューをし、近代都市史をアピールし、科研費を申請したり、友人の科研費に加わったり、日本史研究会の近現代史部会に出たり。いつの時か、成田龍一さんに、フットワークが軽いね、と言われたことがある。たぶん褒められたと考えることにする。どこにでも出かけ、誰とでも話し合い、フィールドを増やしたり、固めたりする。特技と考えたことはないが、研究者には必要なことでもあり、考えてみたら中学一年からの生活信条でもあった。後輩の院生たちに、院生時代がいちばん時間の自由があるから、それをどう使うかが大事だ、とか、税金で勉強した私たちは、人民にどう返すのかが重要だ、とか生意気な説教めいたことをした記憶がある。後者は、国公立大学だけでなく、私立大学も国庫支出を受けている現在、全ての高等教育にあてはまる。

軍夫に関する一次史料を求めて、各地の図書館や資料館を調査することも始めた。京都で〈戦争遺跡に平和をたずねる会〉を主宰していた池田一郎先生と知り合ったことが、戦争史研究へ進ませることになった。この会が、戦争遺跡を訪ねる会を催した時、たまたま参加し、深草の陸軍墓地を案内された。

大阪の真田山で見たことがあるので、池田先生に尋ねると、どこにでもあるよ、という応えだった。それでは、というので調べ始めたが、全国陸軍墓地行脚の旅だった。都市地図を調べ、それらしきものがあると出かけた。当初、何に記録していたのか、わからなくなっているが、おそらく姫路の陸軍墓地を見つけ、市民霊園に改装された一角で調査した。個人墓標はあるものの、無縁仏風にピラミッド型に積み上げられ、多くは判読できなくなっていた。「生兵」という肩書の多いのも気になった。

一九九六年三月二〇日からはポケット版のメモ帳に「掃苔録」と名付けた。研究室の引っ越しで整理が乱れているが、おそらく一〇冊以上あると思う。最初の一九九六年の調査を復元してみよう。

3月20日（水・祝日）堺市近畿中央病院（秋葉英則先生見舞い）の際、輜重兵第四聯隊の「忠魂」碑発見。

3月21日（木）小倉、門司、北九州市立文書館

3月22日（金）熊本県立図書館

4月4日（木）三重県津市、久居市

4月13日（土）宇治市

4月18日（木）奈良県立図書館

4月20日（土）陸上自衛隊姫路駐屯地

4月21日（日）三重県久居市の陸上自衛隊駐屯地

4月28日（日）姫路名古山霊園、姫路市平和資料館

5月2日（木）奈良県立図書館

5月3日（金）あやめ池遊園地の「平和博」

5月18日（土）　名古屋市平和霊園
5月23日（木）～24日（金）　埼玉県立文書館、埼玉県立図書館
5月31日（金）　仙台市の陸軍墓地、陽雲寺（住職聞き取り）
7月8日（月）　大阪市立中央図書館
7月12日（金）　熊本市の花岡山官軍墓地、小峰陸軍墓地
7月30日（火）　現代史サマーセミナーのあと、松本陸軍墓地
8月1日（木）　松代大本営跡
8月14日（水）～16日（金）　愛知の戦争展、月ケ丘墓地、常昌院、焼津市立図書館、静岡陸軍墓地、
豊橋陸軍墓地
8月24日（土）～27日（火）　北九州市、久留米市山川招魂社、大宰府、福岡・谷公園
8月30日（金）　岡山護国神社
9月5日（木）　自衛隊守山駐屯地、明治村
9月6日（金）　宝塚市史
9月9日（月）　岡山陸軍墓地、自衛隊海田市駐屯地
9月22日（日）　大阪市の人権博物館の日清戦争錦絵展
10月18日（金）　久留米市の忠霊塔
10月19日（土）　大分陸軍墓地、県立図書館
12月13日（金）　東京都の音羽陸軍墓地
12月14日（土）　大阪市の人権博物館

12月18日（水） 京都市の冷泉家

「掃苔録」No1とNo2に記載してあるままに抜き出したが、講義の合間によく行ったものだと思う。春休みや夏休みを利用するのはもちろん、教育実習の訪問の前後に調査することも多く、それが平日の調査記録に残った。休みの日の調査は、妻白石玲子と一緒に行った。久居市、久留米市、静岡県各地など、歩き回った。一九九八年は、

8月22日 群馬県の高崎陸軍墓地（龍広寺住職の聞き取り）、県立図書館
8月23日 山形陸軍墓地、県立図書館、山形護国神社
8月24日 盛岡陸軍墓地跡、県立図書館、県庁情報公開室、盛岡護国神社
8月25日 秋田陸軍墓地、県立図書館
8月26日 弘前陸軍墓地、自衛隊弘前駐屯地、市立図書館、青森陸軍墓地、県立図書館
8月27日 大湊海軍墓地跡、海上自衛隊大湊駐屯地

と関東・東北五県を駆け足で調査した。こうした調査には妻白石玲子が同行することが多かった。墓標などの計測や図書館の調査は二人でするとはかどったが、二人とも自動車運転ができなかったので、タクシーやバス、そして歩きで踏破していった。

各地の図書館や公文書館で、戦没者名簿や忠魂碑・忠霊塔建立の文書などを収集したが、その多くは現在死蔵になっているのを残念に思う。今後の仕事と考えている。古文書返却の旅ではなく、公文書を活かす旅となるだろう。

一九九五年は大阪大学文学部に出講しており、その時、芝原拓自先生から、そろそろ学位論文をまとめてはどうか、というお話があった。日本の近代都市史を開拓してきて論考を発表してきたが、論文集

にはまとめていなかった。また「掃苔録」の記述からもわかるとおり、次のテーマである、軍夫・追悼・日清戦争・軍用墓地という一連の課題にも取り組むようになってきて、都市史のまとめをする時期だと思った。その頃、先輩研究者の尾川昌法さんから、若書きというのがあり、若い時は尖ったことを言ってもいいんだぞ、と諭された。理論というより実態の発掘から出発した都市史研究だったが、それをこの際まとめようという考えで、急いでワープロ打ちの原稿を製本して、「日本近代都市史研究」と題して提出した。一九九六年一〇月の授与式は大阪大学の本部で行われ、二〇人ほどが授与された。妻と父についてきてもらい、父は喜んで総長とツーショットにおさまった。白石玲子の学位は、二〇一〇年から準備していたが、完成の前に病魔に襲われ、中途になっているのが、今でも悔やまれる。これも私の退職後の課題の一つである。

梅溪先生のご紹介で、思文閣出版の林秀樹編集長を紹介され、学位論文の出版となった。急逝した林宥一さんの従弟だと自己紹介され、すぐに旧知のようになった。一九九七年一一月に出版された『日本近代都市史研究』は、若手の研究者の間で受け入れられ、翌年春大阪で一回（大阪歴史科学協議会帝国主義研究部会と大阪歴史学会近代史部会の共催）、京都で一回（日本史研究会近現代史部会）の二回書評会がもたれた。一九九〇年一一月に小路田泰直さんの『日本近代都市史研究序説』（柏書房）、一九九一年九月に石塚裕道先生の『日本近代都市論―東京：一八六八～一九二三―』（東京大学出版会）と次々に出版され、近代都市史が注目されていた事情があった。

教育実習の学校訪問で生まれた論考が一つある。『島根近代史研究会会報』第四九号（二〇一二年六月）に発表した「日清戦争の追悼碑建設をめぐって―島根県旧平田町の場合―」。島根県立平田高校で教育実習をしているゼミ生の激励と、学校へのご挨拶で伺い、役目を果たして帰る際、西方の森の上から槍型の物体がたまたま見えた。直感で日清戦争の追悼碑と判断し、歩いてそこへ向かった。戦国時代の平田城跡で、現在は愛宕山公園となっている一角だった。予想通り、槍型の追悼碑で、上段に日清戦争戦没者、中段に義和団戦争戦没者、下段に日露戦争戦没者の氏名がそれぞれ刻印されている鋳物だった。槍型の慰霊碑は、それまでに甲府市・和歌山市・新発田市で発見しており、日露戦争以後では見られないものなので、騎馬民族の清との戦争を意識した追悼碑と考えていた。その四例目が偶然見つかった。その秋の日本史研究会の会場で、島根大学の竹永三男氏に、そのことを話すと、実は史料がある、ということを教えてもらった。冬休みだったか、平田市立図書館に納められている旧役場文書の調査と撮影に入った。調べてみると、竹永氏は既に史料を使って講演もされており、解読も進められていたようだが、あっさりと譲ってくれた。既に三例を見つけ、拙著『日清・日露戦争』に三点の写真を掲載していたので、これが増えるのは私としても嬉しかった。兵事史料は膨大で、一日目は独力で撮影したが、二日目からは同じ島根大学の居石正和さんの奥さんに手伝ってもらい、撮影を完了した。小論にまとめてみて、地域が戦没者に寄せる気持ちは複雑で、なかなか寄金が集まらなかったことに驚いた。最後は割当制で予定に達し、創建されたが、五年後には義和団戦争の戦没者、その五年後には日露戦争の戦没者が出たので、鋳物を下につぎ足していった。日清戦後には割当寄金の形しかとれなかった地域が、義和団戦争や日露戦争後にも、同様のしぶしぶ寄金になるのか、それともナショナリズムに火がついて積極的寄金になるのか、課題はまだ残されている。

軍夫や陸軍墓地・海軍墓地、忠魂碑や忠霊塔などの調査を進め、調べたことは発表し、使ってもらうと共に、批判を仰ぐという気持ちで、拙いものをまとめていった。近代都市史をまとめたり、書評したものもあるので、この頃、都市史の原田と軍事史の原田と同名の研究者が二人いるという噂があったと聞いたことがある。

「国権派の日清戦争―『九州日日新聞』を中心に―」（佛教大学『文学部論集』第八一号、一九九七年三月）

「軍夫の日清戦争」（東アジア近代史学会編『日清戦争と東アジア世界の変容』下巻、ゆまに書房、一九九七年九月）

「「万骨枯る」空間の形成―陸軍墓地の制度と実態を中心に―」（佛教大学『文学部論集』第八二号、一九九八年三月）

「陸海軍埋葬地制度考」（大阪大学日本史研究室編『近世近代の地域と権力』清文堂、一九九八年一二月）

「戦争を伝えた人びと―日清戦争と錦絵をめぐって―」（佛教大学『文学部論集』第八四号、二〇〇〇年三月）

「軍隊と戦争の記憶―日本における軍用墓地を素材として―」（『佛教大学総合研究所紀要』第七号、二〇〇〇年三月）

「公的追悼空間論―戦没者問題をめぐって―」（『新しい歴史学のために』第二三八号、二〇〇〇年六月）

「軍用墓地と日本の近代」（『ヒストリア』第一七一号、二〇〇〇年九月）

「大英帝国の戦争―博物館・墓地・追悼碑―」（『佛教大学総合研究所紀要』第八号、二〇〇一年三月）

「軍用墓地の戦後史―変容と維持をめぐって―」（佛教大学『文学部論集』第八六号、二〇〇二年三月）

「誰が追悼できるのか―靖国神社と戦没者追悼―」（『季刊戦争責任研究』第三六号、二〇〇二年六月）
「陸海軍墓地制度史」（『国立歴史民俗博物館研究報告』第一〇二集、二〇〇三年三月）
「日本近代の戦争認識と戦没者祭祀―国家と民衆―」（大日方純夫・山田朗編『講座　戦争と現代』第三巻、「近代日本の戦争をどう見るか」（大月書店、二〇〇四年二月）
「慰霊の政治学」（小森陽一・成田龍一編『日露戦争スタディーズ』紀伊国屋書店、二〇〇四年二月）
「「戦争遺跡」研究の位置―戦争と平和の歴史―」（『歴史評論』第六六七号、二〇〇五年一月）
「慰霊と追悼―戦争記念日から終戦記念日へ―」（倉沢愛子・杉原達・成田龍一・テッサ＝モーリス＝スズキ・油井大三郎・吉田裕編『岩波講座　アジア・太平洋戦争』第二巻、「戦争の政治学」（岩波書店、二〇〇五年一二月）
「戦争の終わらせ方と戦争墓地―フランクフルト条約からサンフランシスコ平和条約まで―」（佛教大学『文学部論集』第九一号、二〇〇七年三月）

これらの軍用墓地関係論考を最もよく読んでくれた一人は、永滝稔さんだった。永滝さんはその頃吉川弘文館編集部の若手で、一九九〇年代に成田龍一さんに相談して、〈ニューヒストリー　近代日本〉というシリーズを企画した。意欲的な企画で、ひろたまさきさんや西川祐子さんのようなベテランから、成田さんや牧原憲夫さん、山室信一さんなどの中堅、高木博志さんや長志珠絵さんのような若手が十数人集められ、一九九五年から京都の白雲荘や東京のホテル機山館などで合宿し、各自の構想を発表し、議論した。昼間の構想発表会と議論も勉強になったが、夜の懇親会はもっと白熱し、激論となった。このシリーズは、一六人が一冊書くことになり、全体プランがPR誌『本郷』に発表された。まず成田龍一『「故郷」という物語―都市空間の歴史学―』（一九九八年七月）、次いで牧原憲夫『客分と国民のあいだ―近代民衆の政治意識―』(一九九八年七月)、北原糸子『磐梯山噴火―災異から災害の科学へ―』(一九九八年一二月)と続いたが、そこで刊行が止まった。

三冊とも学界に衝撃を与え、すぐ二刷りになったと聞いた。『明治建白書集成』第二~四巻(筑摩書房、一九八六~九〇年)という大部な史料集をまとめ、『明治七年の大論争―建白書から見た近代国家と民衆―』(日本経済評論社、一九九〇年)を書き下ろしていた牧原さんの民権論がどこへ行くのかは、関心の的であり、未生成の民衆を福沢諭吉のいう「客分」という言葉で捉え、「客分」がせめぎあいの中で「国民」に成長するのが自由民権運動であり、彼らが国民国家を支えるとの考えは、西川長夫氏が提唱を始めていた〈国民国家〉論とも共振していた。

この三冊が出ても後続はなかなか出なかった。私も都市史の想定で呼ばれたはずだが、成田さんのものを超えるプランが出ず、軍隊を戦場ではなく、日常社会の中に置いて考えてみるという構想に至った。野間宏『真空地帯』や五味川純平『人間の条件』に高校時代に親しんだ世代、父や祖父が兵士であった世代としては、戦場の兵士より彼らの人生の中の軍隊に関心が向いた。大学の研究室で夜遅くまで執筆し、二二時過ぎの新快速に飛び乗って、明石に帰り、翌日また出勤するという毎日だった。その時間を過ぎると普通電車で帰るのが辛いので、大学の近くに下宿していた院生のところを急襲するということもあった。ようやく『国民軍の神話―兵士になるということ―』(吉川弘文館、二〇〇一年九月)が刊行されたとき、藪田貫君から、卒論に戻ったね、と言われて、卒論が軍隊テーマだったことを思い出した。この〈ニューヒストリー〉というシリーズは、その後だいぶたって、島薗進『〈癒す知〉の系譜―科学と宗教のはざま―』(二〇〇三年三月)、西川祐子『日記をつづるということ―国民教育装置とその逸脱―』(二〇〇九年六月)が出たが、止まっていて完結していない。特に若手が忙しくなり、編集者の追求が緩くなっているのだろうが、なんとか完成してほしいラインナップである。

調査を続けているうちに、日本の陸軍墓地・海軍墓地だけでなく、欧米やアジアのそれらはどうなっているのだろうという疑問を持った。一九九八年に大谷正さんが国外研修になり、三月にロンドンに来ないか、というお誘いがあった。国立公文書館（PRO、現在はTNA）のあるキューガーデンのB&Bを借りていて、まだ部屋が空いているというのでそこへ転がり込んだ。PROで登録し、カードを貰い、検索したりしたが、本格的な史料調査は次にと思い、そのまま二〇年過ぎた。この時の最も大きな収穫は、エディンバラに行ったこと。エディンバラ城の中に、〈Scottish National War Memorial〉という追悼堂があり、スコットランドの全ての軍隊の追悼場所になっていた。陸軍では聯隊ごとのモニュメントがタペストリー風に壁に掛けられ、その前には戦没者全員の分厚い名簿が据えられていて、どれも端が擦り切れていた。町中のインド料理の店では、多くのインド人が働いており、彼らはインド軍として英国に来て、そのまま残留して、料理店を始めたという。大英帝国から英連邦へ、その歴史を垣間見た気がした。

二〇〇一年に、たまたま科研費があたり（テーマ「帝国における戦没者追悼の比較史的研究―イギリスと日本の軍用墓地を中心に―」三年間）、欧米の戦争墓地を調査に行こうと予定を立てはじめたら、二〇〇一年の九・一一事件で、少し難しく見えた。そこで東洋史専攻の大学院生で一年間台中に留学していた桐本順功君に援助してもらえる台湾調査に切り替えた。二〇〇二年二月二八日から三月三日の四日間だった。このころ東アジアのタクシーは、乗車前に料金を取り決める形になっており、台湾も同じだった。地図や地名を示し、合意すると車に乗り込んだ。そこまでは桐本君の力が発揮されたが、乗車すると運転手が話しかけ始め、その途端桐本君は、お手上げだ、と言い出した。値段交渉は共通語（北京官話）でしてくれるが、乗車後は突然閩南語で話し始めたらしい。国語と言われる共通語と、台湾の人たちが話す台語＝閩南語は、発音だけでなく、言葉自体が異なるという体験をした瞬間だった。

最終日は佛教大学大学院博士後期課程に留学していた黄栄昌さんが車を出してくれ、台北郊外の五指山にある国軍墓地をじっくり調査することができた。たまたま埋葬式も見学することができた。キリスト教式で、牧師が弔辞を述べると数人の参列者が間髪入れず前へ進み出て、彼ら彼女らの弔意を述べるという緊張感のあるものだった。離れて待機していたトラックの作業員を見て、黄さんが、高砂族だと言ったのも印象的だった。

二〇〇三年の八月はヨーロッパでの調査ができそうなので、京都大学の博士後期課程にいたバリー・キース Barry Keith 君（現在、琉球大学教授）を、第一次世界大戦の墓地調査に誘った。彼がネットで英国のバトル・フィールドツアーガイドのアンドリュー・スプーナー Andrew Spooner さんを見つけてくれた。彼は、英国戦争博物館の共同研究員でもあり、同館の調査プロジェクト・戦争記念碑追悼碑の全国調査で作成した「戦没記念碑総目録」の地方調査員も務め、最適の案内者だった。ロンドンで最初の相談をした時、彼が、today を「ツダイ」と発音した時、イギリスに来たという感動を久しぶりに覚えた。調査期間は八月一六日から三〇日の一五日間。

翌日、彼の四駆でドーバー海峡を渡り、ベルギーの戦場へ向かった。三人でバトル・フィールドを訪ね歩くのは楽しかった。八月のヨーロッパも暑かったが、乾燥気候なので日本ほど暑苦しくなく、ランチは開放的な野原に車を止めて、テーブルやパンなどを出し、サンドイッチを頬張りながらワインというやり方が多かった。初日のバトル・フィールドで塹壕の復元やそこで行われた戦いなどを説明した後、弾丸が落ちているはずだから探せ、という事になったが見つからなかった。ＵＫはこの戦場を新兵教育に使っているようで、その一団にも遭遇し、インタビューを試みた。初めは軍隊だと思わなかったのは、彼らが平服だったから。指揮官と思われる人に、インタビューの許可を貰い、一人の青年に、この戦場をどう思うかと聞いた。「Very Sadly」とまず答えたが、すぐに「I'm proud.」と加えたのは、上官の目を気にしたのか、と思った。いずれにしろ第一次世界大戦の戦場は、なまなましい戦場そのものと、戦没者の墓地群に埋め尽くされていた。イープルのホテルやバトル・フィールドですれ違ったツアー客は、ダーク・ツーリズムの消費者だが、単なる観光客ではなく、親族に戦没者がいるようで、スプーナー氏もそうした人たちを相手にガイドを務めていると言っていた。

この調査ではイギリス国内の調査も、帝国戦争博物館やポーツマスの海軍博物館などを調査したが、ケンブリッジの町の入り口にある〈世界大戦記念碑〉が印象的だった。フランスの町にもイギリスの町にもこの種の記念碑があるが、ケンブリッジのは兵士像だった。ヘルメットを手に、銃を肩にして、外から町に帰ってきたところ、と一歩を踏み出した動きのある姿になっていた。台座には、

大戦争に貢献した、ケンブリッジシャー、エリー島、ボロリーとケンブリッジ大学の男たちへ

と刻まれていた。こうした海外調査の結果は、その都度佛教大学の『文学部論集』や『鷹陵史学』に掲載してもらった。

「戦後アジアの軍用墓地と追悼—台湾の場合—」（佛教大学『文学部論集』第八七号、二〇〇三年三月）

「第一次世界大戦と大英帝国の戦争墓地—王家・国家・国民—」（佛教大学『文学部論集』第八八号、二〇〇四年三月）

科研費報告書「帝国における戦没者追悼の比較史的研究—イギリスと日本の軍用墓地を中心に—」

（二〇〇四年六月）

「戦後アジアの軍用墓地と追悼―韓国の場合―」（『近代国家と民衆統合の研究』佛教大学総合研究所紀要別冊、二〇〇四年八月）

「アーリントン「国立墓地」の位置―国家的顕彰と国民的和解―」（佛教大学『文学部論集』第九〇号、二〇〇六年三月）

陸軍墓地・海軍墓地の研究に興味を持った永滝さんのお誘いで、編集者仲間の勉強会で話をしたこともある。その延長で、是非本にまとめろと言われていたが、その直後に永滝さんは吉川弘文館を退職された。近代史での企画がたくさんあっても大きな企業の中では十分できないという諦念の下に決意されたようだった。新たに〈有志舎〉という出版社を立ち上げられ、その出版企画の中に陸軍墓地・海軍墓地のものを入れたいというありがたいお話があり、引き受けることになった。内外の調査をまとめ、世界に共通する用語として「軍用墓地」を使い始めた。ゲラを出してもらってから妻の白石玲子の発癌がわかり、初校になかなか手がつかず、病床の側でゲラを持て余していた。玲子さんは、あしかけ三年の闘病の後、二〇一二年六月七日、不帰の客となった。その後校正を進め、なんとか出来上がったのが『兵士はどこへ行った―軍用墓地と国民国家―』（二〇一三年一月）である。題名は、彼女が病気になる前に相談して決めていた。あとがきに、日本だけでなく、韓国やアメリカ、ドイツなど一緒に行った調査旅行のことなども加え、思い出深い一冊となった。

六　いわゆる岩波新書第一〇巻事件

話が少し戻るが、岩波新書の一件を加えておきたい。二〇〇四年だったと思う。成田さんから『岩波

講座　アジア・太平洋戦争』をつくることになったので参加してほしいという電話があった。全体で五巻になるので、東京と京都で執筆者会議を行うことになり、それぞれ構想を話して、議論した。最初の顔合わせということもあり、会議の後、京都駅近くの会場で懇親会が行われた。その時、成田さんが、岩波の編集者ですと言って、小田野耕明さんと吉田浩一さんを紹介してくれた。挨拶をしたが、小田野さんが、またお願いすることがあるので、と言ったのが気にかかった。なんのことかわからなかった。

二〇〇五年に講座の原稿をまとめ、提出してから、小田野さんと、東京のどこかで会ったと思う。それが岩波新書の企画だった。二〇〇四年から佛教大学の通信教育部長を務めていた。大学として、関西で最初に立ち上げた通信教育課程で、一万数千人の学生さんが学んでおり、部には数十人の職員がおり、朝礼をしたり、改革の方向を探ったり、各種のクレームや要求に対処したり、けっこう忙しかった。ただそれを口実に研究から手を引くのは嫌だったので、依頼原稿も断らずになんとか応えていた。そこへ新書一冊の書き下ろしという話だった。部長の任期は二年で、半年後には交代になるはずだったので、いいですよと答えた。間もなく第一回の執筆者会議があり、神保町の岩波の会議室で一〇人全員が集まった。小田野さんは岩波新書の若手編集長だった。それぞれ構想を出し合うというお決まりの会議が進められた。それぞれの構想にいろいろ注文を付け、二〇〇六年から隔月で出そうというスケジュールも決まった。その時の約束は、〈植民地・女性・軍隊〉の三点は入れようというものだった。大日本帝国の構造を明らかにするには必要なポイントだった。一九四五年以前を書く予定の六人はすぐ理解したが、戦後を担当する三人は困ったと思う。書くのは大変だった。想定外に、二〇〇五年度から文学部長になることになり、約束をたがえる心配が出てきた。学部長としての仕事を六時ころまでに終わらせれば、その後は執筆作業に充てる綱渡りでもあった。なんとか書き上げて出版したが、予定の月よりは少し遅れた。

第一巻を井上勝生さん、第二巻を牧原憲夫さん、第三巻を私、第四巻を成田龍一さんが書いて出版したところで、書評会を岩波でやろうと集められた。書評者は宮地正人さん。このシリーズの企画を岩波が最初に持ち込んだのは宮地さんだったので、評者としては適格。みんな期待して集まった。たぶん二時間ほど、一冊ずつの評価が述べられた。なかなか厳しく、宮地さんは近代一五〇年間のイメージを持っていそうで、各個撃破された。私の記述に対しては、軍隊の社会史的な追加がなされたのが印象的だった。それを受けて編集部から、各巻に対して読者からの質問や感想が来ているので、それらに対する各執筆者の応答に、宮地さんの短い書評を加えて第一〇巻を作りましょう、という提案があり、合意した。岩波書店を出る前に、私がデジカメを持ってきていたので、入り口で記念写真を撮ろうということになり、一〇人で写した。牧原さんが二〇一六年七月二〇日亡くなられたので、もう二度と撮れない一コマになった。

その後吉見俊哉さんの第九巻が刊行され、第一〇巻を準備しようという時になって、宮地さんが突然全九巻の批評をした大部の原稿を岩波書店に持ち込んだ。一年前の合意と違ったので、困った岩波の編集部は、成田さんと加藤陽子さんに相談し、やっぱり最初の計画通りに進めようと宮地さんに回答した。それに怒った宮地さんが、その原稿をそっくり、旧友のやっている出版社に持ち込み、すぐさま刊行したのが『通史の方法』（名著刊行会、二〇一〇年五月）だった。副題には「岩波シリーズ日本近現代史批判」と銘打ってあるが、中身は岩波の書評会で宮地さんが話されたことが中心だった。このいきさつを知らない方々からいろんな質問や心配をされ、今でも言われることがあるので書いてしまったが、以上が実際の経過である。ただ宮地さんと執筆者の名誉のために加えておくと、このことで宮地さんとの友情が壊れたわけではなく、多くの人はその後も年賀状を交換しているし、私は宮地さんと同じ雑誌（『季論21』本の泉社）の編集委員を務めていて、よく顔を合わすし、以前と変わりはない。

二〇〇九年になり、第一〇巻の準備のために、岩波の会議室で、全九巻についての書評会をやることになった。本来これは宮地さんを予定していたはずだった。先の事情でできなくなり、急遽中村政則さんにお願いすることになり、中村さんは全九巻について細かい評価をされた。ベテランだけに、私などは、原田さんはまだ新書の書き方をわかっていない、最初に初期議会のような複雑な話を書いては読者がついてこないよ、と言われて戸惑った。その後、各自が書き残したこと、近現代史を学ぶ場合に加えたいことを書き、第一〇巻「日本の近現代史をどう見るか」（二〇一〇年二月）が刊行された。この巻も含めてシリーズは好評で、一〇年を超えたがいまだに版を重ねている。

むすびにかえて――Re・Start――

まだ書いていないこともあるが、このへんで終わらせよう。

退職にあたり、佛教大学『歴史学部論集』第九号が、「原田敬一先生退職記念号」として発刊された。学部内外の何人もの教員が執筆してくれたが、そこに「略歴と研究業績」を掲載することになり、私のホームページ（大学のサーバーを利用していたので今はない。いずれ再開したい）に掲げてあったものを整理して提供した。単著は八冊しかなかったが、論文は一〇〇本を超えた。若い時、年齢＋一本を目標にしようと、大谷君たちと話した記憶があるが、それに照らすと書きすぎである。書きすぎは筆が荒れ、質も問題になる。そうなっているのではないかという恐れもあるが、仕方がない。断らないという信条から、こうなったと言い訳をしておく。本稿も編集委員の方たちの甘言に乗って書いてしまったが、全てを書ききることはできなかった。四〇年間にさまざまな課題意識を持ち、書き続けてきたことを今ふりかえることも多少の意味はあるだろう。恥を忍んでふりかえった今の気持ちである。

しかし、私個人としては、もう少し研究を続け、現役でいたい。もう何冊か本を書きたいし、進んでいる企画もある。二〇一九年一月一七日の最終講義で、聴講していただいた学生・院生・同僚・研究者・卒業生・市民の皆さんに「これはRe・Startです」と話した。歴史学に興味を持ったのは、大きな文字の歴史理論ではなく、歴史そのものだった。史料が語ってくることを受けとめることに関心を持ち、それに気づいた一九七一年以後が私の勉強時代だと思っている。その時間を有効に使ったと言えるのかどうか、結論はもう少しあとで出したい。

（二〇一九年八月二五日記）

【研究動向】

『コレクション　戦争と文学』にみる戦争文学の変遷

矢崎　彰

はじめに

二〇一一年六月から二〇一三年九月にかけて『コレクション　戦争と文学』全二〇巻・別巻一（以下『戦争×文学』と略記）が集英社から刊行された。これはおよそ半世紀前に同じ集英社から刊行された『昭和戦争文学全集』（全一五巻・別巻一　一九六四年八月〜一九六五年一一月　以下『昭和』と略記）を受け継ぐものと位置づけられる。編集委員は浅田次郎（一九五一年生まれ）・奥泉光（一九五六年生まれ）・川村湊（一九五一年生まれ）・高橋敏夫（一九五二年生まれ）・成田龍一（一九五一年生まれ）の五人で、全員戦後生まれの作家、文学研究者・文芸評論家、歴史研究者である。内容見本では、戦後生まれの編集委員により「新しい世代の視点を反映させた」ことがこのアンソロジーの第一の特色として掲げられている。編集委員の言葉として浅田は「戦争を知らぬ編集委員のみによる戦争文学全集の刊行は（中略）おそらく世界で初めての試み」とその意義を強調している。はたして戦争未体験世代による編集ということにどのような意味があるのだろうか。

『昭和』の編集委員は阿川弘之（一九二〇〜二〇一五）・大岡昇平（一九〇九〜八八）・奥野健男（一九二六〜九七）・橋川文三（一九二二〜八三）・村上兵衛（一九二三〜二〇〇三）の五人で全員が戦争体験世代である。ただし刊行時の年齢は『戦争×文学』の編集委員よりも若い。奥泉は編者が誰もアジア・太平洋戦争を体験していないという『戦争×文学』の特徴について、「このことは、戦争体験の痛切さよりむしろ、体験の意味をとらえかえし、ときに想像力を駆使して歴史を創造していく言葉の力まさしく『文学』と名づけるべき言葉の力に注視する結果を生んだ」（内容見本）と述べている。体験に倚り懸かることなく、作品そのものに向き合うことで、文学作品としての価値と評価によって選んだということだろうか。

戦後五十年を経た頃には、歴史の〝語り〟、戦争の〝語り〟が問題とされるようになる中で戦争文学についても再び議論されるようになった。『戦争×文学』の編者でもある川村湊と成田龍一の二人が各回一人のゲスト（奥泉光もその一人）を招いて行なった五回の鼎談をまとめた『戦争はどのように語られてきたか』（朝日新聞社）が刊行されたのが一九九九年のことである。湾岸戦争を契機に自衛隊が海外に派兵されるようになり、九・一一同時多発テロとその後のアフガニスタン戦争、イラク戦争などで戦争の意味とイメージが変化し、日本の人々にとっても戦争が再び切実な問題となった。そのような中で、戦争体験のない世代の作家による戦争文学が発表されるようになり、それに関する議論もなされた（例えば千年紀文学の会編『体験なき「戦争文学」と戦争の記憶』（皓星社、二〇〇七年）など）。

『世代を超えて語り継ぎたい戦争文学』（岩波書店、二〇〇九年）は、一四歳で敗戦を迎えた澤地久枝（一九三〇年生まれ）が、敗戦の七ヵ月前に生まれた佐高信を対談相手に、戦争文学を読み継いでいってほしい、それを通して若い世代に戦争体験を伝えたいという戦争体験世代の思いを示したものである。

『戦争×文学』は、このように戦争の〝語り〟や〝読み〟が問題となる中で刊行されたものであり、その編纂、各巻の解説、別巻の論稿等も含めて、現在の戦争文学についての一つの水準を示すものである。そこで本稿では、本コレクションを中心に、他の著作などにも触れながら、近年の戦争文学に関する議論を検討する。

戦争文学を取り上げるのは、それが戦争を題材とする芸術的・思想的表現であり、戦争について知る／考える手掛かりとなるもの、人々の戦争認識の形成に寄与し得るものであるからである。そもそも「戦争文学」とは何を指すか、所謂「戦後文学」、戦後派の作家の作品はすべて戦争文学ということもできるかもしれない。論を進める中で何を「戦争文学」と呼ぶべきかを改めて考えてみたい。また「戦争体験のない／戦争を知らない世代」ということについても検討してみたい。

一　『コレクション　戦争と文学』の検討

『コレクション　戦争と文学』の構成・特色などについて、『昭和戦争文学全集』と比較しながら検討する。

（1）全体の構成

全体が現代編・近代編・テーマ編・地域編の四編各五巻に区切られ、現代編が、1　朝鮮戦争、2　ベトナム戦争、3　冷戦の時代、4　9・11　変容する戦争、5　イマジネーションの戦争、近代編が、6　日清日露の戦争、7　日中戦争、8　アジア太平洋戦争、9　さまざまな8・15、10　オキュパイド　ジャパン、テーマ編が、11　軍隊と人間、12　戦争の深淵、13　死者たちの語り、14　女性たちの戦争、15　戦時下の青春、地域編が、16　満洲の光と影、17　帝国日本と朝鮮・樺太、18　帝国日本と台湾・南方、19　ヒロシマ・ナガサキ、20　オキナワ　終わらぬ戦争、それに別巻〈戦争と文学〉案内となっている。

『昭和』が表題通り満州事変からアジア・太平洋戦争までのみを扱っているのに対し、それ以前の日清・日露戦争などと、朝鮮戦争から現代にいたる戦後の戦争を扱っている。そもそも編集の方針に違いがあり、『昭和』は文学作品に限らず、作家による小説や戦記に交じって、各巻に軍人による戦闘記録、兵士の手記などが加えられている。第8巻「連合艦隊かく戦えり」は作家による作品は一編のみ、第9巻「武器なき戦い」は非戦闘員の記録、第14巻「市民の日記」は内地で戦争を経験した知識人から庶民にいたるまでの日記、第15巻「死者の声」は学徒出陣した学生をはじめとする戦没者から戦犯として刑死した者までの手記で、文学作品は含まれていない。別巻「知られざる記録」も政治家や軍人の手記をまとめたものである。同時代に書かれたものが多く、当時の様子を直に伝えるように構成されている。

その編集方針は明示されていないが、『昭和』は文字によって書かれた様々な文献によって戦争全体を再構成して示そうとしたものということができる。編集委員の一人橋川文三が「日本近代史と戦争体験―歴史意識の問題を中心に―」（『現代の発見　第2巻　戦争体験の意味』春秋社、一九五九年）で、「あの戦争体験が、現在のわれわれにとって、なんら精神的もしくは行動的エネルギーに転化していない」（九頁）と戦争体験が思想化されていないことの問題を指摘している。『昭和』の編纂は、戦争を知らない世代が成人となる時期を迎える中で、戦争体験を思想化するための素材を提供する意図があったのではないか。

それに対して『戦争×文学』は文学作品に限定して、中・短編小説（長編の抄録はない）を中心に詩・短歌・俳句・川柳なども加えて戦争を題材とした〝文学〟全集との体裁をとっている。

『戦争×文学』が現代編から始まるのは、4「9・11　変容する戦争」の解説で高橋が「回顧的な戦争文学の収集ではない。また、過去の戦争の、文学による記憶の再確認でもない。戦争への現在的な危機意識にもとづく、近代・

現代日本語文学からのすぐれた戦争文学結集の企てである。」（六八二頁）と述べているように、その編纂が同時代的な危機意識から出発しているからである。高橋はアントニオ・ネグリとマイケル・ハートの共著『マルチチュード』に拠りつつ、戦争を、国家と国家の対立ではなく、場所も限定されず、明確な始まりと終わりのない永続的かつ日常的な「戦争状態」とする新たな戦争像の下で、「戦闘文学」や「戦場文学」に止まらない広義の「戦争文学」を提唱する。

（2）戦争としての植民地経験

『戦争×文学』の各巻の構成の特徴について見てみよう。

近代編は6「日清日露の戦争」から始まる。それ以前にも幕末の争乱、戊辰戦争、西南戦争などの内戦、台湾出兵や壬午・甲申事変などの海外出兵もあった。しかし、中川成美『戦争をよむ　70冊の小説案内』（岩波新書、二〇一七年）の「まえがき」でも指摘されているように、近代国民国家の成立とリンクする近代文学の成立は、まさに日清戦争の時期であった。川村も本巻解説で、日清・日露戦争で「従軍記者・従軍作家」、「戦争錦絵」、「軍国美談」などが生まれたことを指摘しており、これらの戦争で戦争文学の原型が形成された点で重要である。

「日清日露の戦争」と「・」を付さないことで、これらを一連の戦争ととらえ、植民地化、それへの抵抗運動、さらには運動の弾圧と一連の植民地支配を「台湾征服戦争」、「朝鮮征服戦争」ととらえる視点が示されている。また第一次世界大戦への日本の参戦を「日独戦争」、ノモンハン事件を「日ソ戦争」として本巻で扱っている。だが一般的なものとは異なるこのような戦争のとらえ方が、文学・文学史研究の結果であることが明示されている訳ではない。

石川淳「マルスの歌」は日中戦争勃発後に発表され、発禁処分を受けた。軍国主義の浸透を批判的に描いたものではあるが、戦争を直接描いた作品ではない。それが本巻の最後に置かれている。

本コレクションの特徴の一つが植民地などを扱った作品に重きが置かれていることで、地域編16「満洲の光と影」、17「帝国日本と朝鮮・樺太」、18「帝国日本と台湾・南方」と三巻が割かれている。それは「植民地支配とは戦争による軍事的占領、軍事的支配と実質的に異ならない」、「戦争―植民地支配は、地続きのものである」（川村18「解説」六七一頁）という視点に立つからである。

これらの巻では16の万宝山事件、18の霧社事件を扱ったものを除いて、事件や戦闘などを扱った作品は少なく、多くが植民地の日常を描いたものである。中心となるのは植民地に渡った日本人の植民地体験を描いた作品である。朝鮮では「宗主国国民としての倨傲と不安という裏腹な感情」を抱き、「朝鮮人に対し優越感と軽蔑感を持つ支配者でありながら、「圧倒的な多数の被支配者である朝鮮人に取り囲まれた生活環境は、日本人という異郷性（異人性）を際立たせ」（川村17「解説」六六八頁）、それゆえ不安と恐怖から時として屈折した暴力性を爆発させる。このような日本人と朝鮮人の関係、屈折した感情は、戦前に書かれた作品でも、幼少期を植民地で過ごし戦後に作家となった作者の作品にも共通して描かれる。「五族協和」をスローガンとする「満州国」や樺太では、五族に加えてロシア人や北方の少数民族など他民族との交流や異文化接触が主題となる。

このような植民地に暮らす人々の日常生活やそこで抱かれる複雑な感情は、公式の記録には表れないものであろう。その意味で、植民地の実相を伝えるところに文学の役割があり、それが本コレクションで植民地に多くの巻数が割かれた理由である。

本コレクションは日本語で書かれた作品が対象となっている。それゆえ植民地支配下で日本語で作品を書いて「親日派文学者」として批判されてきた張赫宙や鄭人沢ら朝鮮人作家や台湾人の作品も採られている。樺太で生まれ日本に引き揚げた李恢成なども含まれる。日本の委任統治領だった南洋や東南アジア方面に赴いた作家らも多い。それは国策としての南進論と無関係ではないが、そこで初めての海外経験、現地住民との接触だけでなく宗主国である〝西洋〟との出会いを果たした者もいた。

人々の「移動」は近年の歴史学研究でも取り上げられる重要なテーマの一つであるが、戦地や植民地などからの復員と引き揚げについては9「さまざまな8・15」で取り上げられている。

（3）非戦闘員・女性にとっての戦争

9「さまざまな8・15」では敗戦の衝撃を扱った作品、10「オキュパイド　ジャパン」では占領という事態に向き合った作品がまとめられている。これらはまさに「戦後文学」に他ならない。『昭和』では第12巻「流離の日日」で捕虜体験と引揚げが、第15巻「死者の声」で戦犯の手記が取り上げられているが、それ以外は敗戦以降の作品はほとんど採録されていない。

9に引揚げと抑留、復員と捕虜を扱った作品、敗戦体験については奄美と沖縄、また朝鮮、満州、南方に加えてブラジルの勝組／負組を扱った作品までが採られている。10では焼け跡・闇市という占領時代の光景を描いた作品以外に、占領軍に対する屈折した思いを描く作品、戦争責任を追及した作品に加え、戦争が人びとの深層に記憶となっていく作品が採られている。

14「女性たちの戦争」は子供と外国人を主題とする作品も含むが、女性を主題とする作品を中心に一巻が編まれている。とは言え、コレクション全体でみると女性作家の数は全体の二割程度で、そもそも編集委員には女性が一人も含まれていない。『〈戦時下〉の女性文学』全一八巻（二〇〇二年、ゆまに書房）、『戦後の出発と女性文学』（二〇〇三年、ゆまに書房）など、女性文学のアンソロジーが編まれ、目にすることの難しかった戦時下の作品も読めるようになった。それらの編纂に携わった女性研究者らによる共同研究も進んでいる。それらは量的拡大だけでなく、フェミニズムの視点から従来の文学作品を読み直すフェミニズム批評やジェンダー理論を取り入れた研究など、研究方法の点でも大きく進展した。またテーマとしても、女性を娘・恋人・妻・母など男性に従属するものとしてではなく主体としてとらえ、それ故に女性も戦争に加担した加害者としての側面にも焦点が当てられる。

(4) ヒロシマ・ナガサキとオキナワ

19「ヒロシマ・ナガサキ」は地域編ではあるが、言うまでもなく原爆に関する作品を集めている。『昭和』でも第13巻「原子爆弾投下さる」が置かれているが、重複する作品は原民喜「夏の花」と峠三吉の詩のみで、作家としても大田洋子が別の作品が取り上げられているだけである。原爆を題材とする作品を集大成した『日本の原爆文学』全15巻(ほるぷ出版、一九八三年)があり、二〇〇一年に発足した原爆文学研究会では原爆だけでなく核に関する様々な問題を取り上げ、文学に限らず映像などを含めた表現についての研究が深められている。三・一一福島第一原子力発電所事故は本コレクション刊行開始直前の出来事であったが、核をめぐる議論に原発の問題は欠かせないであろう。

20「オキナワ　終わらぬ戦争」で沖縄が一巻にまとめられているのも特徴の一つで、沖縄も一つの地域という以上の意味をもつものである。沖縄戦に関するものだけでなく、「琉球処分」以後の近代の沖縄と、戦後の米軍支配から本土復帰後まで、そしてヤマトの作家の沖縄をめぐる作品が収められている。沖縄戦を直接題材とする作品は意外に少ない。仲程昌徳『沖縄の戦記』(朝日選書、一九八二年)が指摘するように、沖縄人の手による沖縄戦の戦記が発表されるようになったのは一九五〇年代に入ってからのことで、小説などの作品として沖縄戦が描かれるのも、本土の作家に遅れる。

沖縄戦が過去の戦争として描かれないのは、戦後沖縄が置かれた状況故である。目取真俊「水滴」(13に収録)は沖縄戦の記憶が現在も痛みとして現れる様を描いた作品であるが、記憶の問題が単なる過去の記憶としてではなく、現在の問題につながるものとしてとらえられている。米軍による占領統治、ヴェトナム戦争、復帰後も続く基地問題など、常に現在の問題に直面せねばならず、それ故に過去にもさかのぼり、記憶と向き合わなければならないのが沖縄である。また文学という表現方法は沖縄の人々が自己のアイデンティティーを主張する重要な手段であった。最終巻にこれが置かれているのは日本の過去と現在が沖縄に集約されているからであろう。

（5）変容する現代の戦争

戦後の戦争について四巻が割かれているのも本コレクションの特徴である。

1「朝鮮戦争」は、それに先立つ済州島四・三事件を題材とする金石範「鴉の死」から始まり、日本からの報道特派員として現地を取材した張赫宙のルポルタージュ的小説「眼」が続く。いずれも朝鮮にルーツを持つ作家である。他に戦地を取材した作品はなく、朝鮮戦争と日本との関わりを描いた作品が収められている。そこでは戦闘場面は空白となる。朝鮮戦争に向き合った文学としては、近年サークル運動の中で書かれた詩などが五〇年代文化論の中で再検証されつつある。（『「サークルの時代」を読む　戦後文化運動研究への招待』（影書房、二〇一六年）を参照。）

2「ベトナム戦争」では実際に現地に赴いた記者や作家による作品、それらの記事や小説、映像も含めた多くの報道に接した人々が、それらによって考察し、議論し、行動して、それをもとに描いた作品が収められている。前者の書き手は一九三〇年前後に生まれた、戦争体験はあるが戦地での体験は持たない世代が中心で、後者は一九四五年以降に生まれた戦無派で青年期にヴェトナム戦争に向き合った世代が中心である。

3「冷戦の時代」はソ連や東欧諸国、キューバなど西側からはその実態がとらえにくい社会主義体制の国々に関する作品が中心で、スパイ・諜報活動を扱った作品、核戦争の脅威を扱った作品など国際情勢を背景とするものと、冷戦下の国内情勢を描いた作品、冷戦を背景に再軍備で創設された自衛隊を題材とする作品が収められている。朝鮮戦争下の日本を舞台に戦中の体験を重ねた堀田善衛「広場の孤独」や北朝鮮への帰還事業を背景とする宮本輝「紫頭巾」もここに収められている。

4「9・11　変容する戦争」は、同時多発テロ以後のイラク戦争などとともに、それ以前の湾岸戦争や、パレスティナ紛争、冷戦終結で東側陣営が崩壊した後の内戦などに関する作品、それにそれらの戦争に対応する日本の状況などを描いた作品が収められている。この巻では戦後生まれの作家が大半を占めている。

5「イマジネーションの戦争」は現実の戦争を背景としない作品で、ここにないものを現出させる想像力によって書かれたまさに文学の力による作品である。誰もが知るお伽話のパロディー、芥川龍之介「桃太郎」から未来の戦争下の日本を描いた作品まで、書かれた時期も設定された時代も様々であるが、それぞれが書かれた時代の戦争認識が反映されている。

（6）戦記から戦後の戦争文学へ

日中戦争～アジア・太平洋戦争については近代編とテーマ編で分れているが、7「日中戦争」、8「アジア太平洋戦争」だけでなく、11「軍隊と人間」、12「戦争の深淵」、13「死者たちの語り」にも重要な作品が振り分けられている。『昭和』と共通するのは全体で一〇作品ほどで、戦中に書かれた作品は7では一八編中七編、8では二〇編中四編のみで、11～13では明治から昭和初期に書かれた作品数編を除くとすべて戦後の作品で、戦中に書かれた作品は一編もない。日中戦争期までは同時代に多くの戦記が書かれたが、それ以降については戦後の作品が圧倒的となる。

敗戦を契機に戦争文学のあり様も大きく転換した。戦中の作品は総力戦体制の下、人々を戦争に駆り立てる役割を果たしたのに対し、戦後の作品は批判的な視点から戦争自体を問うものとなっている。戦前・戦中の国家や社会のあり様とそれに自分がいかに向き合ったかを問うた戦後文学の中で、直接戦争を扱った作品を戦後の戦争文学といえばよいだろうか。『昭和』で戦後の作品が全体を占めるのは野間宏「真空地帯」などを収めた第7巻「軍隊の生活」のみである。

『戦争×文学』は長編の一部を抄録していないため、同時代に書かれた戦争文学（戦記）の代表作石川達三『生きてゐる兵隊』、火野葦平『麦と兵隊』などは収録されず、別の短編が採られている。新聞社の特派員として中国戦線を取材した林芙美子についても、敗戦後の世情を描いた小品「雨」（一九四六年）が採られただけで、戦中に書かれた従軍記や小説は収録されていない。

編集委員の一人成田龍一は『〈歴史〉はいかに語られるか　1930年代「国民の物語」批判』（NHKブックス、二〇〇一年）第二章「『戦争』の語り―日中戦争を報告する文体」で、『麦と兵隊』が日記体で書かれており、それによって戦場における兵士の日常、自ら直接体験したことを、軍の制約の下で、できるだけ同時代性をもって「銃後」の国民に知らせる役割を果したことを指摘している。戦争の全体状況については制限があるとはいえ新聞報道などでも知り得る読者が、現地からの報告に求めていたものは、「小さな状況」のリアリティであり、火野の作品はその求めに応じるものであった。

『戦争はどのように語られてきたか』「従軍記から植民地文学まで」で、この鼎談のために初めて火野の作品を読んだというイ・ヨンスクは「文学作品としてはそれほど面白くないとまず感じました。（中略）虚構化によってしか可能にならない真理の認識という回路がまったく存在しません。（中略）戦争を題材にはしていますが、これは戦争そのものを語った作品ではないという印象を受けました。」（一一八～一一九頁）と批評している。同時代には歓迎された戦記文学も現在の視点からの作品の評価としては厳しいものにならざるをえない。

11「軍隊と人間」は解説で浅田が「醜悪なるものや瑣末な現実をありのまま表現する」自然主義文学の本義に則って、「時間の経過の中でまっさきに風化していくであろう」軍隊の「内務班生活、軍法や陸軍刑務所の実相、慰安婦、病院」などを作者の苦悩とともに忠実に記録し保存していると述べている（六四二～六四三頁）ように、公式の記録には残されることのない軍隊経験を書き残したことが戦後の戦争文学の特徴であった。

大西巨人『神聖喜劇』全五巻（光文社、一九七八〜八〇年刊）を劇画化した漫画のぞゑのぶひさ、企画・脚色岩田和博『神聖喜劇』全六巻（幻冬舎、二〇〇六〜七年）が広く受け入れられたのは、なじみのない軍隊の実態を知りたいという若い人々の欲求に応えるものだったからであろう。

12「戦争の深淵」には戦場での殺戮、戦時性暴力、生体解剖実験、大量殺戮、カニバリズム（食人）、空襲・事故・拷問などを、主に軍隊経験者が描いた作品が収められている。『俘虜記』の一部をなす大岡昇平「捉まるまで」、富士正晴「童貞」、生体解剖を題材とする遠藤周作「海と毒薬」、武田泰淳「ひかりごけ」など、これらの作品が戦後の戦争文学を代表するのは、そうした事実を伝えるだけではなく、残虐な行為を犯した兵士の内面の心理を分析し描いているからである。

13「死者たちの語り」は「戦争で死んだ者たちの、雄弁から遠く沈黙にかぎりなく近い語りを低くひびかせる文学作品」（高橋「解説」六九四頁）を収めている。その死者は軍人に限定されず原爆による死者なども含まれる。また生き残った側を主人公とする作品も多い。死者の証言を聞くことは不可能であるから、作者は想像力を駆使し、表現の手法を凝らしてそれを表すしかない。

これらの作品は戦争の見方が一変し、言論統制の制約が解かれて初めて書くことができたものであり、戦後の価値観の下で読まれたものである。その一方で、事実を伝える報道とは異なり、その出来事に直面した人々の心理や内面を描いたという点では、戦中の戦争文学にも連なるものといえる。

二　戦争体験の継承と戦争文学

戦争体験の継承という視点から、『戦争×文学』以外の戦争文学に関する近年の研究や動向について若干の考察を加えたい。

（1）戦争を体験していない世代による戦争文学

戦争体験のない作家が戦争を題材とする作品を発表することが話題になり始めたのは、目取真俊（一九六〇年生まれ）が「水滴」（一九九七年）で芥川賞を受賞した頃のことである。『戦争×文学』で作品が取り上げられた作家三二〇余名のうち、戦後生まれの作家は四一名である。ただしその半数以上は4「9・11変容する戦争」と5「イマジネーションの戦争」の巻で、一五年戦争を扱った作品は少ない。

『戦争はどのように語られてきたか』が『戦争文学を読む』（朝日文庫、二〇〇八年）と改題されて文庫化される際に、付章「戦争を知らない世代の戦争文学を読む」が加えられた。その中で成田は戦争体験のない世代が書く戦争文学を、（1）現代の日常生活の中に戦争体験や戦争の記憶が入り込み、現れる様子を描く、（2）架空戦記のような形で描く、（3）現在の戦争を描く、（4）あくまでかつての戦争を描く、という四つのタイプに分類している。（三一四～三一五頁）

この付章では、戦争体験のない世代の戦争文学の書き手の代表として古処誠二（一九七〇年生まれ）が鼎談の相手に選ばれている。古処は自衛官の経験をもとに自衛隊内の事件を扱った作品でデビューし、その後は、東南アジアや沖縄などを舞台とする戦争末期を描いた（4）のタイプに分類される作品を発表し、『戦争×文学』にも二作品が採られている。

この鼎談で川村と成田は、戦争体験のない世代が戦争文学を書く積極的な意味を引き出そうとするが、古処は、ただ時代が戦争の時代というだけで、現代小説を書くときと同じで、「意識して戦争という概念を押し出しているつもりはありません」(二九六頁)と答え、沖縄を題材としていることについても、たまたま舞台を沖縄にとっただけで、「沖縄や沖縄戦に焦点を当てているつもりはない」(三〇〇頁)と述べている。

また成田が戦争像の再構築を目的とする点で歴史学との共通性を指摘しても、古処は「小説という創作物でのアプローチとは、かなり異なるかも知れませんが」(三〇三頁)とやんわり否定している。その一方で、事実確認にはこだわりがあるようで、考証ミスがあれば指摘してほしいとも述べている。このような姿勢は、時代考証をないがしろにしない時代小説作家に通じるし、あるいは「昭和」を舞台とする映画やアニメが歴史的背景よりも日常生活のアイテムの細部などに殊更にこだわるのとも似ている。

さらに『ビルマの竪琴』や『野火』を読んだのは、ビルマやフィリピンを舞台とする作品を書いた後のことだと述べ、過去の戦争文学とのつながりも否定している。興味深いことに『指の骨』(二〇一四年)の作者高橋弘希(一九七九年生まれ)も同様のことを述べている。高橋はインタビューでニューギニアの野戦病院を舞台に描いた自作が「似ている」と指摘された『野火』を読んだのは作品を書き終えた後のことだと答えている(『文藝春秋』二〇一八年九月号、三一八頁)。二人共に過去の戦争文学から学び、意識的にそれを継承するという意図はないように見受けられる。奥泉光は『指の骨』について芥川賞の選評(第一五二回、この時は落選)で以下のように述べている。「あの戦争の体験が十分に経験化されていない現在、正しい手続き(が確定されているわけではないが)に則った歴史叙述が強く望まれるところだが、もちろん虚構として小説を編むこともできる。だが、その場合には、作家の『いま』への問いがなければならないだろう」(『文藝春秋』二〇一五年三月号、三七一頁)。ここでは過去の戦争体験の継承や現在の戦争への関心などが読み取れないことへの不満が表明されている。

文学において戦争体験の有無が最初に問題になり始めたのは安保闘争後の一九六〇年代のことではないだろうか。これは『昭和』や戦争文学の先駆的研究となる安田武『戦争文学論』(勁草書房、一九六四年)が刊行された時期に重なる。開高健（一九三〇年生まれ）、大江健三郎（一九三五年生まれ）はともに戦争体験はあるが軍隊や戦場体験を持たない世代で、開高はヴェトナムを訪れ、そこで戦争を体験し、それをルポルタージュと小説に描く。大江は広島、沖縄を訪れてエッセイを書き、戦争に関する思索を深める。そこに共通するのはその時代を生きていたとは言え、体験できなかった戦争を知りたいという欲求である。

ヴェトナム戦争を題材とする作品を書きあぐんだ開高は、過去の戦争文学の諸作を読みあさって戦争文学論『紙の中の戦争』（文藝春秋、一九七二年）を著す。高橋和巳（一九三一年生まれ）は、今は電力会社社員となった特攻隊の生き残りとかつて若者を特攻に駆り立てた国家主義思想家の〝対決〟を描いた「散華」（一九六三年）を著した後、「戦争文学序説—運命について」（『展望』一九六四年十二月）を書いている。そこで「自己が他者を殺すことを正当化するものははたして何か」「天寿を待たず何故自分がそこで死なねばならないか」「おなじ状況下にあって自分ではなく人がなぜそこで死んでいくのか」の三つの問いをあげ、戦争文学はこれらの問いへの答を探りながら書かれたものとして、大岡昇平『俘虜記』、吉田満『戦艦大和の最期』や島尾敏雄『出発は遂に訪れず』などを取り上げて論じている。これは間近で戦友が死んでいった強烈な体験から戦争体験にこだわり続けた安田武の問いへの応答でもある。

空襲と空腹という経験しか戦争体験を持たない彼らは、安保改定への反対闘争という現在の課題、ヴェトナム戦争という同時代の戦争、そうした現在への関心とともに過去の戦争文学に向き合うことで戦争体験の継承という課題に取り組んできた。

現代の戦争への関心から戦争文学を書く戦争体験のない作家もいる。架空の戦争を描いた三崎亜記（一九七〇年生まれ）『となり町戦争』（集英社、二〇〇五年）は、地方自治体が公共事業として戦争を始め、知らない間に戦死者数が増え始め、自身も「戦時特別偵察業務従事者」に任命されて初めて戦争をリアルなものと感じるという小説ならではの奇想を描いている。だが、総力戦ではなくても、いつ個人が戦争に巻き込まれるか解らない現代の戦争をリアルに感じさせる作品である。これは9・11後の「テロとの戦い」を背景に書かれた作品である。

岡田利規（一九七三年生まれ）『三月の5日間』（二〇〇五年）は、イラク戦争が始まる前後五日間を渋谷のラブホテルで過ごす男女を描いた作品で、戦闘場面は勿論、性描写もほとんど登場しない。それでいて自分が生きている同時代の世界で戦争が起こるという緊迫感が表現されている。

映画化もされ大きな反響を呼んだ百田尚樹（一九五六年生まれ）『永遠の0』（太田出版、二〇〇六年）も、特攻で戦死した祖父の戦争体験をたずねる筋立てで、現代から過去の戦争の記憶をたどる作品といえる。特攻作戦自体については批判的に言及しつつ、そこに人間ドラマを盛り込むことで、日本軍を全否定することはできないという主張がこめられる。これも自衛隊の海外派兵がなされるようになったことを背景に書かれた作品といえよう。

戦後文学を意識してきた作家とそれ以後の作家では戦争に向き合う姿勢に断絶があり、戦争を題材とする作品という共通性だけで、同じく戦争文学ということはできないのではないか。

（2）非当事者による戦争文学

戦争体験のある作家が書いた作品でも、作者が描いた出来事の当事者であるとは限らない。例えば堀田善衞（一九一八年生まれ）『時間』（新潮社、一九五五年）は南京大虐殺を題材とする作品だが、堀田は軍隊の経験はわずかで、戦争末期に上海に滞在したとはいえ、南京で事件を実見した訳ではなく当事者ではない。上海滞在中に南京を訪れ、その際に虐殺事件を題材とする作品を着想し、戦後になってそれを実現した。自身の戦争体験があって書かれた作品ともいえるが、他人の証言や取材に基づくという点では戦争体験のない世代による戦争文学と同様である。堀田は他にも原爆投下と中国での老婆殺害の罪を扱った『審判』（岩波書店、一九六三年）を著している。堀田は被爆体験も中国戦線に従軍した体験もないが、戦争の時代を生きた一人としてこのようなテーマを選んだのであろう。

軍隊経験や戦場での体験、被災の経験などの有無にかかわらず戦争の時代を生きたということが戦争体験というのであれば、戦争体験を伝える文学として、直接戦争を扱った作品に限らず、戦時下に書かれた作品、戦時下を舞台とする作品などまでより幅広く検討しなければならなくなるだろう。逆にいえば、戦争文学は戦争体験のある一面を伝えるものに過ぎないということになる。

（3）従来の戦争文学の読み直し

戦時下に書かれた戦記文学が現在どのように読まれ得るか、それに取り組んだ試みが五味渕典嗣『プロパガンダの文学　日中戦争下の表現者たち』（共和国、二〇一八年）である。本書は総力戦体制下で政府や軍による言論統制、それに対応しつつ商業的利益を追求する出版社、国家の政策に積極的に応じることで作家の地位向上をはかる文壇、時局に対応した作品を書くことで作家としての自立をめざす書き手など、それぞれの目論見が交錯し織り成される日中戦争下の言説空間を描いている。発禁処分だけでなく裁判で有罪判決まで受けることになる石川達三「生きてゐる兵隊」の〝失敗〟と、戦地で芥川賞を受賞し、兵隊三部作がベストセラーとなった火野葦平の〝成功〟が戦記文学の基調を形づくったことを明らかにする。こうして量産された戦記は戦場の様子を知りたい読者の欲求に応えただけでなく、望ましい兵隊像を読者に抱かせる役割も果たしたことを指摘する。だが戦記というテクストは想像力を駆使してその不整合な部分や空白を読み込めば、当時の読者でも書かれていないことをイメージすることが可能であったことをテクスト分析を通じて論証する。このように戦記テクストを現在の視点から文学作品としても読み直す可能性を示唆している。

澤地久枝・佐高信『世代を超えて語り継ぎたい戦争文学』で一番に取り上げられたのが映画化もされ大ベストセ

ラーとなった五味川純平『人間の條件』全六巻（三一新書、一九五六～五八年）である。この作品が広く読まれた理由の一つは、それまで被害者意識の強かった日本人の戦争認識に対して、中国・満州での日本軍の残虐行為や日本企業の経済侵略の実態を小説という形で印象づけたことである。だが現在ではあまり省みられなくなっている。それは純文学を主とする文壇では大衆文学が正当に評価されず、文学研究の中でも文学作品として論じられないという事情があるのだろう。また流行りのエンターテイメントであったが故に早くに忘れられたということかも知れない。

澤地が重視するのは、逃亡をはかった中国人が一人、二人と順に殺されていく中で、主人公梶が遂に「やめてくれ」と出て行く場面である。そんなことをすれば自分も処罰を受け、場合によっては死を覚悟しなければならないにもかかわらず決断する。同時に梶はすでに死なせてしまった中国人に対する罪の意識を抱き続ける。侵略戦争であったことや被害と加害といったことも知識としては知っている若い人々に、戦争の時代に生きていた人々にとってどうすることができたのか、どうすればよかったのか、梶という主人公を通して追体験して考えてもらいたいという澤地の思いである。その背景には日本が再び戦争をする国になるかもしれないという強い危機感がある。

読者が想像力を働かせたり、追体験することで様々な読みを可能にするのが文学作品の意義なのではないか。

（4）戦争文学とプロレタリア文学

二〇〇〇年代になって小林多喜二「蟹工船」が再び注目され、プロレタリア文学が再評価された。楜沢健編『アンソロジー・プロレタリア文学』全七巻（森話社、二〇一三年～）が刊行中で、③が「戦争―逆らう皇軍兵士」である。その解説で楜沢は、プロレタリア文学を牽引した作家の多くが軍隊経験者であり、「プロレタリア文学は、軍隊と戦争を題材にしているというにとどまらず、徴兵された兵士・軍人によって書かれた、兵士の文学、軍人の文学でもあった」（三三七頁）と述べる。日本で最初の戦争文学のアンソロジーが日本左翼文藝家總聯合編『戰争に對する戦争—アンチ・ミリタリズム小説集—』（南宋書院、一九二八年）であり、戦争の実態を描くことで反軍国主義という立場を明確に打ち出した作品集で、戦記文学とは違うが、戦争を題材とする作品が集められている。

戦後になって戦争に対する批判的な見方が広がったが、それは戦前のプロレタリア文学につながるものでもある。斎藤美奈子は『日本の同時代小説』（岩波新書、二〇一八年）で二〇〇〇年代の小説を「戦争と格差社会」とまとめ、9・11以後、戦争小説とともに、「プレカリアート」と呼ばれるようになった非正規雇用・不安定な雇用の労働者の貧困などを扱った労働文学が書かれるようになったことを指摘している。戦争文学が労働文学と並行する形で書かれる状況が現在にも現出しているのである。

おわりに

『戦争×文学』が戦後生まれの編集委員によって編纂されたことは冒頭で触れた。しかしそれは「新しい世代」ではなく、戦争体験の継承を課題として引き継ぐ最後の世代ということではないか。

『戦争×文学』をめぐって編集委員全員がパネリストとして参加して開かれた日本社会文学会シンポジウム「戦争と文学を考える」（二〇一四年三月四日、その記録は『社会文学通信』第100号に掲載）で奥泉は次のような趣旨のことを述べている。戦争体験が歴史として国民に共有されていない中で、一回限りの個別的な体験を他者と共有できる形にするためには物語化が必要であり、その役割を担うのが戦争文学である。だがそれは単一の物語に安易に回収される危険も伴う。それに抵抗しながら書かれたのが戦後の戦争文学で、自らもその課題に取り組みつつ戦争文学を書いていく。

戦争を描いているから戦争文学という訳ではなく、そこには作者の戦争に向き合う姿勢が示されていなければならない。また読者の側も戦争の時代を知ろうとするだけでなく、作者の意図を読み取らなければならないだろう。

『戦争×文学』の編纂は、戦争体験の継承という意識もなしに戦争を題材とする作品が書かれる中で、従来は戦争文学の範疇には入れられていなかったような作品も含めて、様々な作品を提供することで、物語の一元化に抵抗する試みであったといえよう。それは過去の戦争に向き合うだけでなく、現在の戦争（状況）に対峙するものでもあった。

付記　『戦争×文学』のうち4・5・7・8・14・15・19・20が『セレクション戦争と文学』（集英社文庫）として二〇一九年七月から刊行が始まっている。

日本国憲法をめぐる主要紙論調
——憲法記念日社説を中心に（一九六五〜一九九七年）——

梶居　佳広

はじめに

周知のとおり、日本国憲法は一九四七年の施行以来、一言一句変更されていない。さりながら、朝鮮戦争勃発（一九五〇年）、独立回復（一九五二年）から現在に至るまで保守勢力から改正要求を突き付けられてきた。日本の防衛や安全保障をめぐる諸問題が憲法第九条と関連していたこと、社会党をはじめとする革新勢力が憲法擁護の立場を明確にしたこともあり、憲法改正の是非は保革両勢力にとって戦後政治上の一大争点となったのである。(1) ところで、世論喚起という点で一定の影響力を有する日本の各新聞は憲法問題についてどのような態度であったか。

本稿は一九六五年から一九九七年までの日本国憲法をめぐる日本各地の新聞論調を概観することを目的とする。筆者はこれまで日本国憲法制定から一九六〇年代初頭までの憲法論調を調査してきた。(2) ゆえに本稿は続編にあたるが、一九六五年は戦後二〇年であるとともに内閣憲法調査会が最終報告を提出した翌年、一九九七年は日本国憲法制定からちょうど五〇年目にあたる（なお日本の新聞部数がピークに達した年でもある）。現実政治では一九八〇年代前半（中曽根内閣）並びに湾岸戦争（一九九一年）時の「国際貢献論」以降、改憲論が高揚するようになったことを考えると、改憲論議が落ち着いたとされる時期が比較的長い。とはいえ「朝日、毎日は護憲、読売、産経、日経は改憲派」「地方紙の大半は護憲」(3)と指摘される（現在の）新聞論調の傾向が形成された時期とされることからも検討に値する期間といえる。各新聞は憲法記念日に憲法をどのように言及・評価してきたか、本稿では⑴戦後二〇年から憲法制定三〇年まで（一九六五～七七年）、⑵「保守化」の進行から「昭和」の終焉まで（一九七八～八八年）、⑶冷戦終焉から制定五〇年まで（一九八九～九七年）と三つの時期に分けてそれぞれ整理・検討していくことにする。

本論に入る前に三点ばかり説明しておきたい。

一九六五年から三〇年余りの憲法論議の概観として、各新聞の主張が明瞭にわかる社説を検討するが、本稿では憲法記念日（五月三日）前後のそれに限定する。三六五日全ての社説をチェックすることが極めて困難であるためだが、憲法記念日は現在多くの新聞が憲法問題を社説で取り上げる日になっており、憲法・改憲論議に対するスタンスは記念日社説を追跡すればある程度把握できるからである。(4)

第二に、地方紙の論調も重視したい。憲法に対する各紙論調についてのこれまでの主要な研究はいわゆる全国紙、特に三大新聞＝『朝日新聞』『毎日新聞』『読売新聞』の論調のみを検討してきた。(5)確かに世論への影響力という点で全国紙が優位にあることは間違いない。とはいえ全国の新聞部数の四割は地方紙が占めており、特に首都圏や近畿圏を除く「地方」においてはその地で発行される地方新聞のシェアが高いのも事実である。世論への影響力も一定程度持つものと推測できるゆえ、（全国紙の他）地方紙も検討に加えることにする。ただし、全ての地方紙（資料一参照）を検討することも現時点では困難であるため、本稿では一九六五年時点で部数二〇万部以上、また社説のある地方紙に限定したい。(6)以下に列挙する通り、各地方を代表する新聞ばかりである。

北海道新聞、河北新報、中日新聞（東京新聞）[7]、新潟日報、北國新聞、信濃毎日新聞、京都新聞、神戸新聞、山陽新聞、中国新聞、西日本新聞。

第三に、本稿で検討する時期前の憲法と新聞論調について簡単にみていく。独立回復から憲法調査会最終報告直前までの憲法記念日社説を概観した半谷高雄氏[8]によると、独立回復から一九五四年まで改憲論が優勢、その後は護憲論が優位に立ったというが、全体の把握としては概ね妥当といえる。ただし細かくみると、改憲論は朝鮮戦争勃発を契機とした事実上の再軍備並びに独立回復直前に明らかになった憲法制定過程への反発から高揚したが、実際のところ新聞論調のレベルで優位であったのは保守政党間で再軍備に関する合意が進んだ一九五三年後半から一九五四年半ばまでの短い期間に過ぎない（とはいえ、特に東京発行紙の大半が改憲志向であったことも間違いない）。一九五四年に提示された保守勢力＝自由党、改進党の全面改憲案への反発もあって改憲論をとる新聞は少数となり、一九五五年衆院選、一九五六年参院選で改憲反対派が「三分の一」を上回ることで声高な主張も影をひそめるようになる。

一九五五～五七年以降の新聞論調は護憲優位とされるが、正確には改憲慎重論が多数であった。憲法九条問題については問題の所在と議論喚起に止まる論評が多い。日米安保条約に伴う駐留米軍を違憲とした砂川事件・伊達判決（一九五九年三月）に対しては全国紙がすべて反発し、一方で岸内閣が進めた安保条約改定には（憲法の平和主義に背反するとして反対した『北海道新聞』を除く）大多数の新聞が支持・容認の立場であった。改憲を隠れた目的に一九五七年設置された内閣憲法調査会については当初賛否両論であったが、会の多数派が現状追認の姿勢を強めるとともに多くの新聞が評価するようになる。かくして、有力紙のうち改憲の立場を維持していた『毎日新聞』『東京新聞』が一九六三、六四年に慎重論に転換する一方、改憲を是としつつも両論併記的な内容となった憲法調査会最終報告（一九六四年七月提出）についても大多数の新聞が評価したのであった。

一　憲法は定着したのか（一九六五～七七年）

第一期は「戦後二〇年」から「制定三〇年」までの時期であるが、一九七〇年前後を境に旧来からの九条中心の社説から人権をめぐる諸問題を取り上げる社説が増えるようになったと指摘することが出来る。「前後」と曖昧にしたのは新聞によって関心の持ちようの転換期が異なるからである。とはいえ、十数年を通じ一貫した特徴も認められる。すなわち「日本国憲法は定着したのか」という制定以来指摘され続けていた課題への高い関心である。一九六五年の憲法記念日は（憲法を社説で取り上げなかった『北國新聞』を除き）憲法の啓蒙が説かれていた。制定以来、現憲法擁護の立場を貫いていた『北海道新聞』は「国民の自覚が憲法を守る」と説きつつ日本政府・保守勢力による「なし崩し」を強く警戒し、『朝日新聞』、『信濃毎日新聞』も「平和憲法を生かす」ことに力点を置いている。一方、『毎日新聞』『新潟日報』はそれぞれ「憲法を読み、かつ考えよう」「もっと憲法を勉強しよう」と呼び掛けており、『河北新報』『東京新聞』『中日新聞』『山陽新聞』『中国新聞』などもこれまでの経緯も含めた現状並びに議論の必要を指摘している。「改めるよりまず生かそう」と説く『神戸新聞』を含め、当分の間、明文改憲が現実の政治課題にならないことを前提に現行憲法の適切な理解・運用を政府や国民に求める内容であり、翌年以降も多くの社説は（具体的に取り上げる問題は様々であっても）何らかの形でこのタイプに属する。この点、特に『日本経済新聞』『河北新報』『山陽新聞』は現状確認と啓蒙中心の社説が多い。『山陽新聞』は「生かす努力（一九六六年）」「不断の努力（一九六七年）」「憲法精神を深めよ（一九七〇年）」「原点からの理解を（一九七二年）」「現実に生かす努力（一九七四年）」を国民に求める社説を掲載し続け、『日本経済新聞』も「憲法理解を充実させよう（一九六六年）」「憲法への現実的適応（一九七一年）」「憲法精神の積極的理解（一九七二年）」を促していた。ただ一方で『日本経済新聞』は

「政治の出来事を憲法の問題にすり変える態度はおかしい」として「政治と憲法は分離すべき」とも主張している。

（一）九条・防衛問題

これまでの憲法論議で最も議論を呼んだ領域は、いうまでもなく戦争放棄と戦力不保持を定めた憲法第九条をめぐる問題であった。改憲論議が高揚した時期の新聞社説は第九条と安全保障、九条改憲の是非を議論の中心に据えていたが、一九六五年以降もなお第九条に焦点を置く社説が目立っている。というのも、一九六五年二月の北爆開始を機にアメリカのベトナム介入（ベトナム戦争）が本格化したことをはじめ、一九六八年「日本国憲法は他力本願のめかけ憲法」と発言して辞任した倉石忠雄農相問題、さらに沖縄返還が現実の政治問題となったからである。順序が逆であるが、沖縄問題については一九六九年の『北海道新聞』『西日本新聞』が「沖縄と憲法」に話題を絞った社説を発表しており、両紙とも沖縄が日本国憲法の適用を受けていないことを特に問題視していた(9)。ベトナム戦争については、一九六五年『朝日新聞』『読売新聞』『信濃毎日新聞』『山陽新聞』が「平和憲法」を持つ日本だからこそ、進んで戦争の調停にあたるべきではないかと主張している。これらの新聞は当然憲法第九条の意義を高く評価しているのだが、『サンケイ新聞』も一九六七年社説において「現実（最低の自衛力保持）を理想（完全非武装）に近づける努力を重ねる必要」が「正しい憲法認識」であると説き、『読売新聞』一九六八年社説は「国民的な信念を踏みにじるような憲法改正論は、どうしても容認できない」と主張するなど改正反対・護憲論が多数であった。なお、この時期に憲法第九条に問題があると指摘したのは『東京新聞』一九六七年社説くらいであった(10)。

とはいえ、自衛隊（並びに日米安保体制）と第九条の絡みをどう考えるかとなると、「既成事実によって窮地に追い込まれている第九条（一九六六年）」「第九条への挑戦は憲法全体を支える最も主要な根本原則への挑戦（一九六七年）」といった表現で現状・日本政府に極めて批判的な『北海道新聞』のような新聞もあるものの、自衛隊の存在・

安保条約を第九条違反として否定する論調の新聞は皆無であった。司法的解決の限界を説く『毎日新聞』や弾力的な運用を評価する『日本経済新聞』は当初から解釈によって自衛隊また日米安保を是認する立場であったが、『朝日新聞』『中日新聞』もまた必要最小限度の自衛措置はやむを得ず、自衛隊を違憲視することにも反対であった。ただし自衛の範囲を逸脱するような第九条の空洞化にも懸念を示している（一九六六～六八年）[11]。第九条を「歯止め」と解しているのであった。『西日本新聞』も「歯止め論」であるが、同時に「日米安保体制の是非論は現実から遊離するものであり、日米安保体制の現状を出発点として将来の方策を考えるべき（一九六六年）」とし、『河北新報』は加えて「自衛隊や安保条約を廃棄すべしとするならば、国会に多数を占める民主的手段を第一にすべき（一九六七年）」と野党に注文を入れている。『読売新聞』は「戦争を嫌い、平和を至上のものとしている同じ国民の大多数が、革新勢力から違憲の存在とされている自衛隊を〝あった方が良い〟として容認する」事実を「大衆の英知」として高く評価するのであった（一九六八年）。

なお九条論議については「憲法に対する国民の受け取り方が全く二つに分かれている」[12]こともあり「今すぐ憲法を改正して新憲法を制定せよと主張するものでない（一九六八年）」という『京都新聞』の他、「国民的合意（一九六六年）」を求めつつも「憲法を改正するか否かの問題は次の世代に委ねるべき（一九六八年）」とした『東京新聞』、「政治色を抜いた憲法論争（一九六七年）」や自衛隊についての「国民合意（一九七三年）」を求める『新潟日報』、同じく核武装や自主防衛に批判的で第九条に関する「国民合意」を志向（一九六九年）する『北國新聞』のような見解もみられる。またこの時期「自衛隊は憲法違反」とした長沼ナイキ訴訟地裁判決（一九七三年九月）が著名であるが、翌年の記念日社説で言及したのは政府の防衛政策に批判的な『北海道新聞』や判決後の政府の対応を問題視する『信濃毎日新聞』『新潟日報』、逆に判決に批判的な『日本経済新聞』『サンケイ新聞』に止まっている。その際『日本経済新聞』は「憲法制定時の特殊な状況を考慮すれば、政府の解釈はあながち憲法を空文化する拡大解釈とはいえないだろう」と主張（一九七四年）し、『サンケイ新聞』は「学者と一般国民の自衛隊理解にズレが見られる」としたうえで、「制定過程の見返し」も含め憲法論議を深めようと提案するのであった（一九七四、七六年）。

（二）人権・権利擁護の諸問題

一方、九条以外の憲法問題については徐々に取り上げる新聞が増えるようになる。早いところでは一九六五年に『京都新聞』が地方自治、一九六六年は『北國新聞』が社会保障、一九六七年は『中国新聞』が戦災者援護に絞った社説を掲載しており、特に『中国新聞』は非戦闘員に対する援護がないことを「国家の国民に対する忠誠心は確立していない」と批判し「社会福祉という「お情け」だけでなく戦争責任の「償い」」を求めている。[13] 地方紙が関心を持ちやすい地方自治と社会権が論点になったといえるが、同時に「権利の乱用」批判も取り上げられていた。『中国新聞（一九六五、六六年）』[14]と『新潟日報（一九六八年）』が「公共の福祉」に触れつつ「個人の自由及び幸福の追求」のみ重視される傾向を批判し、[15]少し時代が下るが『東京新聞（一九七〇年）』が福祉国家建設のため「〝戦後エゴイズム〟は早急に克服される必要がある」と主張していた。[16]

三大紙は一九六九、七〇年頃から福祉の貧困や深刻な公害といった人権問題を取り上げるようになるが、特に『読売新聞』は一九六九年「国民生活」に絞った社説を掲載している。そして「高度産業社会特有の人権侵害」として公害、社会保障や社会福祉の貧困の現状を大きく取り上げ「憲法の理想に遠い現実」を訴えているが、『朝日新聞』が公害と住民運動（一九七一年）を、『毎日新聞』が土地、公害に関連して「公共の福祉」を取り上げている（一九七二年）。そして、四大公害裁判（一九七二〜七三年）が出そろい「福祉元年」とされた一九七三年には全国紙・地方紙問わず「人権尊重と福祉の充実」に焦点を当てた社説が多数を占めるようになる。この傾向は一九七五年まで続くことになるが、「人権意識の高まり」「憲法が国民に密着しつつある証拠として歓迎すべき方向（『京都新聞』一九七三年）」と取り上げた全ての新聞が高く評価していた（『日本経済新聞』も「高福祉、高負担の福祉国家」を政治の課題として推進する見解を示していた（一九七四年））。

ここで論点となったのは「公共の福祉」に対する理解である。これまで「人権を制約するツール」として理解されていた「公共の福祉」を「福祉国家実現」「反社会的な私権の行使に対する制約」としても大いに活用しようというのであるが、多くの新聞はこれを肯定している。ただし「憲法感覚を欠いた権力的な態度が問題をこじらせた」成田空港建設の例を挙げる『北海道新聞（一九七五年）』や『信濃毎日新聞』は乱用を警戒する立場であり、「公共の福祉は時代によって変わりうるもの」と考える『朝日新聞』は四大公害訴訟判決を「進歩」、公務員の争議行為に対する全面禁止を正当化した（全農林警職法事件）最高裁判決は「逆行」と評していた（一九七三年）[17]。一方、『サンケイ新聞』と『京都新聞』は「公共の福祉」による公務員の争議権禁止を全面的に擁護している。『京都新聞』は「（ストは）理由はどうあれ国民の自由と権利を侵害し法を無視したもの（一九七五年）」とし、『サンケイ新聞』はさらに「憲法をタテにした住民運動」も「集団エゴイズム」と断ずるのであった（一九七二、七三年）。ただ一九六〇年代半ば同様の主張を展開していた『中国新聞』は「かつては公権力の不当介入を正当化する名分に使われやすいというイメージ（一九七三年）」だったとする解説調の文章のみにとどめている。

なお独立した人権問題として、一九七一年に判事任官拒否で知られる「司法権の危機」、一九七二年沖縄密約漏洩に関連した「知る権利」をそれぞれ半数の新聞が取り上げている[18]。概ね最高裁なり日本政府を批判する見解が大多数であったが、『サンケイ新聞』のみ裁判官は思想の自由を制約されると主張していた。

（三）一九七七年憲法記念日社説

憲法制定三〇年にあたる一九七七年憲法記念日は、今回対象とする新聞全てが憲法を社説で取り上げている。ただし『毎日新聞』は昨年、一昨年と同様二本社説の内の一本という扱いであり、『朝日新聞』は土地財産権（憲法第二九条）の問題に絞っている。(19) 制定三〇年ということで改めて憲法は定着したか否かが論点となったが、『読売新聞』『河北新報』『新潟日報』『北國新聞』を除く多数紙は「一応定着」したとの認識であった。全国紙のなかで最も憲法定着に悲観的な『読売新聞』は「いまだに明治憲法を懐旧する人たちすらいる」「注視すべき動きは「改憲によらない憲法の変容」である」と指摘し、『北國新聞』は「三〇年の歳月が憲法を国民のものにしたどころか、（防衛費増強の動き、ロッキード事件といった政治構造を見る限り）逆に最も根本的な部分で遠ざかってしまったのが現実」とまで述べているが、この点、これまで最も政府に批判的な『北海道新聞』は「政府は、理念の定着を恐れ、時には妨げようとした」が、世論調査を見る限り、憲法の理念は国民レベルではほぼ定着したとみている。「理想と現実のギャップ（『神戸新聞』）」があるという留保付きの定着論だといえよう。

注目すべきは『中日新聞』並びに『サンケイ新聞』『日本経済新聞』の見解である。『中日新聞』は、憲法は「〝かけがえのないもの〟として定着」する一方、「三〇年前に比べ、国民一人一人が身勝手に振る舞うなど、自ら住みにくくした側面も少なくない」として「義務について見直してみる必要がある」という。「行き過ぎた自由」批判を改めて説き国民一般も憲法の定着を妨げていると主張するものであった。一方『サンケイ新聞』は「政治における現実の運用を見る限り、憲法が国民の間に「定着」する時代が過ぎ、豊かな憲法常識が「成熟」する時代に入った」とし、『日本経済新聞』は「保守も革新も戦後的価値、新憲法を規定する価値を肯定する、その上に立って政治をするという状況」が生まれたとみている。憲法定着についてかなり楽観的な主張といえるが、『サンケイ新聞』の場合は長沼ナイキ訴訟の控訴審などで自衛隊を憲法違反としない判決がだされたこと、『日本経済新聞』の場合、「国民の大多数が関心を持つのは生存権保障」であって「9条・安保問題は政治的関心を呼ばなくなった」と考えたからである。

なお『神戸新聞』は、憲法施行以来の三〇年を第一期（昭和二〇年代）：憲法原理と解釈をめぐる「葛藤」の時代、第二期（昭和三〇年以降）：自民党長期政権と高度成長の下、憲法がくらしのなかで定着した時期と区分した上で、第三期は理想と現実のギャップを埋める時期ではあるまいかと期待している。その際、政治的背景として「一党支配から連合政治へ」の移行が展望されているのだが、『西日本新聞』も一九七〇年代半ばからの保革伯仲状態の実現により「自民党多数支配時代の政治感覚をそのまま持ち続けることは許されなく」なった。「とくに憲法の解釈、運用」で政府の態度は改めなければならないと指摘している。『京都新聞』『山陽新聞』もまた与野党伯仲による憲法論議・理解の深化を期待していた。

二　「保守化」・なし崩し批判（一九七八〜八八年）

制定三〇年＝一九七七年時点は権利獲得・擁護の問題が憲法上の課題として前面にでてきたこともあり憲法は概ね定着しつつあるとみる新聞が多数を占めていた。しかるに一九八〇年前後から「保守化」・改憲要求の動きが再び強まるようになる（記念日社説を見ると、一九七九年は三大紙が揃って「右旋回（『朝日新聞』）」「保守化（『毎日新聞』）」「明治憲法的発想（『読売新聞』）」との見出しをつけている）。ソ連のアフガニスタン侵攻を契機とした米ソ冷戦の再燃、イラン問題といった国際情勢の緊迫化も影響していたことは間違いない。結果、記念日社説は再び九条や改憲の是非論が占めるようになった。第二期は一九七八年から昭和最後の記念日となった一九八八年までとするが、中曽根内閣成立後初の記念日であった一九八三年を境に前半・後半と分けることができる。

（一）前半（一九七八〜八二年）

一九八〇年前後は、「自衛力の限界はその時々の国際情勢、軍事技術水準で変化する」という真田法制局長官の見解（一九七八年一月）とその後の軍備拡張の動き、元号法案（一九七九年成立）と靖国神社問題、一九八〇年衆参同時選挙で自民党が圧勝したことを受けての改憲運動高揚など「右傾化」と指摘される出来事が相次いで発生したが、先に触れたように三大紙は一九七九年社説で日本の右傾化を指摘していた。そして同時に、三紙ともこれらの動きについて憲法をないがしろにするものとして批判する立場であった。ただし、力点は微妙に異なる。『毎日新聞』は「九条の空洞化」が進む防衛力増強並びに有事立法、元号法案、靖国神社A級戦犯合祀といった「保守化」を批判的に紹介しつつ、「経済的繁栄を支えてきた」「九条の精神」を世界に広げること（具体的には軍縮、途上国援助）を提起している（一九八一、八二年社説）。『朝日新聞』も「他の大国とは全く異なる枠組みで平和安全保障」追求と「憲法の充実」を主張しているが、一九八〇年から本格化する自民党内の改憲運動に背景も含め言及（一九八〇、八一年）する一方、元号法案、靖国問題は一言触れた程度（一九七九年）である。一方『読売新聞』は防衛力増強より「明治憲法的発想」や「戦前体制への回帰志向」を強く批判する（一九七九、八一年）。そして現時点の課題として人権尊重、特に在日外国人の権利保障を求めるのであった[20]（一九七八、八〇年）。

三大紙以外の見解となると、①保守化・改憲論の高まりを批判する新聞、②事実の指摘や議論喚起に止まる新聞、③右傾化を否定または批判に反発する新聞に分類することが出来る。ただし、途中で変化する新聞も見られた（なお『新潟日報』はこの間、一度も憲法を取り上げていない）。

①批判派の新聞としては『北海道新聞』『北國新聞』『信濃毎日新聞』『神戸新聞』『山陽新聞』『中国新聞』『西日本新聞』があげられ、多数派である。ただし『西日本新聞』は一九七八年社説では防衛力増強について「（革新側が主張する）違憲論では十分歯止めにならず」「防衛問題では憲法論を脱却すべきとき」としてむしろ③に近い立場をとっていたが、元号法案、靖国問題を指摘する一九七九年以降「右傾化に警戒しよう」との立場に転換し、一九八

一、八二年は改憲論の高揚についても「(改憲は) 政治課題になりえない」としつつも警戒している (防衛問題については一九八〇年「時代にマッチ」するよう社会党にも求めているが)。また『神戸新聞』『山陽新聞』は一九八〇年頃まで事実紹介ないし議論喚起的な内容であった (その点②に近い) が、自民党内で改憲論が活発になった一九八一年の社説になって「危険な空洞化 (『神戸新聞』)」「憲法の形骸化を許してはならない (『山陽新聞』)」と批判のトーンを強めている。「国家主義的政治 (一九七八年)」「戦前体制への郷愁 (一九八一年)」を強く批判する『北海道新聞』をはじめ『信濃毎日新聞』『中国新聞』『北國新聞』は一貫して右傾化の動きに批判的であり、「憲法理念を世界に広める」ことでも共通している。ただ『信濃毎日新聞』は同時に「非武装中立を事実上棚上げ」したような態度をとる社会党をはじめとする反対・批判 (運動) の「衰弱」も懸念していた。(21)

②事実紹介・議論喚起中心の新聞は『河北新報』『京都新聞』であるが、少なくとも保守勢力の動きを肯定的に見ていない点、①に近いところもある。『河北新報』は防衛力増強や「現実主義」の台頭について紹介している。安全保障・自衛の問題ではこれまでの「すれ違い」を批判して合意形成の必要を説く (一九八〇、八一年社説) が、「憲法に照らして理解 (一九七八年)」「憲法の理念を生かす努力 (一九七九年)」をも求めている。『京都新聞』も「身近に読んでみよう (一九八二年社説)」といった啓蒙・議論喚起が中心であるが、「憲法の形骸化」が進んでいること、憲法改正には限界があることを指摘している (一九八〇、八一年)。また人権擁護ということで同和問題の現状も紹介 (一九七九年) しているが、七〇年代前半まで強調していた「権利乱用」批判は影を潜めるようになる。

③右傾化の指摘に否定的な新聞としては『日本経済新聞』『サンケイ新聞』があげられる。ただし『日本経済新聞』は「(防衛問題について) 政府の憲法解釈がどうあれ、現実に政府が取りうる選択肢に違いが出るわけでない (一九七八年)」「自民党の自主憲法制定の方針は既に形骸化している (一九七〇年)」として右傾化との指摘を否定する一方、明文改憲にも批判的でもあった。自民党で高まる改憲論について、(防衛問題についての) 政府の憲法解釈は定

着していること、「押しつけ」は根拠薄弱であること、改憲の強行は国論を分裂し、またどの国も望んでいないとして反対の立場を明らかにしている（一九八〇、八二年）。一方、『サンケイ新聞』は成田空港反対や公労協ストの動きを「公共の福祉」に反すると批判したうえで「憲法擁護」の立場をとっている（一九七八年）。しかし、一九八〇年「憲法解釈は定着」したと評価する一方で「憲法論議」、具体的にはＧＮＰ一％枠、非核三原則、海外派兵禁止といった政府の措置が防衛政策の「足カセ」になっていると指摘し、翌年以降、憲法論議の必要を再び訴えるようになった。(22)

なお『中日新聞』は一九八二年になって「国是変更につながる改憲反対」「非軍事面での貢献」との立場を確認している。ただ一九七八年から八〇年にかけて「理想主義的性格が日本人の特殊な発想法と結びついて〝現実離れ〟というべき多くの問題をはらみ、国民の全体の利益を増進すべき政策を妨げている（一九七八年）」といい成田空港反対や国民のゴネ得・エゴの批判を展開していた。制定三〇年時の社説と同様、「権利乱用」批判であった。

（二）後半（一九八三〜八八年）

一九八二年一一月、中曽根内閣が成立し一九八七年まで長期政権を維持することになる。首相が自他ともに認める改憲論者であったこと、また「現内閣は憲法改正を政治課題とはしない」という一方「戦後政治の総決算」を唱え、実際防衛費ＧＮＰ一％枠を突破させたことに象徴されるような軍備拡大、一回限りであったが靖国神社公式参拝も実行（一九八五年）した。そのため、現実政治とその周辺での憲法論議は活発となった。

ところが憲法記念日社説ではちょっとした異変が起こっていた。『朝日新聞』『読売新聞』が長期にわたり現実政治への直接的なコメントを控えるようになったのである。『読売新聞』は、一九八三年「憲法を読もう」、一九八四年「表現の自由」、一九八五年「法の下の平等」、一九八六年「身近な憲法問題を見つめよう」、一九八七年「議会制民主主義を考える」。一九八七年を除き人権を啓発する簡単な社説（二本社説のうちの一本）ばかりとなる。一方『朝日新聞』は毎年力作を発表しているが、一九八三、八四年は歴史の反省、一九八五年は「会社人間」、一九八六年「女性と長寿」、そして一九八七年は制定四〇年を踏まえ「成熟した憲法の実現を目指したい」とまとめた社説を掲載している。両紙とも日本国憲法の意義を評価し、憲法から現状をコメントする内容ではあったが、中曽根政治への評価・言及はほとんどない(23)。

『朝日新聞』『読売新聞』以外の新聞は現実政治の動向に言及した社説を掲載している。そして『サンケイ新聞』と一部地方紙を除いた大多数の新聞が中曽根政治、憲法との向き合い方を批判する立場であった（ただし批判の強弱、濃淡の差は存在する）。

全国紙では『毎日新聞』が終始、批判的な見解を示していた。武器輸出三原則の緩和、シーレーン防衛といった「解釈改憲」の試みは「実質的な改憲」に近く「憲法そのものをないがしろにする不当な解釈の拡大」「節度なき改廃」（一九八三、八四年）である。また「大統領制型政治」推進の一方で国会が軽視され定数是正も進まない（一九八五年）。さらに一九八五年実施の靖国神社公式参拝や国家秘密法の国会提出も到底肯定できないと主張している（一九八六年）。一方、『日本経済新聞』ははるかに抑制された論調であるが、「改憲論議を奨励すること」は「せっかくできかけた防衛、安保に関しての与野党合意」がこれ以上進まなくなる「マイナス結果」をもたらす（一九八三年）。また「集団自衛権」「靖国神社の公式参拝」の二点を挙げつつ、「憲法解釈は時代によって変わっていいが、原理まで否定すれば、それは事実上改憲ということになる」と指摘している（一九八四年）。憲法解釈の拡大にも限度があるという立場からの注文であった（なお一九八五年社説は定数是正問題、八六年以降は政局抜きの国際化と憲法）。

地方紙では『北海道新聞』『信濃毎日新聞』それに『中国新聞』『神戸新聞』『山陽新聞』といった「常連」、また数年間憲法を社説で取り上げなかった『新潟日報』が当然強い調子で批判している（ただし『信濃毎日新聞』は一九八五年以降、表現の自由、法の下の平等といった人権啓発の社説を掲載するようになっている）。「基本原理は譲れない」との立場である『新潟日報』は「タカ派の首相の下、戦前の国家主義が台頭」し、防衛力増強や靖国参拝容認という解釈改憲が試みられている（一九八三、八四年）。実施された靖国公式参拝は「憲法への挑戦だった」一方、定数是正は進まない（一九八六年）。よって「憲法は本当に定着したと判断することはできない」（一九八七年）と一〇年前と同じ認識を示していた。防衛力増強の他、靖国神社公式参拝、国会における定数是正（一票の格差）の放置が主な論点であるが、『北海道新聞』は一九八四年靖国問題に絞った社説、一九八五年は集団的自衛権の危険性を批判する社説を掲載したほか、『中国新聞』は一票の格差の放置、スパイ防止法案の危険性、教科書裁判のあり方を取り上げ（一九八六年）、『神戸新聞』も防衛費GNP一%枠突破、国家秘密法案の動きを「実質的改憲」と危惧する社説を出している（一九八七年）。なお「改憲反対・九条支持」という『中日新聞』も批判を強めているが、同紙は定数是正と防衛費GNP一%枠問題を重視していた。そして防衛費の増額より対外援助、ODAの増額（一人当たり一〇ドル資金拠出）を提唱している（一九八四、八五年）。

これまで議論喚起・事実紹介的な社説が目立った『河北新報』『京都新聞』は中曽根政治には批判のトーンをやや強めている。特に『河北新報』は「国民主権主義、平和主義、人権尊重主義は根幹」であること（一九八三年）、「靖国参拝、GNP一%枠、国会の低下」という「解釈改憲」に対し首相らには憲法擁護義務があること（一九八六年）を主張している。一方『京都新聞』も憲法擁護義務を紹介（一九八四年）した上で、中曽根内閣の下の憲法拡大解釈（防衛費、靖国神社公式参拝）により「解釈改憲」、なし崩し的に改憲が進んでいると指摘している（一九八四、八六年）。

以上、何らかの形で中曽根内閣が進める解釈改憲を批判していた多数紙に対し、議論喚起と人権啓発を主とする新聞も一部見られる（前述した『朝日新聞』『読売新聞』もこのカテゴリーに入るといえよう）。地方紙では『西日本新聞』『北國新聞』が該当する（前述した『京都新聞』も近い）。『西日本新聞』は一九八六年社説において一票の格差も含め「国会の憲法軽視」を批判しているが、中曽根の施策についてはハッキリした論評をさけ議論の喚起に努めている。日本国憲法について「地球からの戦争追放の崇高な理念をうたった点で、素晴らしい憲法である（一九八五年）」と高く評価する一方、これまでの主張と同様、防衛問題における「国民的合意の必要」を重視（一九八三年）する立場をとっている。この点「憲法の理念は（国民に）支持されている（一九八五年）」という『北國新聞』も中曽根内閣になって進行する防衛力増強に関し「新しい防衛思想とはどうあるべきなのか」、改めて議論すべきだとの見解（一九八四年）を示すのだった。

さらに独自の主張を展開したのは『サンケイ新聞』である。『サンケイ新聞』も「日本国民が憲法改正について、その決断を迫られるのはそう遠い将来ではない。憲法論議について必要なのはどのような憲法が望ましいかの中身の議論である（一九八三年）」と基本は議論喚起の社説が目立っている（「新・憲法調査会」設置を提案した一九八五年、若者に呼びかける一九八六年社説）。ただ批判の矛先が、「改憲論を主張すると〝軍国主義化〟というレッテルを張る」風潮や傾向というように、明らかにいわゆる護憲派に向けられていた。そして一九八八年社説において「憲法の精神にのっとって、国際平和の維持、創造に積極的に参加する道を探る必要がある」として具体的には自衛隊の海外派遣を提起するに至ったのだった。

なお、結果的に昭和最後となった一九八八年の憲法記念日では、『朝日新聞』『毎日新聞』も国際協調を主題にした社説を掲載している。ただし（『毎日新聞』が「国際貢献税」「援助基本法」という提案を出しているが）『サンケイ新聞』とは異なり、憲法の平和主義、国際協調主義に基づく非軍事的貢献の必要を主張する線でまとめている。また『神戸新聞』と『信濃毎日新聞』は前年の憲法記念日に発生した朝日新聞記者射殺事件に絞り、言論の自由を訴えていた。この点『読売新聞』も人権擁護に絞っているが、大韓航空機事件発生時の在日朝鮮人への嫌がらせや血友病患者に対する偏見を例に出すのであった。

三　新時代、国際貢献論と憲法見直しの高まり（一九八九〜九七年）

第三期は一九八九年から九七年、要するに冷戦の崩壊から制定五〇年までである。ただし周知のように、一九九一年湾岸戦争勃発、国際貢献論の登場から日本国憲法をめぐる現実政治の状況は大きく変わることになる。

（一）平成の開始、冷戦の終焉（一九八九〜九〇年）

一九八九年は元号が平成に改まってから、一九九〇年は東欧民主化（体制転換）と東西冷戦終結が宣言されて初の記念日にあたった。「代替わり」で時代が変わるという認識の是非はともかく、気分を一新し「新しい時代」になったということは可能である。

しかし一九八九、九〇年の記念日は、九条問題への言及は減少したものの、「新しい時代」、或いは改元、冷戦終結に触れた新聞もそう多くはなかった（なお、『中国新聞』は一九八九年、『新潟日報』は一九八九、九〇年とも憲法を取り上げていない）。このうち一九八九年＝平成元年についてみると、天皇問題に絞った『産経新聞（サンケイ新聞から改称）』『信濃毎日新聞』の他、『読売新聞』『河北新報』『北國新聞』『中日新聞』『山陽新聞』と今回対象とした新聞の半分に満たない(25)。ちなみに、『産経新聞』が憲法の「ことば」より天皇を上位に位置づける認識を示したのに対し、『信濃毎日新聞』は憲法に基づく厳格な政教分離による「即位の礼」実施を求めるという『産経新聞』と正反対の立場をとっていた。

「代替わり」が社説にあまり反映されなかったのは改元から憲法記念日まで相当日数が経っていたという事情もあるだろう。が、それ以上に一九八九年はリクルート事件で政界が大揺れだったことも大きいように思われる。『産経新聞』を除く全国紙、『北海道新聞』『北國新聞』『中日新聞』『京都新聞』『神戸新聞』『山陽新聞』という多数の新聞が事件に関連して（憲法の根幹である）主権在民、議会制民主主義のありようを問う社説を掲載していた。なお翌年の『毎日新聞』『京都新聞』『中日新聞』社説は引き続き議会制民主主義、特に選挙制度や政治資金についての改革を扱っている。

一方、一九九〇年社説において東欧民主化・冷戦終焉を意識した新聞は『朝日新聞』『読売新聞』『北海道新聞』『信濃毎日新聞』『中日新聞』『神戸新聞』『山陽新聞』。このうち「日の丸・君が代」、天皇制問題で表面化した思想・良心の自由、言論の自由の危機を強調する[26]『北海道新聞』と『中日新聞』は国内に焦点を当てたのに対し、残りの新聞は国際秩序への日本の関わりを論じている。『読売新聞』は「いずれの国家も、自国のことのみに専念して他国を無視してはならない（憲法前文）」という文言を引用しつつ、「国民全体が、世界への責任を持つという意味での「大国意識」を持つべき時だ」とし、『朝日新聞』は「日本国憲法が掲げた平和主義の理想と国際協調の精神に新しい生命を吹き込む努力をしなければならない」という。両紙とも国際社会における日本の役割、日本国憲法の今日的意義を強調するものであって、これは他紙の社説にも共通する認識であった。

なお『北國新聞』は、一九八九年社説は「実際の国民生活を憲法の規定にどれだけ近づけるか」が課題と論じていたが、翌九〇年は「公の観念」をとりあげ、戦後日本は「個人の権利を重く見て公共の福祉を冷笑してきた」、（これからは）「権利主張の気楽な風呂を出て（中略）公の観念のつくり方をしつけたい」とする社説を掲載している。取り上げたテーマが違うとはいえ、論調にかなりの変化が生じたのは事実であった。

（二）「国際貢献」に基づく改憲論の登場（一九九一～九四年）

一九九〇年イラクのクウェート侵攻から始まった軍事危機は翌年一月戦争に発展。国連安保理決議に呼応し編成された多国籍軍の武力行使で一応解決した。日本は湾岸支援に多額の資金協力を行ったものの多国籍軍への人的協力は憲法を理由に行わなかった。(27) が、一部から「一国平和主義」「安保ただ乗り」だと批判される。そして「国際貢献」のためにも自衛隊の海外出動を縛る憲法は改正すべきであるとの声も高まることになったのである。（一九九三年頃からはいわゆる「普通の国」に基づく改憲論も普及する）。そのため、以降数年間は、国際貢献に関連した九条問題や改憲の是非をテーマにした社説が圧倒的多数となる。

一九九一年の記念日社説は全紙「憲法と国際貢献」をとりあげた。国際的貢献のありよう、自衛隊の海外派遣や憲法見直しの是非が論点となったが、『読売新聞』『産経新聞』『北國新聞』が改憲を志向する立場を明確にしていた。特に『北國新聞』が「一国平和主義」を強く批判し憲法に国際貢献条項を盛り込むべきと主張している。一九八〇年代から『産経（サンケイ）新聞』が改憲志向を示唆する社説を掲載してはいたが、有力紙による具体的な改憲主張はほぼ三〇年ぶりの出来事であった。『北國新聞』はこれ以降「国際貢献の必要」を根拠とした改憲の立場であり、「憲法論議をタブー視」する傾向、担い手への批判も強めている。この点『読売新聞』『産経新聞』も同様のスタンスであるが、『産経新聞』は元首、議会、政教分離、元号など「九条以外にも条文の曖昧な部分や矛盾点が実に数多く存在」し「改める点は改めないと悔いを後世に残す（一九九二年）」とし、一九九三年は改めて憲法臨調設置を求めつつ憲法九条二項以下に国防軍設置、核武装禁止、海外派兵の厳格な制限を盛り込むべきと改憲を具体的に示すようになった。(28) 一方『読売新聞』は「復古調の改憲論には警戒しなければならない」とこれまでの改憲論との差異化を図りつつ、世論調査でも高まりつつあった憲法議論の活性化を促している（一九九三、九四年）。そして一九九四年一一月三日（憲法公布日）に「憲法改正試案」を発表するに至っている。

一方、他の新聞は改憲に賛成ではない、主張しないという点では一致している。ただし、①あくまで非軍事的貢献に徹することに力点を置く新聞と、②国際貢献の有り様について議論を進めることに力点を置く新聞に二分された。一九九一年社説によると、①『朝日新聞』『北海道新聞』『信濃毎日新聞』『京都新聞』『神戸新聞』『山陽新聞』、②『毎日新聞』『日本経済新聞』『河北新報』『新潟日報』『中日新聞』『中国新聞』『西日本新聞』に分類できる。

①の新聞は「平和憲法はあくまでも守らなくてはならず、自衛隊の軍事派遣は許されない。国際貢献は非軍事に限定する（『京都新聞』）」という見解に大体集約される。「国連平和維持活動の軍事的分野は国際貢献のごく一部に過ぎない（『信濃毎日新聞』一九九三年）」「非軍事分野でやれることを最大限やって、それでもなお武力貢献がないと国は尊敬されないのだろうか。その場合は残念ながら甘受するほかない（『北海道新聞』一九九四年）」という立場であった。もちろん議論の必要そのものを否定するものでなく、「一国平和主義」批判も意識していた。『朝日新聞』は国連の機能強化、自衛隊とは一線を引く国際貢献の枠組みを広げる組織作り、『北海道新聞』はPKO協力と自衛隊の見直し（縮小、再編）、さらに可能であればアジア諸国と合同の国連協力部隊、『信濃毎日新聞』は常設の専門機関の設置を提案している。とはいえ、基本は「平和憲法は二一世紀の指針『信濃毎日新聞』」「九条は二一世紀のモデル（『神戸新聞』一九九四年）」として「平和憲法の精神を全世界に（『京都新聞』一九九二年）」「憲法九条の地球化（『朝日新聞』一九九三年）」をめざす立場であった。当然、解釈改憲も含めた改憲に反対で「普通の国」も否定的である。①の新聞はその後も立場に大きな変化がなかった。

一方、②の新聞の中ではさらに様々なスタンスが見られる。

まず全国紙は『毎日新聞』『日本経済新聞』であるが、『日本経済新聞』の場合、一九九三年社説で「国連を期待せず改憲」した場合は「アジアをはじめ各国がどのような反応をするか」が問題、「国連に期待して改憲し国連軍の名で武力を行使する道」は、ガリ事務総長が構想する「平和執行部隊」が紛争解決に有効かどうか疑問、ゆえに「国連に期待しながら現行憲法を維持」し「現在のＰＫＯ活動を大事にしながら総合的な手段で国連の安全保障機能を強化する道」をアッサリ選択している。一方『毎日新聞』の場合、「平和憲法（の精神）擁護」は明確であり、「国連軍参加は合憲」という自民党（小澤）調査会の解釈改憲は「規範性の死滅（一九九二年）」と批判するが、「ここは一つ、身をよじっても、あらゆる英知を出し合い、じっくり議論を尽くしていくほかはない（一九九四年）」と結論を出すことを避けたのであった。

地方紙では『河北新報』『新潟日報』『中国新聞』はともかく議論を喚起する社説を出しており、特に『河北新報』は世論調査結果から「内閣・議会制度」「地方自治」など憲法全体について見直し論議が必要と指摘している（一九九三年）。ただし『新潟日報』はアジアとの関係や「普通の国」への反発、『中国新聞』は「見直し論は平和主義の理念を踏み外さないことが当然」との立場から、非軍事面の協力・「憲法の世界化」を求める（①の新聞の）論調に合流している。『中日新聞』『西日本新聞』の場合、「憲法の空洞化を防ぐとともに「一国平和主義」から脱却して国際社会に通用する平和主義の理念を構築するため、本音で論じるときが来た（『西日本新聞』）」と「一国平和主義」や護憲派の主張も批判しながら議論の喚起を求める主張であった。[29]ただ『中日新聞』は「改憲を急ぐ内外状況にない（一九九三年）」「憲法に新しい生命吹き込みの道を探る機会にしたい（一九九四年）」と護憲の主張を強めるようにもなっている。結局、議論喚起に重点を置いていた新聞の多くも憲法に手をつけることに否定する立場を維持したのだった。

（三）戦後五〇年・憲法制定五〇年（一九九五〜九七年）

第二次世界大戦終結五〇年にあたる一九九五年から憲法制定五〇年の一九九七年は、わずか三年間ではあるものの憲法社説が激増する。というのも、「戦後五〇年」「憲法五〇年」ということで憲法記念日前後に連続して、場合によってはシリーズ・連載型の憲法社説を掲載したからである。

今回対象にした新聞についてみると、以下のとおりである。

一九九五年　『朝日新聞』六本（記念日に提言社説）、『毎日新聞』四本、『産経新聞』六本、『北海道新聞』三本、『中日新聞』五本、『新潟日報』三本、『信濃毎日新聞』六本、『山陽新聞』三本

一九九六年　『毎日新聞』五本、『北海道新聞』三本、『山陽新聞』二本

一九九七年　『朝日新聞』三本、『毎日新聞』一三本、『北海道新聞』三本、『中日新聞』一二本、『西日本新聞』九本、『河北新報』三本、『信濃毎日新聞』四本、『神戸新聞』二本、『山陽新聞』三本、『中国新聞』二本

テーマは一九九五年の『朝日新聞』『北海道新聞』『新潟日報』と一九九七年『中国新聞』『毎日新聞』一九九七年の内の三本はこれまで再三議論されてきた九条関連に絞っているが、いいかえると、それ以外の連載社説は（九条も含む場合もあるが）人権、統治にまつわる課題を扱っていた。「戦後五〇年」で九条問題を扱い「制定五〇年」では幅広く憲法にまつわる課題を考える。『北海道新聞』一九九六年は沖縄問題に絞っているが[30]、それ以外の新聞社説のテーマをチェックすると、三権（立法、行政、司法）、生存権・職場の環境、教育・家族、地方自治、新しい権利などが取り上げられていた[31]。本稿で内容を分析することは省略するが、「これまでの経緯を含めた現状と憲法の理念のギャップ」を指摘しつつ将来の展望にも触れて締めるという社説が多くを占めていたとまとめることができる。

この時期の各紙論調は「護憲か改憲か」という点では一九九四年時点とさほど変化はない。先に触れたように一九

九七年は多くの新聞がシリーズ社説として扱ったので「九条・安全保障」以外の人権、統治をめぐる諸問題も論点となっている。ことに「新しい人権（環境権など）」は護憲・改憲問わず、関心を持たれたテーマであり、これまでの改憲と異なる「新しい傾向」という点でも一致する。ただし、議論喚起は促すものの、これまでの論調を改め改憲に傾く新聞は皆無であった。一九九五年は「いずれは改正を本格的に論じなければならないだろう」としていた『河北新報』の一九九七年社説が「非軍事的貢献を追求」して「新しい権利は弾力的解釈で対処すべし」としたのがその一例であり、「護憲か改憲か」について『新潟日報』も一九九五年社説で護憲の立場をより明確にしている。結局「未だ憲法理念が存分に生かされていない時点での早急な改正は慎まねばならない（『山陽新聞』一九九七年）が多数紙の最大公約数的な見解であったといえよう。この点、『日本経済新聞』は情報公開制度、国政調査権、NPO法制定、地方分権改革といった例を挙げ「憲法の理念を生かして存分に使いこなすことが大事」とする一方、国会に憲法のあり方を議論する委員会設置の動きも歓迎していた（一九九七年）。護憲派新聞の提言としては『朝日新聞』が一九九五年「非軍事・積極活動国家」を目指すとして九条非改憲の他、国際協力法制定、非軍事枠内のPKOに参加する平和支援隊創設と自衛隊改造などを求めたほか、『信濃毎日新聞』も武器禁輸、非核三原則、自衛隊の活動限定、軍縮努力、PKO協力の限度などを盛り込んだ「平和基本法」制定を提案している（一九九五年）。

一方、改憲を主張する新聞の中では『産経新聞』が唯一連載社説を出している（一九九五年）[32]。重視するポイントとして①九条改正、②集団的自衛権行使、③首相への「非常大権」（緊急事態）、④天皇制をあげており、①～③は『読売新聞』『北國新聞』とも共通する。

以上の改憲プランについて、非改憲の立場の新聞はどうであったか。

①はこれまで触れてきたので割愛する。②についても①と同様、多くの新聞が触れているが全て否定的である[33]。③は『中日新聞』が取り上げているが「対処方針は限定」し「首相権限の強化より信頼のおける指導者の方がより重

要」と素っ気なく、④は一紙も取り上げていない。一方、新しい人権或いは統治改革については、先に触れたように、『日本経済新聞』をはじめ多くの新聞がこれまでの改憲論にないテーマとして関心は持っている。ただし、ゆえに改憲に同意した新聞も皆無であった。

なお④について『産経新聞』は、『読売新聞』改正試案が「天皇」を「国民主権」の次の章に移し、「その地位は国民の総意に基づく」と規定したことを「俗流「国民主権」」的見解を助長するものとして批判している。天皇の地位が国民の意思に左右されることはあってはならないからである。「GHQから押しつけられた、それも日本を無力化するための現行憲法を何時までも有り難って押し戴く限り「自立」はあり得ない」とも指摘するが、この点『北國新聞』も一九九七年「戦後は「反戦・平和」を声高に叫ぶ過ぎた理想主義の下で安全保障や宗教などに関する教育がなされずにきた。「公」ということを深く考えることもなかった。憲法の見直しは、いわゆる戦後精神の見直しに通じるものがある」という。結局のところ、『読売新聞』も含め(34)、改憲を主張する新聞は(「復古調」には反対というもの)「戦後」に拒否反応を示す点でも一致するようになったということができよう。

まとめにかえて

憲法制定は国家にとって最重要の出来事であるがゆえ、制定した日は祝日になることもある。日本もそのうちの一国であるが、憲法制定を記念する日に憲法についての社説を書くとなると、この一年に起こった諸問題にも言及しながら現憲法の持つ意義を語るといった啓蒙や議論喚起が基本となろう。事実、今回検討した三〇年余りの有力紙社説の大半も基本このタイプに属している。ただ憲法をめぐる状況が安定するようになれば、記念日だからといって憲法について毎年社説で取り上げる必要はなくなるように思う。いい意味での「風化」、空気のような存在になったといえるからである。しかし日本の場合そうはいかなかった。(35) 今回概観してきたように、憲法と現実政治との緊張関係がほぼ毎年話題・論点として取り上げられる。それも権利擁護への関心が高まった一九七〇年代半ばなど二、三の例外を除き、九条をはじめとした憲法軽視の傾向や拡大解釈、改憲を求める動きがその多くを占める。そして、一九九〇年代からは憲法を改正すること自体の是非が論点として浮上するようになる。社説は現実政治の動きに影響されるものである以上当然であるが、日本国憲法は絶えず揺さぶられ続けたがゆえに多数の新聞が毎年の記念日社説に憲法を取りあげることになったといえよう。

社説に見る各新聞の憲法への態度は、一九八〇年代までは護憲派を批判しつつ議論しようと呼びかける『産経(サンケイ)新聞』(36) はともかく、ほぼ全紙が護憲というか改憲に賛同しない立場であった。ただし、①もともと護憲主張が強い『北海道新聞』『信濃毎日新聞』(次いで『朝日新聞』『神戸新聞』)、②護憲というが九条問題についてはむしろ政府寄りの『毎日新聞』『日本経済新聞』『西日本新聞』、③同じく護憲というが「公共の福祉」を強調する『中日新聞』『中国新聞』『新潟日報』『京都新聞』、④当初は議論喚起的な社説も多い『河北新報』『山陽新聞』と様々であった。②~④の多くは一九七〇年代半ばから八〇年代前半にかけて護憲主張を強めていくが、⑤逆に護憲主張から(憲法尊重は謳っているものの)中立=議論喚起に力点を変化させた『読売新聞』『北國新聞』もでてくる。一九九〇年代に入り『読売新聞』『産経新聞』『北國新聞』が相次いで改憲を鮮明にし「護憲か改憲か」について現在みられる各紙論調の配置はほぼ完成する。(37) 改憲主張に転換した新聞の多くは「国際貢献」のための九条改憲が契機であったが、同時期「新しい人権」、統治上の諸問題も顕在化したことは注目すべきであろう。これらを解決するための方策の中には日本国憲法をバージョンアップさせる方向の可能性を含んでいたように思われるし、それゆえ護憲の立場に立つ新聞も「新しい傾向」として関心を示していた。ただ新聞のレベルでいえば、改憲を主張する新聞は(国際貢献、アメリカとの軍事協力を強化するためにも)日本の軍事大国化を志向しそれを阻む憲法、さらには憲法を生んだ

「戦後」に拒否反応を示す傾向が認められる。この傾向は「声高に主張」する新聞ほど強く、年を経るごとに「押しつけ憲法」に代表される旧来の保守勢力が主張する改憲論にも接近するようになる。さらには現憲法への敵意すら露にする社説もみられるのであった。本来、改憲とは憲法を改めるという意味に過ぎず、憲法のどの部分をどう改めるかによって改憲の性格、担い手も変わるはずである。にもかかわらず、日本において改憲は一九五〇年代以降、一貫して保守・右派勢力の「独占物」であり続けた。そして現在もそうなのであるが、特に新聞レベルでは軍事大国を志向する新聞、「戦後」に否定的な新聞が積極的に改憲を主張するのであった。(38)

一方、「護憲」をとる新聞は数的には大多数であるが、その「中身」は再考すべきであるように思う。まず一九五〇年代、六〇年代は現状追認的な護憲が多く、「公共の福祉」による人権制限を評価したり、権利より義務を強調する新聞も一九七〇年代まで目立っていた(この問題に限定すれば『産経新聞』と『中日(東京)新聞』は類似の主張を展開した時期もある)。この点、一九七〇年代後半から八〇年代になると人権擁護に力点を置く社説、また「平和憲法を生かそう」「九条を世界へ」といった表現を用いる社説が目立つようになる。現行憲法の下で日本は平和であり繁栄したとの認識のもと、憲法が掲げる平和主義は普遍的性格を持ち、高く評価すべきものとする考えが確固たるものになっていったように考えられる。結果、「保守化」の動きや自民党政権の施策への反発も加わることで、より積極的に護憲の立場を明らかにする新聞が増えたことは間違いない。ただ、一方で第九条について自衛隊違憲を主張する新聞は(最も政府に批判的な『北海道新聞』を含め)一紙も存在しなくなっているし、日米安保体制もまたしかりである。ということは、保守政権が採用する憲法解釈(自衛隊合憲)に同調したことを意味する。ほとんど全ての新聞が、再軍備表面化以降の保守政権の諸政策を「なし崩し」「改憲なき憲法の変容」と強く批判するのであるが、自らも「解釈改憲」を行っていたことは間違いないのである。(39)憲法第九条と自衛隊並びに日米安保体制は(双方とも、国民の支持は高いものの)緊張関係にあるからこそ現在に至るまで論争になっているのだが、この辺り護憲の立場をとる新聞の大半は、理念としての平和主義の意義を強調し「無軌道な軍事費膨張の歯止め」として九条を解することで九条改憲には反対している。しかし、憲法条文を素直に読めば、また制定当時の解釈に従うなら違憲の疑いのある自衛隊のありようについては存在を否定しない一方、現実を「憲法の理想」に近づける努力、「国民合意」の必要を求めるに止まっている。ハッキリした解答を求める改憲論に対し（解釈改憲的に）弾力的運用で応じたと言えるが、歯切れが悪いのは否めないのであった。

それはさておき、結局「改憲―護憲」の枠組みは現在に至るまで固定化されてしまったが、このことは様々な影響をもたらした。まず改憲はもちろん、憲法問題における合意形成すら困難になる。(40)「九条」をめぐる対立に「戦後」に対する評価の不一致が加わることで現実政治レベルの妥協が困難となる一方、『北海道新聞』『信濃毎日新聞』『朝日新聞』と『産経新聞』『北國新聞』『読売新聞』あたりの主張の乖離もまた埋まらなくなる。改憲要件や条文の有り様が異なるため比較はできないが、同じく敗戦後制定された（西）ドイツ基本法は、基本原理は変えないとの条件の下、主要政党の一致で六〇回以上も改憲したのとは対照的である。(41)また、「改憲か護憲か」をめぐって論争・対立を延々と続けたこと、その中でも人権や統治でなく九条問題が突出して扱われたことにより、制定から五〇年も経った新聞社説で「未だ理念が生かされていない」と書かれるなど、憲法で規定された内容の定着も中途半端なものにとどまらざるを得なくなったのも事実であった。

一九六〇、七〇年代あたりの記念日社説において、「（民主的憲法が崩壊してナチ独裁を生んだ）ワイマールの悲劇」が教訓としてしばしば紹介されているが、制定から半世紀、いや七〇年以上経過した日本国憲法はワイマール憲法と比較すれば問題にならぬほど安定している。とはいえ、ドイツ基本法と比べ国民の全幅の信頼を勝ち得ているとは言い難い。(42)そのような状況であるがゆえ、各新聞は憲法記念日には社説で憲法を取り上げる。その際、同一テーマの社説が一斉に掲載されるもう一つの日が「終戦記念日（八月一五日）」であることにも注目すべきである。終戦記念日と憲法記念日は共に戦後日本が出発した出来事を記念しているが、その評価もまた様々である。この両日が日本（の新聞）にとって特別な日であり続けるところに戦後日本の一つの特徴を見出すことが出来よう。

資料一　一九六五年　日本新聞協会加盟新聞

全国紙

朝日新聞四九五・五万部、毎日新聞三九一・五万部、読売新聞二四八・七万部、サンケイ（産経）新聞一八二・九万部、日本経済新聞八七・六万部

地方紙

五〇万部以上

北海道新聞、中日新聞、西日本新聞（福岡）

二五万部〜五〇万部

河北新報（宮城）、東京新聞、京都新聞、神戸新聞、中国新聞（広島）

二〇万部〜二五万部

新潟日報、北國新聞（石川）、信濃毎日新聞、静岡新聞、山陽新聞（岡山）

一五万部〜二〇万部

北海タイムス（北海道）、北日本新聞（富山）、愛媛新聞、南日本新聞（鹿児島）（大阪新聞）？

一〇万部〜一五万部

東奥日報（青森）、秋田魁新報、山形新聞、福島民報、福島民友新聞、神奈川新聞、福井新聞、岐阜新聞、夕刊新聞（岡山）、徳島新聞、高知新聞、フクニチ（福岡）、長崎新聞、熊本日日新聞、大分合同新聞（大阪日日新聞）（東京タイムス？）

五万部〜一〇万部

岩手日報、茨城新聞、下野新聞、栃木新聞、上毛新聞、千葉日報、山梨日日新聞、山梨時事新聞、名古屋タイムズ、伊勢新聞、兵庫新聞、島根新聞、四国新聞（香川）、新九州（福岡）、佐賀新聞、長崎時事新聞、宮崎日日新聞、鹿児島新報、琉球新報、沖縄タイムス

五万部未満

室蘭民報、十勝毎日新聞、デーリー東北（青森）、石巻新聞、埼玉新聞、南信日日新聞、信陽新聞（長野）、滋賀日日新聞、夕刊京都、大和タイムス、和歌山新聞、日本海新聞（鳥取）、防長新聞（山口）、みなと新聞（山口）、新愛媛沖縄の二紙は未加盟であるが例外的に掲載した。

日本新聞協会編『新聞協会年報』一九六六年版（発行・電通、一九六六年）より。

注

（1）改憲論・運動の歴史については、『日本国憲法「改正」史』（日本評論社、一九八七年）から最近の『戦後史のなかの安倍改憲』（新日本出版社、二〇一八年）まで精力的に発表されている渡辺治氏の業績が参照すべき先行研究である。

（2）梶居佳広「日本国憲法制定と新聞ジャーナリズム（一）」（『立命館大学人文科学研究所紀要』第九三号、二〇〇九年）、同「一九五〇年代改憲論と新聞論説（一九五二～一九五七年）：地方紙を中心に（一）（二・完）」（『立命館法学』第三四三号、第三四四号、二〇一二年）、同「岸内閣期の憲法論議―全国・主要地方紙社説をてがかりに（一九五七～一九六〇年）」（『メディア史研究』第四四号、二〇一八年）など。

（3）「地方紙＝護憲」については、丸山重威『新聞は憲法を捨てていいのか』（新日本出版社、二〇〇六年）を参照。

（4）とはいえ、記念日前後以外の社説を捨象していること、新聞によって記念日社説の位置づけが異なることを考えると各新聞の憲法問題への態度を知るにはなお不十分であろう。また、今回の小論は紙面で展開された主張の整理に過ぎず、論調形成過程並びに背景については一切捨象している。この点の検討も今後の課題であるといえる。

（5）占領期に限定だが詳細な検討として有山輝雄『戦後史のなかの憲法とジャーナリズム』（柏書房、一九九八年）。論文としては岡田直之「憲法問題をめぐる新聞社説の変容：マス・コミュニケーションにおける社会心理学的方法」（『年報社会心理学』第七号、一九六六年）、古関彰一「かつて読売は護憲を主張し、毎日は改憲を訴えた：全国三紙『憲法記念日』の社説を分析する」（『論座』第一〇八号、二〇〇四年）がある。

（6）なお『静岡新聞』も一九六五年時点で二〇万部以上であるが社説がない。社説に近い存在として外部寄稿の論説＝「東京便り」一九七二年から「論壇」があるが、社説でないので対象から外した。

（7）なお『東京新聞』は一九六七年に『中日新聞』の傘下となり、正式には『中日新聞東京本社版』となる。社説も原則『中日新聞』と同一文章である。ただし憲法記念日についていえば、一九六五～六八、七〇年は『東京新聞』独自の社説であった。

（8）半谷高雄「「憲法問題」に対する新聞論調の変遷」（『新聞研究』一九六四年七月号）

（9）他に『毎日新聞』『信濃毎日新聞』『山陽新聞』が沖縄における人権侵害を指摘していた。

（10）ただし『東京新聞』一九六七年社説は「それ（九条）以上に重要な国民主権や基本的人権（特に社会権）に関する規定の価値を見失っては現憲法を正当に評価することは出来ない」として改憲には消極的であり、翌年社説で「現憲法は認知された」との認識を示している。

（11）なお『信濃毎日新聞』は九条の弾力的解釈を是認しつつも、一方で平和主義（例えば武器輸出の禁止）も顕彰しなければならないとする立場であった（一九六七年社説）。

（12）『日本経済新聞』も国論を二分するが故、憲法改正の強行に反対している（一九六八年社説）。

（13）なお『中国新聞』は戦争体験から日本国憲法を理解することを提起した社説も出している（一九七四年）。

（14）一九六八年に『河北新報』、七六年に『中国新聞』が地方自治に絞った社説を掲載している。

（15）『新潟日報』は自民党憲法調査会の動向から、「公共の福祉」の名の下に国民の権利が抑圧される事態も恐れている（一九七一年社説）。

（16）なお一九七〇年社説が『東京新聞』最後の独自の憲法記念日社説であり、翌年から『中日新聞』と同一社説となっている（題名、見出しはその後も異なるケースが見られるが）。

（17）『神戸新聞』『北海道新聞』は公務員の労働基本権を認めるべきとしている（一九七三年）。

（18）「司法権の危機」は、『朝日新聞』『毎日新聞』『サンケイ新聞』『北海道新聞』『中日新聞』『北國新聞』『信濃毎日新聞』『神戸新聞』、「知る権利」は『朝日新聞』『サンケイ新聞』『北海道新聞』『西日本新聞』『新潟日報』『信濃毎日新聞』がコメント付きで紹介している。

（19）『朝日新聞』は前年「憲法を国民生活に生かすためのレール」が必要と説く社説を出している。なお一九七六年はロッキード事件がらみの内容が各紙社説の多数であった。
(20) 一九七八年社説は「外国人の人権」に絞った内容で、在日外国人にも可能な限り憲法上の権利を適用させるべきことを主張している。
(21) 『信濃毎日新聞』の一九七八年社説は長野市青少年保護条例に絞った内容であるが、「公共の福祉」で自由を制限する条例の成立過程をふりかえって長野市民の「憲法感覚の衰弱」を危惧していた。
(22) 一九八一年の提案では前文、天皇の地位、第九条を主な論点とみなしている。
(23) 一九九〇年代になって『読売新聞』が改憲を社論に転換するのを主導した渡邉恒雄が論説委員長に就任するのは一九八一年だから、彼の就任の影響も大きいように推測はできる。
(24) なお『北海道新聞』は「靖国公式参拝問題は、憲法を実質的に空洞化し、全面的な改憲への糸口となる危険性を秘めている」と結論付けている。
(25) この点、「代替わり」に伴った表現が大多数の憲法記念日社説で使われ「新しい時代」を印象付けられた二〇一九年＝令和元年とは状況が異なるが。「令和」の場合、改元日の二日後が憲法記念日になるという事情もあるだろう。また今回対象としなかった中小地方紙では「代替わり」に言及する社説が相当数出るものと予想される。
(26) 『中国新聞』も社説もほぼ同一テーマであった。
(27) ただしペルシャ湾への掃海艇は派遣している。これが自衛隊初の海外派遣であった。
(28) さらに一九九四年社説では「我が国の防衛力強化に反対し社会主義諸国に迎合したものこそ民主主義に対する戦争勢力ではなかったのか」「護憲＝平和、改憲＝戦争という社会主義が押し付けた思考パターン」とまで主張している。
(29) 『中日新聞』も「野党は（中略）受け身の「一国平和主義」に固執して、能動的な平和国家路線展開のための構想力の持ち合わせがなかった。（中略）ひたすら「戦争介入反対」を叫ぶしかしなかった」とかなり厳しく批判している。
(30) 前年（一九九五年）、少女暴行事件が発生。『北海道新聞』の連載社説は当然のことながら事件を意識している。
(31) ただし、人権のうち精神的自由を扱った社説がほとんどないのも特徴である（『毎日新聞』の「報道」、『河北新報』「新しい権利」、『西日本新聞』「知る権利」くらいであった）。

(32) なお『読売新聞』は「公布五十年」と題したシリーズ社説を一九九六年八月から翌年四月まで一八本掲載している。

(33) 『朝日新聞』『毎日新聞』『中日新聞』『西日本新聞』『新潟日報』『京都新聞』『山陽新聞』がとりあげていて、全て反対であった。

(34) 渡辺治氏も指摘（「読売新聞「憲法改正試案」コメント」、渡辺治編『憲法改正の争点』、旬報社、二〇〇二年）するように、読売新聞の改正試案それ自体は軍事大国・新自由主義政策追求のための改憲であって復古的・伝統的改憲論に立つものではない。また記念日社説で限定すれば（旧来からの「押しつけ論」に通じる）制定過程の異常さを指摘する程度であるが、公布五〇年の連続社説では「戦後民主主義批判」を展開、「東京裁判史観」という表現も用い、いわゆる「歴史修正主義」的な見解を吐露するようになっている（例えば一九九七年三月三〇日、四月一三日社説）。

(35) ただ、記念日としては二度目の年である一九四九年は多くの地方紙が共同通信社の配信論説を転載していたこと、一九五一年（朝鮮戦争勃発の翌年）、一九五九、六〇年（安保改定）といった「重要な年」にかえって憲法を社説に取り上げない有力紙があったことは事実である。この辺り丁寧な分析が必要であり、今後の課題としたい。

(36) 『産経（サンケイ）新聞』の場合、社説の名称を「主張」と変更（一九七〇年）し、月刊誌『正論』を創刊（一九七三年）した頃から論調が変化している。

(37) なお一九九七年以降の変化として、二〇〇〇年『日本経済新聞』が改憲主張に転換したことがあげられる。

(38) この点、『日本経済新聞』は復古調ではなく、新自由主義的立場からの改憲論ではあった。日米安保体制を重視する点は他の改憲派新聞と同様であるが。

(39) 自衛隊合憲論は一般国民の間でも概ね支持されていること、また合憲論の普及・定着が、一九五〇年代は再軍備理由の改憲を主張していた『朝日新聞』以外の全国紙、『東京新聞』『中日新聞』などを護憲に転換させる結果につながったともいえるが。

(40) 新聞社説レベルで見た場合、改憲にシフトする『日本経済新聞』と護憲派の『毎日新聞』、さらに『西日本新聞』『河北新報』あたりは十分合意できるように思う。また地方紙（特に戦時期の一県一紙で成立した県紙）の多くは多様な読者を抱えるゆえ積極的な主張は弱くなる一方、合意形成を志向する見解に同調する可能性は高い。

(41) なおドイツ基本法は統一前の西ドイツ時代に暫定法として制定されたので基本法と命名されている(かつての首都の名前をとってボン基本法ともいう)。また大半の改正は統治(国家制度、連邦制度)に関するものであることも注意を要する。ドイツ基本法改正については駒村圭吾、待鳥聡史編『「憲法改正」の比較政治学』(弘文堂、二〇一六年)、第V部を参照。

(42) 世論調査を通じた日本人の憲法観については、境家史郎『憲法と世論』(筑摩書房、二〇一七年)を参照のこと。

原稿募集

『年報日本現代史』第26号（二〇二一年刊行）の原稿を募集します。

応募資格は問いません。

内容は日本現代史にかかわる論文で、四〇〇字七〇枚以内（図表・注を含む）。

応募者は二〇二〇年一一月三〇日までに完成原稿をお送りください。編集委員による審査を行い、その後に結果をお知らせします。なお、審査の結果、研究ノートとして採用する場合もあります。

ワープロ原稿は、原則としてＡ４判、四〇字×四〇行を一枚とし、プリントアウトした原稿を一部とＣＤなどを左記までお送りください。

採否にかかわらず、原稿は返却しません。ご了承ください。

原稿送り先

〒171-００２１　東京都豊島区西池袋２-36-11

株式会社　現代史料出版内

「年報日本現代史」編集委員会

『年報日本現代史』執筆規定

1. 原稿の種類　論文・研究ノート、及び編集委員が特に執筆を依頼したもの。

2. 原稿枚数　論文四〇〇字七〇枚程度、研究ノート四〇〇字五〇枚程度、その他は編集委員の依頼による。

3. 原稿提出　原稿は、完全原稿を提出する。ワープロ原稿は、Ａ４判、四〇字×四〇行を一枚とし、プリントアウトしたもの一部とＣＤなどを提出する。
注は全体での通し番号とし、文末に一括する。
図版・写真などを転載する場合は、執筆者が許可を得ることとする。

4. 論文審査　編集委員による審査を行い、場合によっては、訂正・加筆を求めることがある。

5. 校正について　執筆者校正は原則として二回までとする。

編集後記

追悼　粟屋憲太郎さんを偲ぶ

粟屋憲太郎氏が二〇一九年九月一一日に逝去された。享年七五歳である。本誌『年報日本現代史』発刊の発案者でもある。粟屋さんは一九四四年六月千葉県生まれ、一九六八年に東京大学文学部を卒業後同大学院人文科学研究科に進学し、一九七三年神戸大学に就職、一九七六年立教大学に移籍したのち教授就任、二〇一〇年に名誉教授となる。

粟屋さんの生涯の仕事を振り返ると、シリーズ「昭和の歴史」第6巻『昭和の政党』（小学館、一九八三年）を刊行し、そのあとテーマを東京裁判論に設定する。『東京裁判論』（大月書店、一九八九年）、『東京裁判への道（上、下）』（講談社、二〇〇六年）がライフワークとなる。生涯の著書は一〇冊以上になる。また著書とともに現代史関係史料の復刻出版の仕事の意義も大きい。アメリカ国立公文書館所蔵の国際検察局（IPS）の「尋問調書」「重要文書」など膨大な東京裁判関係の資料集をはじめ、戦時期と戦後期の各種資料集を多数刊行している。それら資料編集を若手研究者とともに行い、立教大学を中心に多数の現代史研究者を育てたことも大きな仕事といえる。また先に述べたように戦後五〇年目の一九九五年に『年報日本現代史』を創刊し、現在まで年一回、二四号まで継続的に刊行し続けたことは日本現代史学界の大きな財産となっている。

以上の仕事に見るように現代史研究の開拓者である藤原彰先生を継いで、東京裁判論などでみずから日本現代史研究をリードするとともに、現代史関係資料集を編纂し、現代史研究年報を編集して、日本戦後史・日本現代史研究の基礎を築いた研究者であった。

粟屋さんと藤原彰先生との関係は長く、東京大学大学院在学中から当時藤原先生がリードされた歴史学研究会現代史部会に積極的に参加された。一橋大学に赴任されたばかりの藤原先生の大学院ゼミや現代史研究会にもよく参加され、藤原先生の最初の内弟子のような存在であった。藤原先生が亡くなってから書いた『東京裁判への道』を松尾尊兊氏に送ると、返事に「粟屋さんの文章は藤原さんゆずりで藤原さんの後継者であることがよくわかりました」という手紙をもらって大変喜んでいた。研究者仲間と酒を飲みながらの粟屋さんの談論風発ぶりも藤原先生ゆずりであった。

粟屋さんの研究の問題意識の背後には父の戦死がある。海軍館山航空隊の職業軍人であった父親は乳飲み子の彼を残してフィリピン戦線に自ら赴任し、一九四五年六月、敗戦間際のルソン島北部の山中でゲリラと交戦中に戦死する。父の遺骨は白木の箱に石ころ一つだったと言う。顔さえ記憶にない父に思いを馳せ、定年後、慰霊のためにフィリピンを訪ねている。どこで亡くなったか場所さえわからなかったと言う。彼の研究が戦争責任に向かうのは自然のことであった。いま天上で父と七五年ぶりの再会を果たしているに違いない。そして藤原先生ともグラスを傾けているだろう。

ここに粟屋さんを心から悼むと同時に誰からも慕われ愛された人柄を読者とともに偲びたい。

（一橋大学名誉教授　森武麿）

戦争体験論の射程
年報・日本現代史　第24号　2019

2019年12月10日　第1刷発行

編　者　「年報日本現代史」編集委員会

発行者　赤川博昭
宮本文明

発行所　株式会社 現代史料出版
〒171-0021　東京都豊島区西池袋2-36-11　TEL(03)3590-5038　FAX(03)3590-5039
発　売　東出版株式会社

Printed in Japan　印刷・製本　亜細亜印刷
落丁本・乱丁本はお取替えいたします
ISBN978-4-87785-345-7

「年報日本現代史」バックナンバー

創刊号　戦後五〇年の史的検証　本体価格二、九一三円

第2号　現代史と民主主義　本体価格三、一〇七円

第3号　総力戦・ファシズムと現代史　(品切)

第4号　アジアの激変と戦後日本　本体価格三、二〇〇円

第5号　講和問題とアジア　本体価格三、二〇〇円

第6号　「軍事の論理」の史的検証　本体価格三、二〇〇円

第7号　戦時下の宣伝と文化　本体価格三、二〇〇円

第8号　戦後日本の民衆意識と知識人　本体価格三、二〇〇円

第9号　象徴天皇制と現代史　本体価格三、二〇〇円

第10号「帝国」と植民地—「大日本帝国」崩壊六〇年—　本体価格三、六〇〇円

◆「帝国」論への提言　1　「帝国のはざま」から考える／駒込武　2　帝国後史への痛覚／戸邉秀明　3　帝国論によせて／岡部牧夫　◆特集論文　Ⅰ　「帝国」と「独立」／河西晃祐　Ⅱ　「移民」から「拓士」へ／大久保由理　Ⅲ　引揚者援護事業の推移／木村健二　Ⅳ　満州開拓地跡を訪ねて考える／森武麿　◆現代史の扉（大森とく子）

第11号　歴史としての日本国憲法　本体価格三、六〇〇円

Ⅰ　中曽根康弘からみた戦後の改憲史／渡辺治　Ⅱ　沖縄と「平和」憲法についての断章／明田川融　Ⅲ　戦後社会主義勢力と象徴天皇制／冨永望　Ⅳ　日本国憲法成立の世界史的・民衆的文脈／河上暁弘　◆現代史の扉（中村政則）

第12号　現代歴史学とナショナリズム　本体価格三、六〇〇円

Ⅰ　近衛新体制期における自由主義批判の展開／源川　真希　Ⅱ　「皇国史観」考／昆野伸幸　Ⅲ　敗戦後の皇居／河西秀哉　Ⅳ　一九五〇年代の反基地闘争とナショナリズム／松田圭介　Ⅴ　戦争の記憶とナショナリズム／吉田俊　Ⅵ　宗教右翼と現代日本のナショナリズム／上杉聰　◆現代史の扉（由井正臣）

第13号　戦後体制の形成—一九五〇年代の歴史像再考—　本体価格三、六〇〇円

Ⅰ　自由党型政治の定着／中北浩爾　Ⅱ　地方政治における戦後体制の成立／功刀俊洋　Ⅲ　一九五〇年代における経済自立と開発／浅井良夫　Ⅳ　一九五〇年代の農業諸制度と政府—農民関係／岩本純明　Ⅴ　鳩山政権期の日米関係とジュネーブ会談／吉次公介　【小特集】連合国戦争犯罪政策の再検討／林博史　手紙の中の「東京裁判」／川島高峰　◆現代史の扉（原朗）

第14号　高度成長の史的検証　本体価格三、六〇〇円

Ⅰ　自衛隊における〝戦前〟と〝戦後〟／植村秀樹　Ⅱ　一九六〇～七〇年代における日本社会党の党組織と江田三郎／岡田一郎　Ⅲ　社会開発の挫折とその背景／菊池信輝　Ⅳ日本の大気汚染問題の推移と教訓／傳喆・寺西俊一　Ⅴ　東京オリンピックと高度成長の時代／石坂友司　◆現代史の扉（暉峻衆三）

第15号　六〇年安保改定とは何だったのか　本体価格三、二〇〇円

Ⅰ「核密約」と日米安保体制／菅英輝　Ⅱ　戦後米国の情報戦と六〇年安保／加藤哲郎　Ⅲ　ゆれる運動主体と空前の大闘争／道場親信　Ⅳ　日米安保条約改定と沖縄／滝本匠　Ⅴ　被爆地からみた「六〇年安保」／大島香織　◆現代史の扉（暉峻衆三）

第16号　検証　アジア・太平洋戦争　本体価格三、二〇〇円

Ⅰ　日本外務省の対外戦略の競合とその帰結　一九三三～一九三八／武田知己　Ⅱ　日独伊三国同盟をめぐる蒋介石の多角外交／鹿錫俊　Ⅲ　海軍の対米開戦決意／手嶋泰伸　Ⅳ　戦争と財閥／春日豊　Ⅴ　音楽のアジア・太平洋戦争／戸ノ下達也　◆現代史の扉（粟屋憲太郎）

第17号　軍隊と地域　本体価格三、二〇〇円

Ⅰ　日本陸軍の典範令に見る秋季演習／中野良　Ⅱ　軍隊の「災害出動」制度の展開／吉田律人　Ⅲ　軍港都市呉における海軍受容／林美和　Ⅳ　〝基地の街〟岩国の戦後史／池田慎太郎　Ⅴ　一九五〇年代沖縄における「基地経済」と「自立経済」の相剋／櫻澤誠　Ⅵ　米軍基地売買春と地域／平井和子　◆現代史の扉（笠原十九司）

第18号　戦後地域女性史再考　本体価格三、二〇〇円

Ⅰ〈はじめの一歩〉のために—山代巴の課題意識／牧原憲夫　Ⅱ　戦後農村女性の生活と生活記録／北河賢三　Ⅲ　米軍統治下沖縄における性産業と女性たち／小野沢あかね　Ⅳ　戦後思想史における森崎和江／小林瑞乃　Ⅴ　戦後農村における地域婦人会活動の軌跡／高木重治　Ⅵ　戦後女性史研究の動向と課題／早川紀代　◆現代史の扉（永原和子）

第19号　ビキニ事件の現代史　本体価格三、二〇〇円

Ⅰ　第五福竜丸事件と日米関係／黒崎　輝　Ⅱ　第五福竜丸事件の政治経済学／山本義彦　Ⅲ　ビキニ事件六〇年、今ふりかえる一九五三～五四年／丸浜江里子　Ⅳ「ビキニ事件」と安保改定／中西哲也　Ⅴ　第五福竜丸事件からビキニ事件へ／山本昭宏　Ⅵ　放射能汚染からの地域再生／中原聖乃

第20号　戦後システムの転形　本体価格三、二〇〇円

Ⅰ　戦時体制再考／米山忠寛　Ⅱ　「戦後法学」の形成／出口雄一　Ⅲ　都市・自治体政治における「戦後体制」とその変容／源川真希　Ⅳ　沖縄の米軍基地問題と「吉田ドクトリン」論／植村秀樹　Ⅴ　戦後七〇年の日本とアジア／宮城大蔵　Ⅵ　ドイツ連邦共和国における戦後システムと歴史認識／中田潤　◆現代史の扉（天川晃）

第21号　東京裁判開廷七〇年　本体価格三、二〇〇円

Ⅰ　パル意見書／中里成章　Ⅱ　「敗者の裁き」再考／永井均　Ⅲ　序列化された戦争被害／宇田川幸大　Ⅳ　カナダと東京裁判／高取由紀　◆現代史の扉（森武麿）

第22号　日中戦争開戦八〇年　本体価格三、二〇〇円

Ⅰ　村と動員体制／小林啓治　Ⅱ　日中戦争の拡大と海軍／手嶋泰伸　Ⅲ　日中全面戦争の展開と難民問題／芳井研一　Ⅳ　日中戦争期植民地鉄道の輸送／竹内祐介　Ⅴ　総力戦と日本の軍事精神医療／中村江里　Ⅵ　「軍用品」と火野葦平〉の語り／神子島健　◆現代史の扉（豊下楢彦）〈石川達三

第23号　新自由主義の歴史的射程　本体価格三、二〇〇円

◆シンポジウム　菊池信輝著『日本型新自由主義とは何か』をめぐって　＊コメント／小沢弘明／浅井良夫／源川真希／金井郁　＊リプライ／菊池信輝　◆特集論文　都市における水辺空間の再編／沼尻晃伸　◆現代史の扉（吉見義明）　◆小特集　◆研究動向